Un clavier pour tout dire

Du même auteur

Je choisis ta main pour parler, Laffont, 1996.

Anne-Marguerite Vexiau

Un clavier pour tout dire

D'inconscient à inconscient

Psychologie

DESCLÉE DE BROUWER

Série « Inconscient et spiritualité »
dirigée par Didier Dumas

76 *bis*, rue des Saints-Pères 75007 Paris
www.descleedebrouwer.com

ISBN : 2-220-05116-1

A Josselin, Amytis, Maxime, Annaëlle, Alone,
Didier, Louis, Lucinne,

à Florin, Michel, Helga, Lucien, André, Dominique,

à Marius, Gabriel, Noé, François, Petit môme, Mimi,
Harold et Sébastien,
Emmanuel, Justin, Popi, Arthur, Marin, Jean et Joseph,
et tous les « oubliés »,

au Sultan de vie,

qui continuent à vivre...

Préface

Ce dont traite ce livre est aussi bouleversant que révolutionnaire. Orthophoniste spécialisée dans l'autisme de l'enfant, Anne-Marguerite Vexiau y poursuit le récit de la fabuleuse aventure qu'a été pour elle et ses clients, petits et grands, la découverte de la Communication facilitée, ou CF.

La CF est un processus de communication aussi inexplicable, dans les modèles scientifiques actuels, que le sont l'acupuncture, l'homéopathie, l'ostéopathie ou la psychanalyse. S'étant développée en Australie, elle consiste à soutenir la main d'une personne, privée de parole pour des raisons mentales ou physiques, afin de lui permettre de s'exprimer en frappant sur un clavier. Or depuis la publication, en 1996, du premier livre d'Anne-Marguerite Vexiau, *Je choisis ta main pour parler*[1], qui en expose les fondements, la CF s'est non seulement très vite développée en France, mais s'est de plus ouverte à des domaines cliniques qui, restés inexplorés en Australie, ont considérablement élargi son champ d'application.

En Australie, la CF n'est pratiquée sur un clavier qu'avec des personnes susceptibles de savoir lire et dont

1. Anne-Marguerite VEXIAU, *Je choisis ta main pour parler*, Paris, Laffont, coll. « Réponses », 1996.

les compétences sensorielles, motrices et cognitives sont reconnues. Or Anne-Marguerite Vexiau et ses élèves ont constaté qu'elle fonctionnait non seulement très bien avec toutes sortes de patients n'ayant pas les compétences requises dans les critères de sélection australiens, tels les polyhandicapés grabataires, les personnes atteintes de traumatismes crâniens ou ayant sombré dans le coma, celles souffrant d'aphasie, de maladie de Parkinson ou d'Alzheimer, mais également avec les sourds profonds, les aveugles de naissance, les bébés ne sachant pas encore parler et les fœtus qui, eux, ont grandement collaboré à la découverte de la « frappe à distance » : le fait que la CF puisse aussi se pratiquer sans aucun contact physique.

Encouragée par des physiciens, des pédopsychiatres, des haptonomistes[2], des psychanalystes et autres thérapeutes qui lui ont adressé leurs clients, Anne-Marguerite Vexiau a alors appliqué sa méthode avec succès aux personnes dites normales, adultes ou enfants souffrant de symptômes névrotiques. Ayant ainsi grandement transgressé les critères de sélection de l'école australienne, l'école française a dû s'en séparer pour créer la *psychophanie* qui, étymologiquement, signifie « la mise en lumière de l'âme ».

Issue de la CF, la psychophanie se définit donc comme l'étude de son application la plus surprenante : le fait que ce processus de communication permette à toute personne, quels que soient son âge et son état apparent de délabrement physique ou mental, de laisser s'exprimer une dimension d'elle-même qui, échappant à l'emprise des processus conscients, est inconsciente ou cachée et qu'Anne-Marguerite Vexiau appelle l'« être profond ». Or, à ce niveau, les recherches de l'école française se pré-

2. Les praticiens de l'haptonomie : la science de la communication par le toucher.

sentent comme un pavé jeté dans la mare de nos savoirs actuels. C'est ce que l'on constatera en annexe, où sont présentées différentes hypothèses proposées pour expliquer le fonctionnement de la psychophanie. Alors qu'il n'est pas un clinicien, psychiatre, pédiatre ou psychanalyste qui, après avoir passé une journée dans le bureau d'Anne-Marguerite Vexiau, n'ait reconnu l'extraordinaire efficacité clinique de la méthode, les différents modèles formulés pour l'expliquer sont, eux, encore balbutiants.

La principale raison à cela vient de ce que la CF repose sur des processus mentaux assimilables à ceux de la télépathie, de l'empathie et de l'hypnose que les psychanalystes formés par Françoise Dolto appellent la « communication d'être à être », mais qui, n'étant reconnus et étudiés que depuis une vingtaine d'années, n'ont pas plus de place dans les modèles théoriques de la neurologie et des sciences cognitives que dans ceux de la psychanalyse classique. En effet, sur la délicate question de la communication prélangagière, Françoise Dolto est l'un des premiers chercheurs à avoir expliqué que la forme originelle et première de liaison de l'être humain à son semblable est ce qu'on appelle, à défaut d'autres termes, la télépathie. Elle nous a, ainsi, non seulement fait découvrir que, lorsqu'on s'adresse à un bébé ou un fœtus avec la « voix du cœur », il comprend parfaitement bien ce qu'on lui dit, mais qu'il en est de même des comateux dont l'électroencéphalogramme plat indique une totale absence d'activité cérébrale. Or, si les bébés n'ont que le sourire ou les larmes pour nous indiquer qu'ils nous comprennent, les comateux en témoignent encore plus clairement lorsque, à leur réveil, nous découvrons qu'ils ont parfaitement bien mémorisé les propos que nous leur avons adressés alors qu'ils n'étaient apparemment plus là.

Dans les recherches cliniques actuelles, la « communication d'être à être » apparaît donc comme une réalité incontournable dans l'approche de ces deux extrêmes que sont l'arrivée et le départ d'un être humain. C'est en cela qu'elle semble être une communication d'une nature beaucoup plus angélique que terrestre. Or cette communication « inconsciente » ou « télépathique » est tout aussi incontestable dans la construction de l'enfant. C'est, en effet, la seule activité mentale permettant au fœtus et au bébé ne sachant pas encore parler d'être mentalement relié à ses parents. C'est celle qui lui permet de « s'autoconstruire » dans leurs structures mentales, afin d'y dupliquer inconsciemment leur langue. Ce qui aboutit, vers deux, trois ans, à ce qu'il se mette tout d'un coup à la parler, sans que personne n'ait eu besoin de la lui apprendre.

En effet, l'acquisition du langage ne dépend pas de processus conscients, mais d'une activité psychique inconsciente qui, étant la seule à l'œuvre dans la psyché du nourrisson et du fœtus, est appelée par les psychanalystes l'« activité mentale originaire ». Or, lorsqu'on travaille avec des enfants psychotiques ou autistes, que l'on y occupe une place d'éducateur ou de psychanalyste, cette activité mentale qui se présente comme de la « télépathie inconsciente » est indéniable. Car, comme ces enfants souffrent d'un accès au langage totalement défectueux, cette activité mentale prélangagière est, en retour, la seule qui leur permette d'établir un lien affectif ou transférentiel avec ceux qui s'occupent d'eux. Il est donc impossible, dans leur prise en charge, de contourner la nature télépathique du rapport qu'ils établissent avec nous.

L'une des choses, par exemple, qui m'ont frappé, en assistant au travail d'Anne-Marguerite Vexiau, est qu'à peu près tous les enfants autistes débutaient leur séance en commençant par taper quelques phrases se rapportant à celle du client précédent à laquelle ils n'avaient pas assisté, comme s'ils commençaient par se brancher sur la mémoire la plus récente d'Anne-Marguerite Vexiau, avant d'aborder ce qui les concerne. Or si cela m'a interpellé, c'est que j'ai moi-même été confronté à des phénomènes semblables. Entre autres, avec un enfant de six ans dont j'ai beaucoup parlé dans mes livres qui, bien que ne sachant ni lire ni écrire, s'est spontanément mis à faire de l'écriture automatique d'une façon assez semblable à ce qui se passe en CF. Étiqueté psychotique, cet enfant était pris en charge dans l'hôpital de jour où je travaillais. Son père refusait depuis plusieurs mois de me rencontrer, angoissé à l'idée de devoir me parler de ce qui lui était arrivé après notre dernier rendez-vous où, jouant avec un revolver et le faisant admirer à un ami, il ne savait comment, le coup partant, il le lui avait déchargé dans le ventre. Or, après que son père se fut résolu à venir m'en parler et alors qu'il ignorait tout de cette histoire, tout en dessinant, cet enfant qui n'avait jamais pu apprendre à lire et à écrire s'est mis à griffonner les lettres : « vise bien » en y ajoutant celles de son nom de famille. Témoignant ainsi d'une « télépathie inconsciente » semblable à celle mise en jeu dans la CF, l'enfant avait capté, en moi, les propos qu'y avait déposés son père.

Si donc la CF bouscule la plupart des modèles théoriques établis, tant dans le registre des neurosciences, de la cognition que dans ceux des sciences de l'éducation, de l'orthophonie elle-même et de nombreuses pratiques thérapeutiques, c'est tout d'abord parce que aucun de ces modèles ne considère que l'activité mentale permettant à l'enfant de dupliquer la langue de ses parents n'est pas une activité consciente, mais inconsciente. Et qu'en conséquence, aucun de ces modèles ne permet d'expliquer comment l'enfant apprend à parler.

Voilà donc la première lacune que les recherches d'Anne-Marguerite Vexiau et de ses élèves devraient aider à combler. Car, si la CF reste inexplicable dans les modèles scientifiques actuels, c'est justement parce que tout laisse penser qu'elle utilise les circuits de communication « originaire » ou « télépathique » qui sont ceux par lesquels l'enfant apprend à parler. Ce que, par exemple, explique très joliment, en frappant sur le clavier, une enfant autiste de cinq ans dont la mère a appris la CF : *« Maman, elle cherche des mots pour moi, pour m'aider. Moi, je pointe les lettres du mot que je vois paraître dans la tête de maman quand je lui envoie. Je pense à une grande idée et maman la met en phrases que je recopie. »*

A ce niveau, la psychophanie a, paradoxalement, un avantage sur les savoirs établis. Ne disposant d'aucun modèle préconçu susceptible de l'expliquer, à la différence de la psychanalyse et autres thérapies, elle ne se réfère à aucun système symbolique préétabli pour interpréter les propos de ceux qui s'y prêtent. Elle laisse à ses clients le soin de le faire eux-mêmes : aux parents, lorsqu'il s'agit d'enfants, et au travail qu'ils ont entrepris avec le thérapeute qui leur a conseillé la CF, lorsqu'il s'agit d'adultes. Ceci fait que les hypothèses les plus intéressantes concernant les processus mentaux mis en jeu dans la CF proviennent souvent de ceux qui en bénéficient, et plus particulièrement, de ses premiers utilisateurs : les enfants autistes.

Que ces enfants, condamnés au silence par un trouble inexplicable dans les connaissances médicales actuelles, puissent, grâce à la CF, exprimer ce qu'ils ont dans la tête, en permettant à ceux qui les prennent en charge de mieux comprendre leur organisation mentale, est en effet l'une des dimensions les plus bouleversantes et les plus passionnantes de ce livre. Privés de parole, ne pouvant accomplir certains gestes ou ne possédant que quelques mots, les enfants autistes souffrent de l'impossibilité à se développer normalement. La principale difficulté où nous sommes pour les comprendre vient de ce que ce sont des enfants qui, pour on ne sait quelle raison, ont régressé ou n'ont pas pu émerger d'un fonctionnement mental qui est, dans le développement normal, celui du fœtus et du nourrisson. De ce fait, leur accès au langage est perturbé ou interdit, mais en retour, ils bénéficient de structures mentales, dans lesquelles la « communication d'être à être » qui relie le nourrisson à ses parents a préservé toute sa puissance originelle. Alors que, chez l'adulte, cette « télépathie inconsciente » est, sauf exception, refoulée dans ce que l'on appelle l'inconscient, et ne se retrouve que chez les médiums, les voyants ou les « sujets psi » : les individus témoignant de facultés ou de pouvoirs mentaux inexistants chez les autres personnes.

Lorsqu'on travaille avec des autistes, on s'aperçoit donc qu'ils sont tous plus ou moins voyants ou télépathes, et qu'un grand nombre ont développé des dons semblables à ceux des fakirs ou des yogis. Certains ont la faculté de jouer avec des guêpes ou des abeilles sans jamais se faire piquer, d'autres celle de s'autoanesthésier à volonté, de sortir de leur corps ou d'établir un lien télépathique avec un mourant, comme me l'a fait découvrir une adolescente autiste, au moment de la mort de son père, alors que ni elle ni moi n'en avions été informés. Ayant ainsi développé des dons extrasensoriels, les autistes semblent avoir un accès naturel à ce que les chamans appellent l'Autre-réalité : l'invisible texture de l'Au-delà et de la mort. Ce qui fait qu'à la différence de leurs parents ou de nous-mêmes, ces enfants ne semblent pas du tout avoir peur de la mort. Or, en leur donnant la parole, voilà ce que, d'une façon inattendue, la CF met en lumière. Ayant trouvé, dans la psychophanie, le moyen de formuler ce qu'ils pensent, tous les enfants autistes y affirment, unanimes, que concevoir la mort telle qu'elle est appréhendée dans le matérialisme ambiant, comme une fin définitive et totale, est un mensonge. Expliquant qu'ils communiquent avec les morts ou utilisant la CF pour leur « téléphoner », ils ajoutent qu'il faut « attiser les morts » : penser à eux. Ce afin de leur donner la possibilité d'aider les vivants. Et lorsque, fatiguée de les entendre lui tenir ainsi, à longueur de journée, des discours sur la mort et l'Au-delà, Anne-Marguerite Vexiau essaie de les faire parler d'autre chose, les voilà qui protestent : « Vous devez expliquer aux stagiaires que les morts servent pour les vivants. Je rate ma vie si parler de mort est défendu. »

En psychophanie, les autistes ne sont toutefois pas les seuls à laisser entendre que la mort n'est pas ce que l'on croit. Car, en fait, la CF ouvre à tous, enfants ou adultes, handicapés ou bien portants, un accès du même ordre à l'Au-delà. Il arrive, en effet, que l'« être profond » de l'individu qui s'y exprime établisse un contact avec un défunt de sa famille, en lui donnant la parole. Ceci, soit spontanément, l'individu concerné en est alors le premier étonné ; soit parce qu'il a entrepris un travail transgénérationnel et souhaite éclairer un point obscur de son héritage généalogique.

Voilà donc comment, à l'insu même de ses promoteurs, ce processus de communication remet en cause la conception matérialiste de la mort qui est la seule admise dans nos savoirs et notre culture. En cela, l'« être profond » qui s'exprime en CF n'est pas tout à fait assimilable à l'inconscient freudien. Car, si Freud a été un des premiers à constater que, dans son inconscient, tout le monde se pense immortel, contrairement à Jung, il était athée et ne pouvait concevoir l'immortalité de l'esprit. Dans l'actualité de nos savoirs, l'« être profond » qui s'exprime en CF n'est, de ce fait, apparentable qu'au « sujet responsable de son incarnation » : terme avec lequel Françoise Dolto a soutenu que le sujet préexistait à son incarnation et ne disparaissait pas dans un coma profond.

Outil clinique aux multiples facettes, la CF est donc bien, comme l'écrit Rémy Chauvin, « une mine d'or ». Puisqu'elle est non seulement d'un apport inestimable dans une très large palette de troubles, mais que, de surcroît, elle encourage et dynamise les recherches cliniques sur la « communication d'être à être ». Laquelle est actuellement considérée, par un nombre important de cliniciens, comme une relation télépathique incontournable, tant dans la prise en charge des bébés et des petits enfants que dans celle des mourants et des comateux. Il faut donc saluer dans les travaux de l'école française de CF et la psychophanie une découverte aussi importante, dans la connaissance de l'esprit humain, que celle que fut, au siècle dernier, la psychanalyse.

Didier Dumas

Ne pas pouvoir parler de moi m'angoisse. Mon handicap me condamne à être considéré comme non intelligent, pourtant je pense et je réfléchis beaucoup. Mon appréhension des choses, perception des choses pourraient en surprendre plus d'un.

Heureux je suis de pouvoir manifester ce que je ressens de mon intérieur secret, de mon cœur et de mon âme.

Difficile de faire croire aux autres que ce que j'écris émane de moi.

Sceptiques ils sont pour la plupart, refusant d'entendre que ce qui anime ma main au travers de maman, ce n'est pas ma tête telle qu'elle a été conçue dans cette enveloppe corporelle, mais c'est mon âme incarnée dans ce corps, cette enveloppe souffrante destinée pour moi et au travers de moi à manifester l'autre facette subtile, celle de l'âme.

Terrible duel en l'homme qui confond force matérielle et merveilles données par la richesse de l'âme. Multiples canaux elle utilise pour vainement se faire entendre. Simple écoute intérieure suffit pour apaiser, entendre ce trésor intime et merveilleux.

Nicolas, 24 ans, trisomique 21
Texte écrit en Communication facilitée
le 1er novembre 2001

I

DÉCOUVERTE DE LA COMMUNICATION FACILITÉE

1
Les débuts d'une grande aventure

Itinéraire d'une orthophoniste

Je me revois marchant à grandes enjambées aux côtés de mon père dans les couloirs de l'hôpital de la Pitié-Salpêtrière à Paris. J'avais tout juste dix-huit ans et j'aimais les enfants. Depuis trois ans déjà, je savais que je voulais devenir orthophoniste. L'orthophonie[1] était une discipline toute nouvelle à l'époque et encore très peu structurée. Mon père avait pris un rendez-vous avec le professeur Léon Michaux, pour savoir si j'avais des chances d'être admise en première année. « Ce ne sont pas des études pour votre fille, celle-ci est trop jeune, avait-il déclaré, je lui déconseille de se lancer dans ce cursus sans avoir au moins une licence de psychologie. » J'étais pourtant impatiente de découvrir ma nouvelle profession et fus admise sans problème après l'entretien d'entrée. A l'âge de vingt ans, quelques mois avant les événements de mai 1968, je commençai ma troisième année d'études. Les orthophonistes étaient encore si peu nombreuses que je fus accueillie à bras ouverts dans un centre médico-psycho-pédagogique pour y faire quelques

1. Rééducation de la parole, du langage oral et écrit et de la voix.

vacations. Depuis, je n'ai jamais arrêté d'exercer ce beau métier.

A la naissance de mon premier enfant, je m'installai chez moi en libéral, recevant une clientèle d'enfants tout-venant. L'orthophonie est une profession idéale à exercer pour une femme avec des jeunes enfants. J'intercalais les biberons et les bisous entre les séances de rééducation. Une dizaine d'années plus tard, le hasard voulut qu'une voisine m'amène sa fille, Émeline, alors âgée de trois ans, parce qu'elle ne parlait pas. La fillette semblait ne rien entendre, était indifférente à tout, et faisait des colères redoutables. C'est par elle que j'ai découvert l'autisme, dont le nom même était totalement inconnu du grand public, et c'est là que tout s'est accéléré. Déconcertée par son comportement inhabituel, j'ai très vite éprouvé une sensation d'impuissance devant cette enfant énigmatique dont les regards vifs, fugitifs et insaisissables contrastaient avec son incapacité à exécuter une tâche extrêmement simple et à imiter quoi que ce soit. Devant le désarroi de sa mère, j'ai recherché tout ce qui pouvait aider cette enfant, car aucune des techniques que j'avais utilisées jusqu'alors ne semblait porter ses fruits. Très vite, d'autres autistes ont suivi, et en quelques années, je me suis trouvée spécialisée dans l'autisme. J'ai voyagé, participé à tous les congrès nationaux et internationaux sur l'autisme, travaillé avec des associations de parents, organisé des formations, mis au point des techniques de rééducation par la musique, le jeu, le geste, etc.

A l'époque, je recevais les mêmes enfants deux à trois fois par semaine pendant de nombreuses années. Nous progressions ensemble à petits pas. Il fallait beaucoup répéter, s'ingénier à présenter le travail de mille façons différentes, accepter les régressions, les limites motrices et intellectuelles de chacun. Combien ai-je fabriqué de petits jeux en carton, que j'ai découpés, plastifiés, numérotés, emballés dans des pochettes à zip. Les parents m'apportaient des boîtes à savon, des boîtes à œufs, des boîtes à film de photos, dans lesquelles je rangeais figurines, jetons, boutons, pinces à linge, bobines, chiffres et lettres en plastique ou en bois pour apprendre à lire, compter, s'orienter dans l'espace, comparer les tailles, trier les couleurs. Des formes à emboîter, enfiler, superposer, des images à ordonner dans le temps, à appareiller, à mimer… Je n'y ai pas touché depuis huit ans.

J'ai toujours fait avec passion et acharnement tout ce que j'ai entrepris. La prise en charge des autistes n'est pourtant pas facile. Peu à peu, je me suis aguerrie à me faire tirer les cheveux, arracher les lunettes, mordre et à recevoir des coups de tête. Habituée à courir à quatre pattes derrière les plus jeunes, à les rattraper lorsqu'ils allaient taper sur les vitres, jeter les objets à travers la pièce ou déchirer mes papiers. Je les ai apprivoisés, j'ai accepté leur regard qui me traversait sans me voir, leur apparente indifférence, leur comportement impulsif et répétitif, leurs crises d'angoisse imprévisibles. J'ai été prise malgré moi dans des querelles d'école virulentes, car personne n'est encore d'accord sur les causes, le diagnostic ni la prise en charge des autistes.

C'est en 1992 que j'ai entendu parler d'un nouveau procédé, la Communication facilitée, par l'intermédiaire d'un jeune autiste parti pour les États-Unis, Jean, qui a commencé à pratiquer là-bas la CF[2] : lorsque sa maman m'a écrit que son fils tapait à la machine avec elle, en français et en anglais de surcroît, je me suis dit qu'elle était bien crédule et me suis insurgée contre les profes-

2. La CF a été introduite en 1992 à l'Université de Syracuse (État de New York) par Douglas BIKLEN, lui-même formé par Rosemary CROSSLEY à Melbourne (Australie).

sionnels qui osaient tromper les parents de la sorte. Je savais bien, moi, qu'il était impossible que cet enfant s'exprime de cette manière : j'avais évalué le niveau de ses compétences de manière rigoureuse, à l'aide de tests spécifiques, étalonnés et fiables. C'était un autiste dit « de bas niveau », donc sans intelligence.

Lors d'un passage à Paris, la mère m'a invitée à le voir faire de la CF avec elle. Jean était assis à côté d'elle ; elle lui lisait une courte page d'un conte illustré, puis lui posait des questions sur l'histoire. J'observais avec attention le petit Jean : sans pouvoir articuler un seul mot, il répondait à sa mère en montrant du doigt une succession de lettres sur un simple clavier de carton. Mais aucun indice ne me permettait de savoir lequel des deux formait ainsi les mots, car sa mère lui soutenait la main en l'aidant à isoler l'index. Je me suis alors posé toutes les questions qui viennent en tête à tous ceux qui découvrent la CF : qu'est-ce qui me prouvait que ce n'était pas elle qui dirigeait le mouvement ? Comment comprenait-il les questions compliquées de sa mère, alors qu'il n'avait pas su exécuter les consignes très simples que je lui avais données ? Comment avait-il appris l'anglais en si peu de temps ? Comment pouvait-il s'exprimer par le langage écrit, alors qu'il n'avait jamais appris à lire ? Comment faisait-il, sans regarder le clavier, pour montrer avec précision les lettres avec un seul doigt, alors qu'une secrétaire expérimentée n'y arrive pas ?

Devant mes doutes et objections, la mère de Jean s'est effondrée. J'ai tout de même décidé d'essayer moi-même la CF, avec le peu de connaissances que j'en avais. Je n'avais pas le droit de laisser passer cette chance, si minime soit-elle. Après deux mois d'un entraînement maladroit et hésitant avec un enfant autiste, j'ai vu apparaître des mots, puis des phrases en CF. Ce fut pour moi une révélation. Je suis alors partie en 1993 pendant un mois en Australie pour me former. A mon retour, j'ai essayé progressivement la CF avec succès avec tous mes patients autistes. Grâce à la profondeur de nos échanges, notre relation s'est considérablement améliorée. Ayant l'assurance d'être comprise, j'osais leur faire part de mes sentiments. Nous avions enfin de véritables conversations, et j'ai été très largement récompensée de ma persévérance.

Partie à Brisbane à la recherche d'un instrument dont je pensais qu'il serait une corde de plus à mon arc pour communiquer avec les autistes, j'en suis revenue avec un outil que j'ai ouvert progressivement à tous les types de handicaps et qui m'a entraînée dans une grande aventure dont je sens bien qu'elle ne fait que commencer. Très vite, se sont présentées à mon cabinet à Suresnes, près de Paris, des personnes handicapées de tous ordres, cumulant les déficits sensoriels, moteurs et intellectuels sévères. Elles se sont toutes exprimées en CF, avec plus ou moins de célérité, selon leurs problèmes de mouvement, leur tolérance au contact physique et leurs troubles du comportement.

Je suis ensuite partie en Israël, car je voulais vérifier qu'une personne ne parlant pas français pouvait écrire en CF avec moi. Les personnes handicapées que j'ai fait là-bas frapper sur ma petite machine ne comprenaient et ne parlaient que l'hébreu. Elles se sont pourtant toutes exprimées dans ma langue en CF, me donnant des indications sur elles que je ne pouvais connaître. Je pensais avoir atteint le maximum de « folie » lorsque Noki, un bébé polyhandicapé de treize mois, au cerveau lésé, sans force, les yeux à peine ouverts, s'était exprimé en français avec moi en frappant sur mon petit clavier[3] : *« Crie que je suis vivant et valable de garder la vie, bute-moi pour jurer de me*

3. Anne-Marguerite VEXIAU, *Je choisis ta main pour parler, op. cit.*, p. 291.

faire sortir de là. » Il désignait les touches avec son minuscule petit doigt et je sentais parfaitement l'impulsion qui me guidait. Noki était si faible que je devais appuyer sur l'ongle de son index pour enfoncer les touches. Je m'étais engagée à lui envoyer des « *bagages de gerbes de fleurs* ». Je n'ai pas souvent manqué à ma promesse. A chaque fois qu'on m'offre des fleurs, je les lui envoie en pensée.

Je ne voyais pas très bien ce que je pouvais découvrir de plus. Or, depuis près de dix ans que je pratique quotidiennement la CF, j'entre par petites touches dans un gouffre toujours plus riche et profond. Opération qui me demande plus de lâcher-prise que de contrôle de moi-même, plus d'humilité que de certitudes et beaucoup de ténacité. Malgré tout, je suis bien consciente d'en être encore à la « *dînette* », pour reprendre l'expression familière d'un enfant autiste qui a ajouté : « *Oublie tout ton savoir, vie de vous est grabataire, tu vas découvrir des valeurs autres.* » J'ai hâte de découvrir, tout est tellement inattendu et passionnant !

Israël fut un moment fort dans mon existence. C'était le pays chéri de la petite Annaëlle-Ayala que j'ai suivie régulièrement en CF pendant plusieurs années. Annaëlle est partie, sans faire plus de bruit que d'habitude. « *Petite chose* », comme l'avait frappé un enfant qui l'avait croisée dans ma salle d'attente, mais « *âme si profonde* ». Un grand nombre de mes stagiaires l'ont connue ; ils avaient tous été touchés par la force qui se dégageait de son corps frêle et souffrant. La maladie d'Annaëlle était si rare qu'aucun cas semblable au monde n'avait pu être trouvé, autre que son frère Idan, décédé quelques années avant elle. Totalement immobile, sans aucun tonus musculaire, aucun son ne sortait de sa bouche. Intériorisée, elle écoutait, réfléchissait et priait. Son existence était partagée entre les séjours à l'hôpital et à la maison. Elle partait souvent en Israël, avec une bouteille d'oxygène qui ne la quittait jamais. Entourée d'affection par sa famille juive religieuse, elle savait tant de choses sur Dieu et les écritures ! Avant de mourir, elle a consigné son histoire et ses connaissances dans un livre[4] écrit en CF, tellement grave et surprenant. Elle disait qu'elle avait déjà vécu d'autres vies. Que devient-on après la mort ? Est-il vrai, comme de nombreux patients le disent en frappant, que les morts peuvent agir, devenir une force vive intérieure, si on les *« attise »* ? N'est-ce pas là une forme de « résurrection » que de faire mémoire des morts et de les accueillir en soi pour intérioriser leur présence et prolonger le travail qu'ils ont fait sur terre ?

Combien de mes jeunes patients sont-ils partis ainsi comme Annaëlle ? Josselin, Amytis, Maxime, Louis... Lorsque je pense à eux, je ne ressens pas d'amertume, c'est comme si la caresse du vent m'effleurait le visage. Et Alone, dont la mère vient de m'annoncer la disparition brutale. En quelques mois, je m'étais déjà attachée à lui, raidi dans sa coque, avec sa petite mine empreinte d'affliction. *« Voir un fils inerte n'est pas joli »*, avait-il tapé lors de la première séance. *« Je suis empalé de mort. »* Ses parents étaient séparés depuis de nombreuses années et Alone avait frappé qu'il voulait les revoir ensemble. Il a su les réunir, tous les deux, en larmes, penchés au-dessus de sa tombe. « Pourquoi ? » m'a demandé sa mère.

Pourquoi cette mort prématurée ? Ce trou béant dans l'existence d'une mère qui passait tout son temps à s'occuper de son enfant ? Y a-t-il un pourquoi ? Ces enfants autistes, polyhandicapés, trisomiques, infirmes moteurs cérébraux, sont-ils nés pour quelque chose ? Ou ne sont-ils que des « ratages » de la nature ? Au-delà de la

---

4. Annaëlle CHIMONI, *Le livre d'Annaëlle*, Paris, Éd. du Rocher, 2000.

détresse d'un corps amoindri, tordu ou recroquevillé, disloqué, ficelé à un fauteuil pour ne pas s'affaisser, au-delà de la violence d'un corps déchaîné que le cerveau ne maîtrise pas, ces enfants m'ont fait découvrir la richesse intérieure inouïe de tout être humain. Ils m'ont appris à rechercher l'émotion derrière l'impassibilité ou la fermeture d'un visage, la souffrance derrière l'agressivité ou l'hébétude. « *Ma famille de vie* », « *mes enfants de lumière* » m'ont appris à voir, sans autres signes sensibles que quelques mots frappés sur un clavier. Grâce à eux, je ne vois plus les hommes de la même façon, je ne vois plus le monde de la même façon.

La CF a ainsi apporté une dimension totalement nouvelle à mon travail de technicienne : j'ai commencé à mieux cerner la nature des troubles présentés par les autistes, à découvrir des capacités insoupçonnées chez tous ces êtres blessés dans leur corps et leur intelligence. Derrière la « *maladie de l'apparence* », comme l'a dénommée avec tant de justesse un jeune trisomique 21, il existait une dimension cachée, intacte chez tout être humain, du début à la fin de la vie. La CF m'a montré que la conscience, qu'on peut appeler l'être profond ou encore l'âme, est toujours préservée et reste totale quelle que soit la sévérité du handicap ou la dégradation du cerveau. Les limitations ne touchent en effet que la partie physique et intellectuelle de l'être, la seule que nous puissions percevoir par nos sens, la seule que nous puissions mesurer par des tests.

A la fin de mon premier livre[5], je raconte comment j'ai ensuite essayé la CF avec mon époux et mes enfants, sur la pointe des pieds, car je sentais bien que je touchais à une partie d'eux-mêmes dont ils ne m'avaient jamais

5. Anne-Marguerite VEXIAU, *Je choisis ta main pour parler*, *op. cit.*

parlé. Je n'avais pas encore découvert la valeur thérapeutique de la CF pour les personnes « normales ».

Le nombre des parents et enfants heureux grâce à la CF est tel que nous avons atteint, je pense, un point de non-retour. Après mûre réflexion, je crois pouvoir cette année me permettre de dire ouvertement ce que je vis quotidiennement. Toutefois, je n'engage que moi, je vous livre *mon* expérience, celle d'une *« fille de joie*[6] », devenue *« femme de service »*. Je ne sais pas encore vraiment de quel service il s'agit. Suis-je d'ailleurs appelée à un autre service que celui d'être « passeur », de faire naître à la vie de relation ? Y a-t-il autre chose à découvrir sur l'homme ? Je serais tentée de le croire, mais je ne sais pas toujours quel crédit accorder aux écrits de mes patients. Si j'émets des hypothèses, elles sont de l'ordre de l'intuition. Je ne prétends en aucun cas détenir la Vérité. Ma seule boussole est le bien-être de mes patients et de ceux qui les entourent. Je fais confiance, je travaille et j'avance.

École australienne et école française

La CF s'est développée en Australie en 1987 comme une stratégie de communication. Son principe est simple : un partenaire de communication, appelé facilitant[7], soutient la main d'une personne privée de parole en l'aidant à isoler l'index. Il lui présente des images ou des mots écrits pour qu'elle les désigne du doigt. Il peut aussi lui

6. Mes patients m'appelaient *« fille de lumière, fille de liberté et… fille de joie ». Je choisis ta main pour parler, op. cit.*, p. 231.

7. Le « facilitant » est le nouveau nom qui remplace celui de « facilitateur », traduit de l'anglais *facilitator* : il s'agit du partenaire qui facilite la communication en tenant la main du patient. Le mot « facilitateur » est en effet déjà utilisé pour désigner une personne qui facilite la relation thérapeutique (DEVA), et il a été jugé trop lourd et instrumental.

proposer le petit clavier d'un organiseur ou un simple clavier de papier. Il sent alors sa main qui le tire et le guide vers les touches. Il découvre des mots qui forment des phrases, écrites dans un langage plus ou moins bien construit, riche en métaphores. L'école australienne préconise la CF comme une « Communication alternative ou améliorée » (CAA), selon qu'elle vise à remplacer la communication chez les personnes mutiques incapables de s'exprimer par d'autres moyens ou à pallier une communication déficitaire.

En Australie et dans tous pays où la CF est implantée, sauf peut-être en Israël et dans les quelques pays européens où j'ai assuré des conférences ou des formations, on ne propose le clavier qu'à ceux qui ont l'âge, les compétences sensorielles, motrices et cognitives pour frapper, l'objectif étant de leur faire acquérir la plus grande autonomie possible. On sélectionne donc les candidats aux « programmes de CF » parmi ceux qui sont susceptibles d'apprendre à lire et de pouvoir exécuter un geste orienté volontaire en coordonnant leur regard, en éliminant d'office ceux qui présentent des troubles sensoriels sévères. Pour les non-voyants, on place des repères tactiles sur les touches de l'ordinateur. On attache une licorne[8] à ceux dont les troubles du mouvement de la main sont trop importants, de manière à ce que, d'un léger mouvement de tête, ils désignent les touches avec la pointe de la licorne. A ceux qui sont trop jeunes ou qui n'ont pas les compétences requises pour montrer du doigt des lettres sur un clavier, on propose deux objets, deux images ou une carte oui/non, et on soutient leur main pour qu'ils effectuent un choix. Très structurée et progressive, l'ap-

8. Une licorne est une longue tige que l'on fixe avec une courroie sur le front de la personne handicapée pour lui permettre de désigner les lettres sur un clavier d'un mouvement de la tête.

proche australienne est remarquable en ce domaine. J'ai eu l'occasion de rencontrer Annie Mac Donald, l'adulte atteinte d'infirmité motrice cérébrale avec laquelle Rosemary Crossley a commencé à pratiquer la CF à Melbourne. Tenue seulement au niveau de l'épaule pour stabiliser le mouvement, elle arrivait lentement à frapper seule sur un clavier adapté, malgré des mouvements parasites importants et des difficultés neuromotrices majeures.

En Australie, on enseigne que le geste de soutien sert à remédier aux troubles neuromoteurs et à redonner confiance à ceux qui ont toujours été en situation d'échec en matière de communication. Cela est vrai en partie pour certaines personnes handicapées, notamment au moment où le facilitant diminue le soutien qu'il leur apporte, en ne les tenant que sous le poignet, par le coude ou l'épaule. On affirme que tous ceux qui frappent en CF ont forcément appris à lire, parfois sans enseignement structuré, en regardant les flashs publicitaires et les jeux de lettres à la télévision, ou encore en profitant de l'enseignement donné à d'autres. C'est aussi vrai pour certains. Toutefois, après mon retour d'Australie, j'ai très vite reçu des patients qui ne possédaient pas les aptitudes requises pour frapper, et pour qui le processus de CF a fonctionné aussi vite et bien que pour les autres : de jeunes bébés qui n'étaient pas en âge de parler et encore moins de lire ou d'écrire, des non-voyants de naissance, des sourds profonds, des polyhandicapés grabataires, les yeux rivés au plafond. Je n'ai plus fait aucune sélection dans ma clientèle. La CF « marchait » pour tous : infirmes moteurs cérébraux, traumatisés crâniens, personnes âgées souffrant d'aphasie, de la maladie de Parkinson et d'Alzheimer, etc.

Ce fut une nouvelle étape pour moi. J'ai dû faire face à la rigidité, aux tremblements, aux crises d'épilepsie, à la confusion, m'accoutumer aux sondes, aux masques à oxygène et « *écoper* » la bave. Pour les quelques personnes en phase d'éveil de coma que j'ai fait frapper, j'ai découvert les salles des hôpitaux avec leurs équipements lourds, leurs bips lancinants et stressants, la nudité, les corps décharnés et crispés, l'angoisse des proches. J'ai dû faire comme si de rien n'était. J'enfilais comme une habituée les chaussons, le bonnet à élastique, la blouse et le masque stériles. Je cachais mon petit organiseur dans une manche et me faisais passer pour une amie de longue date. Les seules fois où je me suis présentée comme orthophoniste, cela a posé de tels problèmes que j'ai fini par préférer le taire.

La CF serait certes plus plausible et moins irrecevable si j'avais éliminé d'office tous ceux pour qui il n'était *a priori* pas pensable qu'ils puissent s'exprimer de cette manière. Mais plus de la moitié de mes patients ne pourraient alors bénéficier de la CF. Faut-il refuser la communication aux plus démunis, couper ce lien ténu qui les raccroche à la vie, parce que les phénomènes observés dérangent, bouleversent nos connaissances et remettent en cause toute la psychologie classique ?

J'élimine une éventualité qui peut venir à l'esprit, celle que la CF soit une totale supercherie et que ce soit le facilitant qui s'exprime à la place de son patient. Trop de faits montrent maintenant le contraire : le changement de comportement positif très fréquent des patients handicapés qui pratiquent la CF, tant en séance qu'à l'extérieur, les informations fournies par le facilité que le facilitant ne peut connaître. Et avec les personnes normales, la confirmation immédiate par la parole de la véracité des émotions et sentiments qu'elles viennent d'exprimer en frappant.

A *priori* très simple dans son mode de fonctionnement, la CF a très rapidement créé une controverse, car elle s'est avérée inexplicable par les modèles scientifiques actuels. J'ai réalisé que la CF ne pouvait se comprendre que si le facilitant servait de médiateur à la communication. Si les non-voyants *« voyaient avec la vue de mon cerveau »*, comme ils le frappaient, et que les sourds profonds *« buvaient mes mots par la tête »*, c'est forcément que la communication empruntait d'autres voies que les canaux sensoriels habituels. D'ailleurs, mes clients *« entendaient »* toutes mes questions sans que j'aie besoin de les prononcer à voix haute. Il m'a donc bien fallu admettre la réalité de la transmission de pensée. Il est néanmoins excessivement difficile de communiquer ce genre d'expérience à des personnes qui observent ce qui se passe de l'extérieur sans le vivre de l'intérieur. Les détracteurs les plus virulents n'ont jamais tenu la main de quiconque, ou ont abandonné après quelques essais infructueux, clamant qu'ils avaient essayé et que « cela n'avait pas marché ». Tel ce logopédiste[9], venu de Suisse pour essayer la CF avec Anne-Marie, une jeune femme autiste dont il s'occupait dans son institution, bien déterminé à ne pas « croire » à la CF. Anne-Marie avait répondu avec tant d'aisance à mes questions en désignant des mots écrits, alors que je la soutenais très légèrement par le poignet, que je proposai au logopédiste d'essayer. La jeune femme fit alors une crise d'angoisse et de violence, en montrant tout de travers. Je fis sortir le logopédiste et il fallut du temps pour qu'Anne-Marie retrouve son calme. Je lui demandai alors pourquoi elle n'avait pas su répondre à son logopédiste qu'elle connaissait pourtant bien et elle frappa : *« Il voulait que je montre la mauvaise étiquette, il guide la vie à l'envers de vivre. »*

9. Logopédiste : nom donné à l'orthophoniste en Suisse.

Il est étonnant de voir comment chacun y va de sa petite histoire, lorsque je parle de télépathie ou de « communication intuitive » : depuis celui qui décroche le téléphone juste au moment où son interlocuteur cherchait à l'appeler, jusqu'à celui qui pressent des faits qui se passent loin de lui, en passant par ceux qui ont lu *La source noire* [10] de Patrice Van Ersel, ou *Message des hommes vrais au monde mutant* de Marlo Morgan où les Aborigènes d'Australie communiquent entre eux à distance avec le plus grand naturel [11]. Mais il ne faut surtout pas parler en public de ces faits qualifiés de « dérives » par les scientifiques purs et durs ou par les plus frileux. J'ose dire tout haut ce que chacun ressent de l'intérieur dès qu'il commence à pratiquer la CF, ce qui me vaut bien des critiques.

J'ai la chance de ne dépendre d'aucune école, de n'avoir rien à perdre, toutefois je me sens responsable de cet outil de communication que j'ai introduit en France en 1993 et qui est si précieux pour les personnes privées de parole. La plupart des collègues que j'ai formés au tout début m'ont reproché d'aller trop loin, trop vite, disant que cela risquait de nuire au développement d'un procédé qu'ils avaient encore bien du mal à assimiler et surtout à faire accepter dans les institutions. Les parents aussi se font encore souvent rejeter lorsqu'ils parlent du travail entrepris en CF avec leur enfant. Ceux d'une adolescente trisomique se sont entendu dire qu'« ils devaient être assistés psychologiquement, car leur souffrance les aveuglait au point de pratiquer des méthodes magiques ». Il est pourtant impossible de passer sous silence la portée immense qu'a la CF sur le plan spirituel, en plus de celui qu'elle a sur le plan éducatif et thérapeutique. D'autre

10. Patrice VAN ERSEL, *La source noire*, Paris, Grasset, 1986.
11. Marlo MORGAN, *Message des hommes vrais au monde mutant*, Paris, Albin Michel, 1995.

part, j'ai remarqué qu'en étant « vraie », j'avais plus de chance d'être crédible. Je sais aussi que le point de vue de professionnels appartenant à d'autres disciplines ne pourra qu'enrichir la recherche et faire progresser la conception de l'être humain en général.

Me plonger dans la CF n'a pas été chose facile, parce qu'il m'a fallu accepter moi-même des faits inconcevables auxquels j'étais très loin d'être préparée. Je suis touchée par la confiance que me font certains facilitants et parents et, si je prends des précautions, c'est que je ne veux pas dire trop de bêtises ni les entraîner avec moi sur de fausses pistes. Je ne me suis donc décidée à écrire ce livre qu'après que d'autres collègues ont eux-mêmes expérimenté des situations identiques à celles que je relate ici.

Le doute reste présent en moi. Mais je crois qu'il est sain de garder le doute et de n'être pas trop sûr de soi. Je demande d'ailleurs aux personnes que je forme en CF de cultiver le doute en elles. Lorsqu'on explore un monde inconnu aussi extraordinaire, il ne faut pas s'embarquer à la légère et foncer tête baissée sans garde-fou. Il ne faut pas non plus une prudence excessive ou craintive qui interdit d'avancer. La seule chose dont je suis absolument certaine et qui m'encourage quotidiennement à continuer est le mieux-être éprouvé par mes patients et la connivence qui s'instaure entre nous. Je reçois tout ce qui est frappé avec respect, même si je ne m'attends pas toujours à la tournure que prennent les propos. Et je suis la première impressionnée par les coïncidences et les recoupements très fréquents entre ce que me disent mes patients, les faits que l'on peut observer et les changements d'attitude qui s'ensuivent.

On oppose de plus en plus l'« école française » de CF à l'« école australienne », ce que je regrette, car la première englobe tous les aspects de la CF et va beaucoup plus loin que la seconde. Il n'est pas question de minimiser la communication concrète et fonctionnelle dans la vie quotidienne pour ceux qui n'ont aucun moyen de communication. Mais cette approche pratiquée seule me paraît réductrice, car il est dommage de ne pas offrir à ces personnes, limitées dans leurs performances, la joie d'une rencontre intime qui leur donne une « *sensation de vie* » et l'accès à un registre existentiel, poétique et spirituel. De plus, c'est lorsqu'on s'adresse à la profondeur de l'être que l'effet thérapeutique semble le plus puissant. Je vérifie quotidiennement que l'envie d'apprendre à lire et à frapper de manière autonome vient souvent après que les patients handicapés ont pratiqué la CF un certain temps. L'approche australienne est une excellente technique de communication, l'approche française l'élargit vers une communication d'âme à âme et, pour moi, il est indispensable de combiner les deux.

Un même facilitant peut difficilement assumer tous les aspects de la CF. Selon sa formation initiale et son cheminement personnel, selon le contexte dans lequel il travaille et la population dont il s'occupe, il utilisera la CF pour les personnes handicapées sur différents registres et avec des objectifs complémentaires. L'essentiel est que chacun s'y sente à l'aise et compétent : les professionnels, les parents et leurs enfants. Dans mon premier livre, j'ai rapporté les différentes applications possibles de la CF dans la vie quotidienne, telles que faire des choix, intégrer un savoir nouveau ou acquérir l'autonomie dans la frappe. Dans celui-ci, j'ai voulu exposer ce qu'est la CF pratiquée dans la profondeur, au cœur de l'expression des sentiments et émotions. Cette frappe sur un clavier, accompagnée par un facilitant expérimenté, rend la CF accessible à *toutes* les personnes handicapées, quelle que soit l'origine ou la sévérité de leur maladie. Elle ne remplace pas tout à fait la parole, elle permet au facilité[12] d'exprimer un registre indicible oralement et d'évoquer des souvenirs très anciens, voire transmis de génération en génération et ne nécessite aucun apprentissage spécifique de sa part.

Psychophanie : un nouveau support thérapeutique

Un jour, une amie pédiatre qui avait commencé à se former avec moi en CF m'a envoyé deux jeunes enfants sans handicap qui présentaient des troubles psychosomatiques, pour voir si la CF pouvait les améliorer. Les troubles ont si vite diminué que j'ai été encouragée à recevoir d'autres enfants ordinaires qui faisaient pipi au lit, avaient des troubles de l'alimentation ou du sommeil, des peurs, des tics, de l'eczéma. Certains étaient très inhibés, faisaient des cauchemars ou se battaient à la récréation. D'autres étaient bloqués sur le plan scolaire ou n'arrivaient pas à établir de bonnes relations avec leurs pairs. En quelques séances, certains ont fait des progrès étonnants. Les enfants ne savaient pas à l'avance ce qu'ils allaient frapper. Ils manifestaient leur étonnement par rapport à ce qu'ils avaient exprimé, me demandant la signification des mots qu'ils avaient pourtant frappés à bon escient. C'est à partir de ce moment que j'ai vraiment réalisé que l'expression en CF devait toucher au préconscient, voire à l'inconscient du sujet. Qu'il s'agisse d'enfants mutiques ou parlants, c'était pour cela qu'elle avait un effet libérateur.

Des médecins et des « psy » m'ont fait prendre conscience de la qualité des productions écrites de mes

12. Le facilité est la personne qui s'exprime en pointant les lettres du doigt.

patients en CF et m'ont poussée à prendre en charge des adultes névrosés. J'ai d'abord refusé. Je me retranchais derrière le fait que je n'étais pas thérapeute, ce qui les faisait rire. Ils m'ont proposé leur soutien, adressé des patients dépressifs, angoissés, obsessionnels, drogués, anorexiques ou boulimiques, présentant des troubles sexuels ou ayant été violés. Je n'avais reçu jusqu'alors que des enfants et des adolescents. J'ai pris en charge des adultes, des vieillards et de très jeunes bébés. Je les aime tous, sans distinction, *« billes de clown*[13] *»* ou *« enfants dorés*[14] *»*, jeunes ou vieux, handicapés ou non. J'en ai reçu près de douze cents en tout. Ils se croisent dans ma salle d'attente. Leur souffrance et leur confiance me touchent et je sais que mon petit organiseur peut faire des merveilles : provoquer un sourire, développer une connivence, apporter la paix, la confiance en soi ou la force de lutter. Ainsi parachutée thérapeute, je suis devenue tout à la fois assistante sociale, conseillère conjugale, confidente, thérapeute familiale et directeur de conscience. J'ai commencé à travailler en CF avec des familles entières dont les inconscients se répondaient en écho. J'ai accepté que certains préfèrent voir une orthophoniste plutôt qu'un « psy » ; ils en avaient moins peur. J'ai été à l'« école de la vie », en formation accélérée. En pratiquant la CF avec des personnes « normales », j'ai appris une mine de choses sur l'homme. J'avais juste à *« garder le cœur ouvert pour les aider à vider le trop-plein »* et *« ouvrir grand mes oreilles de vie »*, comme un petit patient m'avait conseillé de faire.

Certains parents auraient préféré que je ne m'occupe que de leurs enfants handicapés. Mais ceux-ci sont-ils prioritaires par rapport à un adolescent « normal » qui

13. *« Bille de clown »* est un nom gentil que mes patients utilisent pour désigner les enfants handicapés.

14. Les *« enfants dorés »* sont les enfants ordinaires.

vient de faire une tentative de suicide ou qui est pris dans les griffes d'une secte ? Certains de mes clients « normaux », après avoir croisé dans mon cabinet un client très handicapé, s'excusent de venir consulter. Pourtant, je m'aperçois que la souffrance et l'incapacité à communiquer sont parfois plus grandes chez un sujet ordinaire qui ne parvient pas à trouver l'origine de ses blessures que chez un enfant handicapé qui est aimé et arrive à se faire comprendre par le sourire, quelques gestes ou balbutiements. Je reçois ceux qui ont besoin de moi.

Je vois souvent huit ou dix nouveaux patients par semaine. Certains collègues sont rassurés lorsqu'ils ont la certitude que la CF marche avec la personne qu'ils m'envoient. Ils ont le feu vert pour démarrer. Quelques psychanalystes n'acceptent de prendre en charge les patients handicapés qui leur sont adressés qu'après que je les ai vus une première fois. Ils veulent que les parents soient intimement persuadés que, derrière les apparences de faiblesse et l'inadaptation de leur enfant, se cache une vie intérieure riche : leur travail en est grandement facilité. De plus en plus nombreux sont ceux qui se forment pour intégrer la psychophanie à leur discipline. Une séance de psychophanie peut donner un coup de fouet à une psychothérapie qui ronronne parfois ou bloque sur des éléments inconscients qui n'arrivent pas à sortir et pourraient expliquer telle ou telle conduite névrotique. La CF ouvre alors de nouveaux circuits de communication. Les psychothérapeutes et psychanalystes préfèrent dans ce cas garder l'outil auquel ils sont habitués et travaillent en bonne intelligence avec des facilitants.

J'ai avancé sans *a priori*, m'abstenant de trop en savoir sur les différentes pathologies, de façon à rester ouverte à tout ce qui pouvait se dire. Ce n'est pas la nature des troubles qui compte, c'est la personne elle-même. Il s'agit de la laisser exprimer ce qui est important pour elle, non de faire une inquisition à partir d'idées préconçues sur la cause de ses troubles. Le même traumatisme peut avoir des répercussions différentes chez deux individus. Je ne pose de questions orientées que lorsque la personne a amorcé le dialogue, et seulement pour lui faire préciser certains points.

Lors d'une rencontre à Paris avec Rosemary Crossley où je lui ai raconté mon parcours, elle a été très choquée du tour que prenait sa méthode. Elle m'a explicitement demandé de trouver un autre nom pour une pratique qu'elle ne considérait plus être de la Communication facilitée. Il est vrai que l'objectif n'est plus d'apprendre à frapper seul, mais de faire surgir un registre émotionnel profond auquel nous n'avons pas toujours accès. J'ai alors cherché un nom pour définir ce processus relationnel de communication qui révèle l'être profond. J'ai choisi le mot psychophanie, du grec *ψύχη*, « âme », et *φαινω*, « mettre au jour ». Ce mot est valable aussi bien pour les personnes handicapées que les valides. Au niveau de l'être profond, il n'existe en effet aucune différence. Vouloir en faire une, c'est à nouveau cloisonner les personnes handicapées. La Communication facilitée désigne le terme générique du processus, et le terme de psychophanie l'expression profonde, tant chez les personnes mutiques que celles qui parlent, en sachant qu'il est difficile d'établir une limite claire entre la communication consciente et inconsciente chez les personnes mutiques.

Si le patient regarde son clavier et qu'il appuie volontairement sur les touches, on s'aperçoit vite qu'il n'est pas « branché » sur son facilitant. Ce qu'il frappe est intentionnel et conscient et ressort de ce qu'il pourrait exprimer oralement. Plus on entre dans la profondeur du non-conscient, et plus la frappe s'allège. Elle devient une danse délicate et aérienne sur les touches. C'est une forme d'écriture automatique où le facilitant est branché sur l'inconscient de son patient. Lorsque celui-ci est embarrassé pour répondre à une question, la main reste en suspens et je ne sens plus la moindre impulsion. « Peu à peu, explique Laurence Devaux [15], lorsqu'on tape depuis longtemps, on commence à constater l'émergence d'états de conscience différents ; ces états mentaux se traduisent par des différences de rythme, de nature du mouvement dans la frappe, quelquefois même des arrêts peuvent signaler les freins dans l'expression. Une frappe plus rapide et plus légère semble correspondre à un niveau de conscience plus profond. »

Chez les personnes qui ne parlent pas, le conscient et le non-conscient semblent pouvoir se dire aussi par le canal de la CF, car ils n'ont que ce moyen pour s'exprimer. Un signe, un regard annoncent alors ce qu'ils vont taper. Tel ce garçon qui a gonflé les joues avant de taper *« sumo »*. Ou cet autre qui venait de faire une crise de colère en l'absence de sa mère et qui, à son retour, m'a pris autoritairement la main et a frappé : *« Gare à toi si tu dis à maman ce que j'ai fait. »* Par contre, les personnes valides peuvent dire par la parole ce qu'elles pensent consciemment. Leurs productions écrites semblent être totalement inconscientes. Elles ne savent pas à l'avance ce qu'elles vont écrire, ne comprennent pas forcément la signification codée des mots qu'elles ont frappés, et qui, pourtant, correspondent bien à leur état d'esprit et leurs sentiments lorsqu'en y réfléchissant, elles nous les expliquent.

La psychophanie avec les personnes valides pose beaucoup moins de problèmes qu'avec les personnes handica-

15. Laurence DEVAUX, Postface du livre de Minh Hiên PHAN, *Autisme et Karma*, Paris, L'Harmattan, 2001.

pées, dans la mesure où elle n'est pas l'objet de conflit entre éducation et thérapie. Les personnes « normales » consultent pour faire surgir les barrages inconscients qui bloquent leur évolution, et non pour apprendre à taper seules à la machine. Elles savent ce que leur apportent les séances de psychophanie et valident l'exactitude des informations qu'elles ont frappées. De plus, les parents des enfants qui parlent n'ont pas besoin d'apprendre à faciliter leur enfant pour communiquer avec lui.

Frappe à distance : découverte du mécanisme et premiers essais

Un jour, je tombai par hasard sur une information « scientifique » qui semblait apporter de l'eau à mon moulin. En 1996, au congrès annuel de l'industrie informatique à Las Vegas[16], une démonstration étonnante avait été réalisée. Devant plusieurs milliers de personnes, deux individus portant chacun un dispositif électronique en contact avec la peau s'étaient serré la main. La « carte de visite électronique » du premier s'était retrouvée dans la mémoire électronique de l'autre. Une poignée de main d'une seconde avait suffi pour transmettre des centaines de caractères. Et lorsque plusieurs sujets avaient formé une chaîne, en se tenant la main, l'information s'était communiquée du premier au dernier. Cela démontrait qu'avec sa faible résistance électrique, la peau était un bon conducteur électrique. J'en déduisis pour ma part que c'était le contact physique au niveau des mains qui assurait la transmission des informations entre le facilitant et le facilité. Bien qu'on ne puisse pas comparer le fonction-

16. *La Recherche*, décembre 1996.

nement du cerveau à un simple traitement informatique des données, je pouvais imaginer combien d'informations subtiles pouvaient ainsi être véhiculées de l'un à l'autre. Donner une base rationnelle à la CF éliminait le doute. Je détenais peut-être enfin une des clés de la CF permettant de la rendre reproductible, convaincante, et scientifiquement validée.

Plus libre en famille qu'avec mes patients pour « expérimenter », c'est bien souvent avec mes enfants que j'ai progressé dans la compréhension des phénomènes. En décembre 1997, un événement m'avait intriguée. C'était les vacances de Noël, et je profitais de ce temps précieux pour avancer en CF. Je voulais à tout prix comprendre comment fonctionnait un tel outil. Je proposai à Jérémie, seize ans, de frapper. Il renâcla un peu, pour la forme, en argumentant que ma méthode ne marchait pas et que c'était forcément moi qui tapais. A l'époque, mes enfants me promettaient tantôt le prix Nobel, tantôt l'hôpital psychiatrique. Ils n'étaient pas mes plus fidèles supporters, bien que, de temps en temps, ils me demandaient de les faire frapper, juste pour voir ou pour régler un petit problème. Sans en avoir l'air, ils tendaient l'oreille lorsque je racontais un fait nouveau. Ils m'ont bien souvent adressé des clients et je sais qu'ils en parlent à leurs amis.

« Alors, tu viens, Jérémie ? » « OK ! mais avec ma baguette. » Il avait taillé une badine de bois d'une quarantaine de centimètres dont il avait enlevé l'écorce. « Tu sais bien que cela ne peut pas marcher ! Il faut un contact physique. » Forte de l'article que j'avais lu, je lui expliquai l'expérimentation de Las Vegas et le pouvoir conducteur de la peau. Il avait l'air intéressé, mais ne céda pas. Il aimait me pousser dans mes derniers retranchements. Je pris donc la baguette à un bout, comme on tient un stylo. Il pinçait l'autre bout entre le pouce et l'index. Or à ma grande surprise, la baguette se dirigea droit vers des touches et des mots se formaient. Je n'en croyais pas mes yeux. « Il » frappa ainsi quelques phrases que j'identifiais comme venant bien de lui. J'étais d'autant plus étonnée que le bois n'est pas conducteur. Toutes mes belles théories s'effondraient.

Quelque temps plus tard, Catherine Dolto, qui pratique l'haptonomie[17], est venue assister à des séances de CF et de psychophanie à mon cabinet. Je lui racontai « le coup de la baguette ». Elle qui pratiquait cette science du toucher qu'est l'haptonomie était plus à même qu'une autre de reconnaître l'importance du contact physique. Or elle ne fut pas du tout étonnée par cette histoire de bout de bois. Pour elle, l'information se transmettait directement d'être à être. Cette discussion me fit beaucoup cogiter. A certains stages, pour montrer comment l'information passe à travers l'autre, je propose souvent l'exercice suivant : je distribue des dessins où fourmillent une quantité d'objets et de personnages en action. Chaque facilitant soutient la main de son voisin de table, qui n'a pas vu le dessin et détourne la tête. Le facilitant lui pose une question du genre : « Montre-moi le clocher légèrement caché derrière la maison… Le garçon en rollers qui traverse la rue… » Et, très vite, il sent le facilité conduire son bras et montrer du doigt le détail en question. Dans cet exercice, il reste néanmoins difficile de déterminer qui fait bouger le bras. A cette époque, je pensais que l'impulsion ne venait que du facilité.

---

17. Haptonomie : forme d'accompagnement, de thérapie qui vise à aider la personne à recouvrer ou développer sa santé physique. « Hapto » est une racine grecque signifiant : j'établis une relation, un contact, pour guérir et confirmer l'autre dans son existence. Voir à ce sujet Nina CANAULT, *Comment le désir de naître vient au fœtus*, Paris, Desclée de Brouwer, 2001, p. 97 et *sq*.

Le doute s'est insinué lorsqu'à la fin d'un séminaire de formation, une amie et collègue m'a proposé de frapper avec elle. Je n'étais pas très chaude, bien que je n'aie rien à cacher, mais je ne sais pourquoi, j'étais réticente. Je consentis cependant à ce qu'elle me prenne la main et, regardant ailleurs, j'ai frappé rapidement : « *Laisse-moi*. » Mon amie, surprise, n'insista pas et ferma le couvercle de sa machine. J'étais en colère. J'avais l'impression qu'elle m'avait manipulée. « Mais c'est toujours de cette manière que je procède, je frappe ce que je sens ! » dit-elle, interloquée. « Comment fais-tu pour sentir la différence entre une idée à toi et une idée qui te vient de ton patient ? » Elle ne sut que répondre. J'avais nettement perçu que l'impulsion venait d'elle. Or, ce que j'avais frappé en CF correspondait bien à mon état d'esprit. Mon amie était une excellente facilitante et je n'avais que des échos positifs sur son travail. Mais je ne voulais pas admettre à cette époque que l'impulsion puisse venir du facilitant.

Ce n'est que dix-huit mois plus tard, à nouveau grâce à Jérémie, que j'ai commencé à comprendre. Nous étions en juin 1998. C'était la coupe du monde de foot. Nous étions assis côte à côte sur le canapé et Jérémie regardait un match à la télévision. C'était le bon moment pour le solliciter. Je savais qu'il n'allait pas se lever, car le match retenait toute son attention. Les conditions étaient requises pour qu'il frappe bien. Les yeux toujours rivés sur l'écran du téléviseur, il se laissa prendre la main. Il ne cherchait pas à savoir ce qu'il écrivait. Le match était plus important. Le bruit du bip des touches qui s'enfonçaient le gênait pour entendre les commentaires. Je supprimai donc le bip. Il se plaignit alors que cela le fatiguait de bouger l'index. « Mon pauvre, qu'à cela ne tienne, ne bouge pas le doigt ! » Je me mis alors à faire naviguer la machine, en présentant les touches une à une sous son doigt immobile. Une question me vint alors en tête : comment se faisait-il que je sache sur quelles lettres il voulait appuyer ? Avec un sourire en coin, il me déclara qu'il peinait à appuyer sur les touches et que je ferais mieux de continuer toute seule à « le » faire frapper... En réponse, je lui lâchai la main et m'éloignai, tout en continuant de frapper ce qu'il pensait avec mon propre index. Surpris, il s'arrêta un court moment de regarder le match. « Maman fait de l'autotapage ! C'est la meilleure », s'exclama-t-il. Je ne sais, à cet instant, qui était le plus incrédule de nous deux.

Je fis alors soudainement le lien avec la baguette et les propos de Catherine Dolto : l'information passait d'être à être. Le contact physique n'était pas forcément nécessaire. Il est probable qu'il améliorait la transmission, mais il n'était pas indispensable. Passé le premier moment de surprise et d'excitation, la consternation prit le dessus. Il m'était déjà extrêmement difficile de faire reconnaître qu'un sujet était capable de frapper en CF alors qu'il ne regardait pas le clavier. Je ne voyais pas très bien comment j'allais faire concevoir qu'un facilitant puisse frapper la pensée d'un autre sans aucun contact physique. C'est pourtant ce qui se passe. Il n'y a pas à être d'accord ou pas. J'en ai eu maintes fois la confirmation depuis.

J'essayais donc de ne pas tenir compte de ce que j'avais découvert avec Jérémie, mais les outils s'imposant, je découvris quelque temps plus tard, en recevant Ludovic, l'utilité de la frappe à distance. Ludovic était un jeune homme de grande stature d'une vingtaine d'années. Il avait subi un traumatisme crânien grave lors d'un accident de voiture cinq ans auparavant. A la suite d'un coma qui avait duré de longs mois, il ne parlait plus du tout et pouvait devenir violent. J'en fis l'expérience la première fois qu'il vint me voir. Après lui avoir expliqué ce que j'attendais de lui, je lui présentai mon organiseur et cherchai doucement à lui prendre la main pour l'aider à frapper. Repoussant brutalement la machine, il se déchaîna, attrapant et jetant à terre tous les objets qui étaient à sa portée. Il ne maîtrisait plus ses gestes et nous eûmes, sa mère et moi, la plus grande peine du monde à le maîtriser. Sa mère ne l'avait pas vu dans cet état depuis des années. Elle était en larmes. Elle comptait tant sur ce rendez-vous ! Je n'allais pas vouloir le reprendre, elle le savait bien. Elle n'osa d'ailleurs même pas me le demander. C'est moi qui lui proposai de le revoir. Allais-je laisser cette famille dans le désarroi, alors que je connaissais un moyen de les aider ? La fois suivante, je demandai donc à rester seule avec lui. Son père et sa mère, venus cette fois-ci tous les deux, restèrent à côté dans la salle d'attente, pour le cas où j'aurais besoin d'aide, mais ils n'eurent pas à intervenir.

Ludovic s'était réfugié à l'autre bout de la pièce. Je lui parlai tranquillement, lui expliquant que je savais qu'il me comprenait, qu'il existait un nouveau moyen pour qu'il dise ce qu'il gardait à l'intérieur de lui et le faisait tant souffrir. Je n'arrivais pas à croiser son regard. Il restait terré dans son coin. Je me mis donc à frapper pour lui, sans lui lire à voix haute les mots qui s'affichaient sur l'organiseur, mais en commentant oralement au fur et à mesure ce qu'« il » frappait. « Je ne suis pas certaine que ce soit par la violence que tu doives camoufler ta peine. Bien sûr, tu dois te sentir frustré de ne pouvoir exprimer tout ce qui bout en toi depuis ton accident... » Je surpris alors un regard fugitif interrogateur et le vis se détendre. Je ne bougeai pas. « Dès que tu seras prêt, tu viendras près de moi et je te prendrai la main pour que tu frappes toi-même sur la petite machine. » Il plongea ses yeux dans les miens et soutint mon regard. Je savais que c'était gagné. Je m'approchai alors de lui et il se laissa prendre la main. Au bout de trois quarts d'heure, les parents récupérèrent un garçon étonnamment détendu et souriant. « Cela a très bien marché, leur dis-je. Il accepte que je vous lise ce qu'il a frappé. » Mais je ne dis mot toutefois de la manière dont je l'avais « apprivoisé ». Les parents m'auraient prise pour une sorcière, un gourou, que sais-je ? Ils n'auraient sans doute pas voulu revenir. Il fallut encore trois ou quatre séances de ce type pour « amorcer » la frappe. Ensuite, Ludovic est venu s'asseoir spontanément à la table à côté de moi en tendant son index pour me montrer qu'il voulait frapper. Et le travail put, dès lors, s'effectuer normalement, en présence de ses parents.

Quelques mois plus tard, je recevais Kévin, un petit garçon de dix-sept mois qui était atteint d'une épidermolyse bulleuse, maladie génétique récessive que l'on sait encore très mal soigner. Son ventre, ses jambes, son cou, ses mains et ses pieds étaient recouverts de bulles hémorragiques qui se surinfectaient facilement. On aurait dit qu'il avait été brûlé. Ses extrémités étaient emmitouflées de bandages. La douleur était telle qu'il ne pouvait poser les pieds par terre. Aucune infirmière n'acceptait de venir chaque jour pour faire ses pansements : c'était trop mal payé et prenait trop de temps. Pour sa mère, arracher matin et soir les compresses de tulle sanguinolentes de son fils était un calvaire. Je pris très délicatement sa petite main infirme. Seule l'extrémité de ses doigts était à l'air. Dès que je serrais un peu, le petit bonhomme avait une réaction de recul. Kévin frappa quelques lettres, puis se mit à pleurer. C'était à moi qu'il faisait mal. Qu'allais-je faire ? En une fraction de seconde, une foule d'idées se bousculèrent dans ma tête. Devais-je le forcer à exprimer ce qui pouvait le soulager, au risque de continuer à le faire souffrir ? Le séparer de ses parents pour faire en cachette de la frappe à distance ? A dix-sept mois, un enfant a besoin d'être sécurisé sur les genoux de sa mère. Mais pourquoi les parents m'avaient-ils amené leur petit garçon ? Ils devaient bien imaginer que je ne pourrais tenir sa main ! Hésitante, je pris le risque de leur expliquer ce qu'il était possible de faire sans tenir la main de Kévin. Ils m'autorisèrent à faire tout ce que je voulais, si cela pouvait l'aider. Je les remerciai pour leur confiance, en leur demandant la confidentialité.

Kévin était tout près de moi. Un dialogue s'instaura entre lui et moi, ponctué par les remarques des parents et les regards amusés de Kévin.

– *Je rêve d'être doigts libres, larmes d'être forcé de m'outiller de gants. Personne ne sait si père et mère sont prouesse de bulle*[18] (gros ventre d'une femme enceinte). *Nous sommes crawl* (nage dans le liquide amniotique) *de vie ratée.*

– De qui parles-tu en disant nous ?

– *Corde de vie* (cordon ombilical) *fait couler des larmes car frère de vie a détruit lui en volonté de mourir.*

– Tu as eu un frère jumeau ?

Sa mère confirma l'existence probable d'un jumeau mort.

– *Parole* (CF) *fait fuir nulles bulles*, poursuivit-il.

A la suite de cette première séance de frappe à distance, les bulles sur les jambes ont en effet totalement cicatrisé pour la première fois depuis sa naissance. Cela a duré quinze jours, trois semaines, et ensuite, elles sont réapparues. Mais, avec ses parents, nous étions rassurés. Nous savions que les bulles pourraient à nouveau disparaître. Ils désirèrent alors faire chacun une séance de psychophanie : la mère évoqua de très rudes difficultés de couple

18. Chaque métaphore me renvoie à la signification du mot tel qu'il a été utilisé la première fois par l'un de mes patients (voir chapitre 7).

au moment de la grossesse de Kévin. Dans un moment de colère, elle avait même crié qu'elle souhaitait que son enfant ait une anomalie génétique. Elle en portait un lourd sentiment de culpabilité. Le père s'avéra avoir de très nettes tendances dépressives. Tous les trois revinrent me voir lorsque Kévin avait vingt et un mois. Ses doigts étaient à l'air et il portait des chaussures, ce qui lui permettait de marcher seul. Dès qu'il m'aperçut, il bloqua d'emblée ses mains derrière le dos. Je n'avais pas le choix : je frappai donc pour lui pendant que, assis sur le tapis, il enfilait de gros dominos de bois sur une tige. Souriant et à l'aise, il me lançait de temps à autre quelques coups d'œil furtifs.

– *J'ordonne à toi de maladie enlever. Bavarde de nutrir moi autrement.*

– Tu voudrais changer d'alimentation ?

La mère traduisit. Kévin avait dû être hospitalisé pour une primo-infection herpétique qui l'avait fait beaucoup souffrir et l'avait notamment empêché de se nourrir par la bouche ; et comme il ne grossissait pas, le médecin avait proposé de faire une gastrostomie [19].

– Et toi, qu'en penses-tu ?

– *Gastrostomie désigne race de fils très malades.*

– Et ce n'est pas ton cas !

– *Sache que babillage est frôlant parole.*

– Je vois bien que tu commences à parler. D'ailleurs, tu nous l'avais annoncé la dernière fois. Tu avais tapé : « *vagir* (cris du nouveau-né) *est début de parole* », je crois bien.

Sa mère confirma les très nets progrès en langage.

– *Je devine pourquoi je suis malade.*

– Ce serait bien si tu nous le disais !

---

19. Ouverture pratiquée dans l'estomac qui sert à relier l'estomac à l'extérieur par l'intermédiaire d'une sonde permettant l'alimentation.

– *Service peut foutre en l'air les bulles.*

– Le service, est-ce seulement de t'aider à t'exprimer, ou y a-t-il autre chose que je puisse faire pour te guérir ?

– *Parle-moi de bille de clown* (enfant handicapé).

Sa mère raconta alors la discussion qu'elle venait d'avoir avec le médecin de l'hôpital : le handicap de Kévin avait été évalué à 50 %.

– *Ose record dépasser, décime la peur de moi, va vacarme* (vie intra-utérine) *faire cesser,* poursuivit Kévin. *Je dis père a démoli l'amour de crawl* (nage dans le liquide amniotique). *Parole* (la CF) *peut délivrer fils grabataire. Balade encore ton doigt pour jurer d'être moi. Cause de vie morte, c'est lutte de vie dans crawl. Bac à vie* (utérus) *démissionne de sac de mort* (id). *Ouste ! J'autorise mort à fuir. Agonie démissionne, je vais éliminer justice d'être lutteur* (enfant qui lutte pour garder la vie). *Va gommer lutte de vie dans maman et je délivrerai père de la mort. D'appartenir à la vie joyeuse frôle moi et je deviens maladie ouverte à la vie lumineuse de bonheur. Donner lithographie* (la CF) *à moi fait fuir désordre dans moi.*

– Cela t'aide à changer ?

– *Oui.*

Après cette séance de frappe à distance, les bulles ont à nouveau complètement disparu sur le tronc et les jambes, et n'ont pas réapparu depuis. Seules, quelques légères traces montrent leur ancien emplacement. J'ai continué à suivre Kévin tous les deux mois environ. Aujourd'hui, il a trois ans, il n'a plus que trois bulles et il est en voie de guérison totale. Dans les formes simples de la maladie, on peut espérer une guérison vers l'âge de dix ans. Mais dans les formes complexes telles que celle que présentait Kévin, il n'existe pas de guérison connue.

Forte de ces deux expériences, j'ai continué à utiliser la frappe à distance avec les adultes hyperactifs, violents, hurlant ou ne supportant pas d'être touchés, en demandant aux parents et aux stagiaires de sortir de la pièce. La tension tombait presque instantanément. Cette façon de procéder m'a permis de gagner la confiance de certains patients et d'établir avec eux une relation de qualité, sans faire irruption dans leur territoire. Ils me regardaient souvent dans les yeux avec intensité. Certains se rapprochaient et donnaient spontanément leur main. Plusieurs se sont fait prier ensuite pour quitter mon bureau. Tous ressortaient rassérénés, souriants, voire éclatant de rire. L'angoisse s'était transformée en joie. Le contraste entre leur entrée et leur sortie était si saisissant que chaque fois, les parents et les assistants me demandaient ce que je leur avais fait. N'osant pas encore parler de frappe à distance, je répondais : « Je pense qu'il avait trop de pression autour de lui. » Mais je restais profondément gênée vis-à-vis de mes collègues d'utiliser un « truc » que j'aurais voulu pouvoir leur transmettre.

En mars 2000, j'ai organisé à EPICEA[20] un stage destiné aux facilitants confirmés. Deux journées où les échanges se font sans réserve, où chacun est écouté et peut ouvertement expliquer ses difficultés et apporter sa contribution, dans un climat de grande confiance. Une quinzaine de participants discutaient à bâtons rompus. Une collègue me dit alors : « Je ne sais pas si je suis folle, mais j'arrive à faire taper certains patients qui ne supportent pas qu'on les touche, assise à côté d'eux, sans leur tenir la main. » Elle décrivit le processus et les avantages de cette approche. Je me tus et la laissai terminer. Les autres stagiaires se regardaient, dubitatifs, étonnés, leurs regards tournés vers moi. Nous étions attendus au restaurant. Afin de me donner un temps de réflexion, je leur dis

20. Voir annexe, p. 308.

en souriant que, s'ils étaient sages, je leur raconterais peut-être une histoire après le déjeuner. Au retour, je ne savais toujours pas s'il était bon d'en parler, mais eux n'avaient pas oublié que je leur devais une histoire ! Je leur expliquai donc comment je procédais en « frappe à distance », en leur demandant de ne pas trop en parler pour le moment. Peu de temps après, une facilitante me racontait les résultats remarquables qu'elle obtenait ainsi. Cela m'a rassurée. Il s'agissait de quelque chose qui pouvait se travailler et se transmettre.

Six mois plus tard, en septembre 2000, Paule, une amie facilitante, me téléphona. Son fils Thomas, un jeune homme autiste qui avait alors dix-huit ans, totalement mutique, traversait depuis plusieurs mois une période d'agressivité et d'agitation redoutables. Ses crises étaient très difficiles à faire passer, d'autant qu'il opposait un refus manifeste pour s'exprimer, comme avant, en frappant avec ses parents sur l'organiseur. Et ceux-ci, n'en pouvant plus, commençaient à répondre à la violence par la violence. Paule ne voyait plus comment sortir de cet engrenage. Je savais qu'elle ne croyait absolument pas à la télépathie. Mais comme j'entendais derrière elle son fils qui s'impatientait et poussait des cris, je lui conseillai tout de même d'essayer de le faire taper sans lui tenir la main. Je n'eus pas le temps d'en dire plus, la communication dut être interrompue. Paule me rappela quelques heures après : lorsqu'elle avait raccroché le téléphone, elle avait pris son organiseur et les mots de Thomas lui étaient venus instantanément : « *Je termine une crise qui aura durci désagréablement mon esprit.* » A peine lui avait-il « soufflé » les deux premiers mots qu'il était déjà calmé. Le dos tourné, légèrement courbé, il avait suspendu littéralement tout mouvement. Il avait poursuivi à distance : « *On pourrait laisser buter, mourir des êtres désespérés très autistes, faisant certainement craindre à d'autres d'être frappés. Goutte d'eau dans l'espace infini, rêve doré, irréalité d'autiste, ressasser sans fin une idée triste qui monte en moi éternellement.* » Ce jour-là et pendant une semaine, Thomas n'a plus mangé ses vêtements, n'a plus fait ses besoins dans son pantalon, ne s'est plus mordu les poignets et n'a plus tiré les cheveux. Il s'est endormi calmement, s'est remis à sourire, en chantonnant et en se racontant des petites histoires dans un langage que lui seul comprend. Il a retrouvé la sérénité qu'il avait perdue depuis plusieurs mois. Il lui est arrivé encore de faire quelques crises, pas toujours solutionnées par la frappe à distance, mais beaucoup moins dures et moins longues. Mais entre chacune de ces crises, il a retrouvé sa joie de vivre et ses parents, le bonheur de le voir heureux et calme.

—

2
Processus de la psychophanie

L'inconscient intentionnel

Mes clients « normaux » en psychophanie sont généralement confiants la première fois, mais ils imaginent mal ce qui va se passer. Ils ont peur de rencontrer des résistances qui les empêchent de s'exprimer par ce biais. Je les rassure sur ce point, car leur volonté consciente n'intervient pas. Les résistances proviennent davantage du facilitant que du facilité. La psychophanie est une approche très profitable pour ceux qui parlent peu, ne savent pas analyser leurs sentiments, ou ne trouvent rien à dire dans une psychothérapie classique. Or ils sont beaucoup plus nombreux qu'on ne le croit. Poussés par des proches à entreprendre une psychothérapie, un certain nombre d'entre eux sont sans voix dès qu'on les fait parler d'eux-mêmes. Comme par exemple Marianne, qui faisait de la recherche dans un laboratoire pharmaceutique. Je ne savais rien de plus sur elle, si ce n'est qu'elle m'était adressée par un ami psychothérapeute. J'essayai de cerner la raison de sa démarche. Le visage éteint, sans entrain, elle ne sut répondre oralement à mes questions qu'avec quelques borborygmes, émis d'une voix sourde, morne et monocorde qui évoquaient un état dépressif, sans que je puisse en savoir de plus sur la nature de ses maux.

– Pourquoi venez-vous me voir ?

– Parce que.

– Vous vous sentez mal ?

– Oui.

– Avez-vous un problème particulier ?

– Sans doute.

Je poursuivis ainsi mon interrogatoire oral quelques minutes. Ses réponses étant toujours sibyllines ou lacunaires, je finis par lui demander :

– Mais comment faites-vous en psychothérapie si vous parlez si peu ?

– C'est bien là le problème.

J'ai donc arrêté là ce dialogue infructueux qui semblait représenter une corvée pour elle, et lui proposai mon petit organiseur. Elle frappa sans discontinuer pendant une heure, me donnant des indications précises sur son enfance et les raisons de ses difficultés actuelles. Elle fut tout étonnée d'en avoir tant dit par écrit et repartit avec un large sourire.

Les résistances, tant de la part du facilitant que du facilité, représentent la plupart du temps une protection : bien que les personnes aillent nettement plus loin dans l'intimité et la profondeur en psychophanie que par le langage oral, leur inconscient ne livre que ce qu'il est prêt à partager, et ceci en fonction du facilitant. Si le facilitant n'est pas prêt pour recevoir la souffrance ou un message particulier, le facilité ne le frappera pas. S'il est déprimé ou trop préoccupé par des soucis personnels non plus. La liberté du facilitant et celle du facilité ne sont jamais altérées. Je n'oserais pas autrement faire frapper mes proches ! Malgré leur désir conscient d'aller plus loin à la recherche des causes profondes de leurs troubles, mes clients ne sont pas toujours capables de tout révéler immédiatement. Peut-être ne pourraient-ils pas assumer brutalement ce qu'ils tapent. Leur inconscient intentionnel est juge et réclame parfois un délai.

Certaines fois, c'est le contraire : l'inconscient exprime des choses que mes patients n'auraient sans doute pas dites consciemment, mais qui les soulagent. C'est ainsi qu'un homme d'une trentaine d'années a expliqué en psychophanie les problèmes qui se posaient au niveau des relations intimes dans son couple. Très pudique, il n'aurait sans doute jamais osé en parler autrement. Le fait de l'exprimer en psychophanie lui a permis de prendre conscience de la souffrance que cela engendrait chez lui. Il frappa : « *Havre de paix de pouvoir vous confier une intimité que je ne pouvais pas partager.* » Le terrain était prêt pour qu'il puisse en parler. Un dialogue oral s'est alors engagé tout naturellement sur ce sujet encore trop souvent tabou.

Au cours d'une séance de psychophanie, Janine tournait autour du pot, ne frappait que les premières lettres des mots et restait en suspens. J'ai relevé dans son texte des phrases contradictoires qui montraient bien ses hésitations : « *Jamais je ne pourrai dire tout, je fuis la réponse, utile de fermer votre machine, vous devez jurer de tout me faire dire. Vie menteuse cache souvenir mortel de gâchis. Sachez, ma vie est unie à doigt de vie qui miroite de vous dire tout, mais dur de fuir et dur de dire.* » Cela viendra en son temps.

Une autre femme a frappé : « *Limitez-moi car vous faites dire trop, fermez votre machine sinon je vais être obligée de changer.* » Il est important de respecter le cheminement de chacun. Il existe parfois un conflit entre le conscient et l'inconscient. J'aurais tendance à faire davantage confiance à l'inconscient. Si nous sommes souvent perdus, lui, sait le plus souvent engager le sujet dans la

« vie nordique », celle qui ne perd pas le nord. C'est au conscient de suivre. Marie-Louise, une personne spasmophile [1], expliquait la façon dont elle répétait les troubles de sa mère et de sa grand-mère : *« La maladie a été arrosée par maman et grand-mère de vie gravement jamais joyeuse. Vu maman cafardeuse. Vague de cafard a bonifié, car ma grand-mère était fatiguée de vivre, mais ma mère favorisait la vie moins dure. »* Réfléchissant à ce qu'elle venait de frapper, elle me demanda : « Ma grand-mère aurait donc aussi été spasmophile ? Faites-moi parler de la troisième génération au-dessus de moi. » Son inconscient enchaîna : *« Fâcherie de vie est finie et favorisez vie plutôt que mort. Guidez vers ma vie heureuse et pas vers malheur. »* Elle se donnait elle-même pour réponse qu'il ne servait à rien d'aller chercher plus loin et qu'il fallait se tourner vers l'avenir.

Il est arrivé à plusieurs reprises que des clients me demandent en frappant de ne pas lire à voix haute ce qu'ils allaient frapper : *« Je décide de te rester en confidence, jure de ne pas me répéter ce que je dis »* ou : *« Chantez pendant que j'écris de façon à ce que je n'entende pas les mots. »* Sans doute voulaient-ils se préserver d'une information qui les aurait peut-être traumatisés s'ils en avaient pris conscience trop rapidement. On peut penser que le seul fait de formuler en mots et de partager son ressenti a une valeur thérapeutique, mais que la formulation consciente n'est pas toujours indispensable.

La voie directe que la psychophanie ouvre à l'inconscient permet certaines fois de gagner un temps précieux. *« Service à te demander »*, frappe une patiente au début

1. La spasmophilie est l'expression d'une hyperexcitabilité neuro-musculaire et affective. Elle se manifeste sur le plan mental, par une irritabilité, une anxiété ou un état dépressif, et sur le plan physique, par des contractions musculaires, des crampes et des spasmes, une grande fatigue, des problèmes de sommeil, des troubles du rythme cardiaque, etc.

d'une séance. Elle évoqua ensuite le décès de sa sœur et des conflits avec sa mère. « *Je câble moi à vie depuis ma cure à travers mots de vie* (la CF). » Cette phrase laissait entendre qu'une partie du travail était déjà réalisée. Elle conclut cette séance de la manière suivante : « *Fumée*[2] *de mort n'a plus prise, service rendu.* » Un ami psychanalyste qui venait me voir pour la première fois a frappé quelques lignes en psychophanie. « J'en ai dit davantage en cinq phrases qu'en cinq années de psychanalyse », m'a-t-il confié. La psychophanie ne remplace toutefois pas la psychanalyse, qui implique de recevoir les patients très régulièrement et de les accompagner pendant des années.

J'ai ainsi appris à me fier aux productions de l'inconscient. Parfois, celui-ci peut estimer qu'il est temps d'arrêter la prise en charge. « *Je recède ma place à des gens malades* » a par exemple frappé Solène que je suivais très régulièrement depuis dix-huit mois. Nous nous étions installées dans une routine confortable. C'est cette phrase qui nous a fait prendre réellement conscience qu'elle allait beaucoup mieux et qu'il n'était sans doute pas nécessaire que je la voie aussi souvent. Nous avons relu ses premières séances, entachées de souffrance : « *vague de mort* », « *vie damnée* », « *vie de macchabée* », « *frère de cadavre* », « *je veux être avortée par ma mère* » et les avons comparées à la dernière : « *justice se fait* », « *je ripaille de mots de vie* », « *je suis petite fille ravie d'être fille de mon père* », « *je décide d'être favorisée par la volonté de vivre joyeuse* ». Le chemin parcouru en psychophanie reflétait bien son évolution psychologique. Nous avons donc décidé d'un commun accord que Solène ne viendrait plus me voir qu'à sa demande. D'autres fois, je vois apparaître

2. Dans « mon » jargon en CF, la fumée est le mode de transmission des émotions, de la mort et de la vie.

sur l'organiseur : « *Horodateur est fini* », « *tout est dit* » ou encore « *bouteille* (à la mer) *est arrivée, tu peux t'arrêter* », « *tour de manège est fini* », ou tout simplement le mot « *fin* ».

Lorsque j'ai commencé à m'occuper de personnes valides, je pensais qu'elles avaient plus de résistances pour s'exprimer que les personnes privées de parole. Elles produisaient des mots isolés que je reconnaissais au milieu de séquences de lettres indéchiffrables. En fait, il s'agissait de mes propres résistances, dues à ce que je n'étais pas très sûre que cela pouvait « marcher » avec tout un chacun. Mes collègues, bien entraînés avec les personnes handicapées, n'éprouvent aucun problème pour passer des personnes mutiques aux personnes qui parlent, car ils ont l'assurance que c'est possible.

Élaboration d'une langue commune

> « *Viens avec moi l'amie*
> *Fiancer nos plus beaux dires [...]*
> *Nous écrirons peut-être*
> *Deux pages de plus*
> *A notre unique dictionnaire*[3] »

« *Odile...* » frappa une cliente sur mon petit clavier d'organiseur à sa première séance de psychophanie. Elle venait me consulter pour des troubles persistants du sommeil et de grandes angoisses. Je lui demandai aussitôt : « Votre mère est morte ? » « Comment le savez-vous ? », répondit-elle, interloquée. Je lui racontai comment ce mot était apparu dans le vocabulaire de mes clients. Anne-Christine, une adulte autiste de quarante-cinq ans

3. Claude HALLER, « Mariage des mots », *Poèmes du petit matin*, Paris, Le Livre de poche Jeunesse, 1994.

totalement mutique, était régulièrement accompagnée à sa séance de CF par son père. Sa mère, Élisabeth, était décédée plusieurs années auparavant. Un jour que le père se plaignait de n'avoir que peu de « validations » en CF, c'est-à-dire de preuves que c'était bien sa fille qui exprimait sa pensée, un dialogue s'engagea.

– *Je sais que maman se câble avec moi.*

– Elle est reliée à toi ?

– *Odile imite la mort.*

– Qui est Odile ?

– *Odile, c'est femme de cadavre.*

– Tu parles de ta mère ? Elle s'appelait Élisabeth !

– *Il pavoise* (les yeux pétillants, Anne-Christine sourit malicieusement, en relevant un coin de la bouche).

– Qui est « il » ?

– *Papa.*

– Pourquoi pavoise-t-il ?

– *Parce que j'ai donné le nom de maman que vous ne vouliez pas dire. (...) Odile est femme de mort.*

Le père était stupéfait. Il m'en donna l'explication : lorsque sa femme était née en 1924, son propre père l'avait déclarée à la mairie sous le prénom d'Odile. Ce prénom provoqua une telle réaction de rejet de la part de sa famille que, le lendemain, il retourna à la mairie et fit barrer le prénom d'Odile pour y substituer celui d'Élisabeth. Jamais l'histoire n'avait été racontée directement à sa fille autiste. Ce père était tellement ému qu'il m'a adressé une copie de l'acte de naissance de sa femme, certifiée conforme à l'original, ou l'on peut voir à trois reprises le prénom d'Odile barré et remplacé par Élisabeth. Depuis, « *Odile* » a été utilisé par tous mes patients pour évoquer leur mère morte.

C'est ainsi que se construit une nouvelle langue entre le facilitant et le facilité. « Toute communication est en même temps un apprentissage continu de la façon de communiquer. Le langage et ses règles n'est pas un code appris une fois pour toutes, mais un ensemble d'instruments permettant de remanier les conventions définissant la manière dont les messages doivent être émis et interprétés. Ainsi, les partenaires de la communication apprennent à mettre au point à tout instant, les signaux qui servent à les rapprocher ou les éloigner[4]. »

Le fait qu'une personne handicapée et privée de parole puisse, malgré tout, exprimer sa pensée avec l'aide d'un facilitant, recouvre plusieurs réalités. Au plus profond d'elle-même, cette personne ressent des émotions et des sentiments, quelle que soit la sévérité de son handicap. Elle comprend ce qu'on lui dit et possède un esprit créatif, une pensée, même si celle-ci n'est formée que d'images mentales ou de sentiments non formulés en mots. A ce niveau, le facilitant offre au facilité son équipement sensoriel, cognitif et moteur pour qu'il puisse s'exprimer. Le facilité dispose donc du lexique et des structures mentales du facilitant, qui compense ainsi ses lacunes cognitives éventuelles. Il utilise entre autres sa « boîte à outils », de même que je peux avoir recours aux outils de l'ordinateur : vérificateur d'orthographe en mode de correction automatique, dictionnaire des synonymes, grammaire, traducteur de langue…

On peut aussi se demander si ce n'est pas le facilitant qui reconstitue et ordonne la pensée archaïque qui lui parvient, en traduisant automatiquement dans ses propres mots les images mentales que lui envoie le facilité. J'ai pensé à cette dernière solution devant l'imprécision d'un mot que j'avais moi-même frappé lorsqu'une amie m'a

4. G. BATESON dans Gérard Salem, *Soigner par hypnose*, Lausanne, Ling, 1997.

facilitée, il y a de cela quelques années. Mon père avait subi une importante intervention chirurgicale qui consistait à lui enlever la totalité du gros intestin. Malgré son âge avancé et bien qu'on lui ait dit qu'il resterait au régime le restant de sa vie, il s'est assez vite remis à manger tout à fait normalement, même des gâteaux à la crème. Mon amie n'était au courant de rien. J'ai frappé en psychophanie : *« Je crée vaillamment estomac de reconstruction pour mon père. »* Si c'était moi qui avais choisi les mots, je n'aurais pas confondu le terme intestin avec celui d'estomac. J'ai donc pensé que c'était probablement l'inconscient de ma collègue qui avait traduit mon ressenti, avec une petite inexactitude dans le vocabulaire relatif à la digestion.

Dans cette hypothèse, le facilité émettrait donc un message sous une forme archaïque saisie par l'inconscient du facilitant, dont le cerveau ferait automatiquement et instantanément une analyse et une traduction en mots, afin que le message devienne conscient et communicable, comme l'a laissé entendre Leslie, une fillette autiste de cinq ans, que la mère avait appris à faire frapper : *« Maman elle cherche des mots pour moi pour m'aider. Moi je pointe les lettres du mot que je vois paraître dans la tête de maman quand je lui envoie. Je pense à une grande idée et maman la met en phrases que je recopie. »*

Les mots utilisés en CF peuvent faire partie d'un jargon familial ou professionnel appartenant au facilitant, ou encore faire référence à telle ou telle lecture qu'il a faite. Ce vocabulaire particulier est toutefois utilisé avec une grande subtilité. Un jour, j'ai demandé à une petite fille autiste qui ne cessait de hurler : « Mais que pourrais-je bien faire pour t'empêcher de crier comme ça ! » Elle m'a répondu en frappant : *« Tu n'as qu'à me faire une trachéotomie*[5]. » Le mot fait partie de mon vocabulaire, mais je n'aurais jamais pensé moi-même à cette solution quelque peu radicale pour l'empêcher de crier ! Peu de temps après, elle a frappé qu'elle était « *hémiplégique*[6] ». Je croyais qu'elle faisait allusion à l'infirmité motrice qui porte ce nom. Or elle voulait m'expliquer qu'elle manquait de l'amour de sa mère, car ses parents venaient de se séparer.

L'expression « *bille de clown* » est devenue une expression gentille pour désigner tous mes patients handicapés. Les billes de clown s'opposent aux enfants « *décorés* » ou « *dorés* », les enfants normaux. « *Les frites* » représentent les chromosomes[7], et « *les petits démons d'amour* », les spermatozoïdes. « *Hérode* » me fait rechercher un événement qui s'est passé dans la vie de mon patient avant l'âge de deux ans, même si mes jeunes patients n'ont jamais entendu l'histoire de ce roi[8]. « *Pampers* » (marque de couches) évoque les troubles de la propreté, mais aussi le manque d'autonomie personnelle, le fait de rester bébé ou d'être considéré comme un bébé.

Il arrive aussi que mes patients inventent des jeux de mots sur le même mode. Un jour, un autiste a frappé : « *valam, valam, valam* ». « Je ne comprends rien », lui dis-je. « *Valam* », expliqua-t-il, c'est la « *valise de l'âme* ». Une adolescente anorexique qui pesait quarante kilos enchaîna : « *Fimou, fimou* », ce qui voulait dire « *fille mourante* ». Peu après, un enfant frappa le mot « *Cavo* ».

---

5. Trachéotomie : ouverture de la trachée au niveau du cou pour la mettre en communication avec l'extérieur au moyen d'une canule lorsqu'il y a asphyxie. Les cordes vocales ne peuvent donc plus vibrer avec l'air qui vient des poumons.

6. Une hémiplégie est une paralysie d'une moitié du corps, généralement consécutive à une lésion cérébrale dans l'hémisphère opposé.

7. Cf. la forme allongée des chromosomes dans un caryotype.

8. Référence au massacre des innocents à l'époque du Christ.

Le thème de la mort étant très récurrent dans les productions écrites de mes patients, je corrigeai ce que je croyais être une faute : « On écrit caveau avec E.A.U. » *« Mais non »* rétorqua mon jeune patient. C'est une *« cage volante »* !

L'apparition d'un nouveau mot peut aussi engendrer tout un vocabulaire qui s'y réfère. Une fillette de deux ans et demi m'annonça en CF : *« Grave de ne pas boire de café [...] kilos en trop pour maman. »* Sa mère était enceinte de quelques semaines. Ne plus pouvoir boire de café était chez elle un des premiers signes de grossesse. De ce jour, le mot *« café »* est resté attaché à tout ce qui concernait la naissance. Des dérivés sont vite apparus dans la frappe des autres enfants que je recevais : la *« grotte de café »* pour l'utérus, la *« famille de café »* pour la famille biologique d'un enfant adopté. L'*« année de café »* est l'année de naissance. Le *« café de vie »* représente la nouvelle naissance à la vie de relation que donnent les mots. De même, une adulte que je suivais en psychophanie a appelé ses *« garçons de café »* les quatre hommes dont elle avait dû avorter !

Un autre exemple de la création de mots est aussi dû à un enfant autiste. Il avait quatre ans et arborait un magnifique pull jacquard. Comme je lui en faisais la remarque, il frappa : *« C'est maman qui l'a tricoté, c'est un "pull de vie". »* De ce jour, l'expression *« pull de vie »* a été utilisée par la plupart de mes patients comme un symbole de l'amour maternel. Par extension, cette expression peut aussi évoquer la Vierge Marie.

Il y a aussi des mots qui surgissent dès que mon inconscient ne comprend pas instantanément le sens exact du message frappé : *« nulle »*, *« gourde »*, *« sourde »*, *« mule »*, *« buse »*, *« fille de nullité »*. Comme j'énumérais à une stagiaire les gentils sobriquets dont mes patients m'affublaient, elle me dit à son tour que ses patients l'appelaient *« patate »*. Ce mot s'est immédiatement ajouté au vocabulaire de mes propres patients. Quelques jours plus tard, un autre collègue me raconta qu'il avait été traité de *« nouille »*. Je m'attendais donc à voir surgir ce mot sur mon clavier. Or il n'en a rien été. Ce mot n'est jamais apparu dans ma pratique. Toujours est-il que je forme maintenant des *« filles de joies »*, c'est-à-dire des facilitantes, dont certaines ne rêvent que de devenir *« mules »* ou *« femmes de service »* : quelle promotion !

Le poids des mots en CF n'a pas la même valeur que celui de la langue parlée. Les mots choisis sont parfois excessifs et violents : *« mort »* est souvent employé pour exprimer une souffrance intense, *« cadavre »* ou *« macchabée »* pour les personnes décédées. Je dois expliquer à mes patients les caractéristiques de ce vocabulaire pour qu'ils ne soient pas trop consternés de ce qu'ils frappent. Les convenances, la bienséance et la politesse n'ont pas forcément cours en psychophanie. Lorsque la révolte gronde, les mots utilisés sont souvent grossiers ou vulgaires, et ce choix semble intentionnel, car ces mots n'appartiennent, dans ce cas, ni à mon vocabulaire, ni à celui de mes patients, mais ils disent bien ce qu'ils veulent dire. Jamais mes patients n'oseraient traduire oralement leurs traumatismes avec autant de rudesse. C'est peut-être aussi un des éléments qui rend la psychophanie aussi efficace : mes patients « parlent » avec le plus grand naturel d'événements tragiques, sans avoir peur d'être jugés, ni sur le contenu du message ni sur sa forme. En psychophanie, tout est permis, la couardise ou la pudibonderie ne sont pas de mise. Les difficultés sexuelles, les viols et incestes font parfois l'objet de descriptions réalistes et cruelles, et c'est alors l'humour qui permet de dépasser le choc des mots et des idées. Il est vraisemblable que l'inconscient du patient sait ce que son thérapeute est capable d'entendre sans en être bouleversé. Les mots peuvent aussi être excessifs dans l'autre sens : ils auréolent ou encensent alors le facilitant de manière totalement exagérée.

N'importe quel mot mémorisé par un facilitant peut donc être repris par ses patients, même s'il ne l'utilise pas lui-même. Ainsi le verbe *« ourdir »* (tisser, édifier), apparaît-il depuis quelque temps. On ne peut pourtant pas dire que je m'exprime quotidiennement en ancien français ! De même le mot *« cafornion »*, un mot de patois bourbonnais qui vient de Capharnaüm, la ville de Galilée et signifie bazar. *« C'est le cafornion à la maison »*, a frappé une adulte autiste, maniaque du rangement, dont le père entasse toutes les revues et les papiers depuis des années, au grand désespoir de sa femme. Le facilité va parfois chercher des mots enfouis dans la mémoire du facilitant qui, lui, les a totalement oubliés. *« Je veux te parler de polochon »* frappa un enfant. « D'un oreiller ? » lui demandai-je. *« Mais non, tu sais bien, de ton fils. »* Il me revint alors soudainement en mémoire que notre second fils, Paul, se faisait appeler Polochon par ses cousins lorsqu'il était petit. Me parlant d'un voyage en autocar, une fillette de cinq ans a frappé : *« N'allez pas croire que le car tintinnabulait. »* Ce mot provenait d'un petit album d'enfant que j'aimais lire lorsque j'avais son âge. De la même façon, *« Cadichon »* désigne, en référence aux *Mémoires d'un âne* de la comtesse de Ségur, une personne menée à la dure ou portant le poids des générations passées.

Savoir que je suis *« frayeur »* pourrait inquiéter plus d'un parent. Qu'ils se rassurent, je ne fais pas peur aux enfants, je *« fraye un chemin de vie »*. De même *« murer »* ne veut pas dire mettre à l'écart. Alexis, un jeune enfant autiste, a frappé en arrivant chez moi : *« Jamais je ne serai muré chez toi.* » « C'est vrai, lui répondis-je, tu vas pouvoir enfin t'exprimer et sortir de ton enfermement. » « *Mais non, muré veut dire être affiché sur ton mur.* » Sur le « *mur de vie* » de mon bureau, j'ai affiché des photographies de mes patients handicapés, des membres de ma famille et de mes amis, des cartes postales de tous les pays, etc. Mon mur s'est agrandi. Certains clients m'ont fait cadeau de la photographie d'une personne qu'ils avaient rencontrée sur leur chemin de vie ou de celle d'un enfant qui avait besoin d'être aidé. Ce mur bigarré et insolite fait maintenant tout un panneau. Il représente un échantillon d'humanité. Il est fait de regards perdus, infiniment tristes, intenses ou rayonnants, de sourires, de joie et de souffrance. Bébés, enfants et adultes grabataires ou valides de tous pays, morts ou vivants se côtoient, avec, en alternance, quelques poèmes frappés par mes clients. « *Vivre muré veut dire qu'on est aimé* », avait ajouté Alexis.

En CF, le mot est utilisé avec la signification que lui donne le facilitant, et non pas forcément celle du dictionnaire. Un enfant par exemple a frappé : « *Vulcanologue doit fourrer vie en moi pour qu'elle jaillisse de vie.* » Le terme de vulcanologue m'ayant évoqué un volcan, j'ai commenté : « Ta vie bouillonne à l'intérieur de toi et tu vas faire des étincelles ! » Pendant quelques mois, ce terme a été utilisé pour qualifier la vie profonde et jaillissante de l'être. Or un jour, hésitant sur le sens à donner à ce mot, je cherchai dans un dictionnaire la signification du mot vulcaniser : « Traiter le caoutchouc par le soufre pour l'améliorer. » Dès lors, ce mot a été employé avec le sens de « donner de la force, renforcer ».

Il existe un vocabulaire métaphorique particulièrement riche de mots évoquant la période périnatale : la « *grotte de vie* », le « *sac ou le vase de vie* », l' « *urne* », la « *pagode* » ou la « *taverne* » pour l'utérus. Un « *gramme de vie* » ou une

« *fève* » pour l'embryon, d'où la « *galette des rois* » désignant la mère. Un « *guiliguili* » pour un fœtus. La « *dune* » ou la « *bulle* » évoquent la grossesse, le « *vacarme* » la vie intra-utérine, « *méli-mélo* » ou une « *mêlée* » des jumeaux, « *fracas* » un avortement (spontané ou provoqué), « *gravats* », « *sable* » ou « *pacotille* » un embryon ou un fœtus perdu avant la naissance et qui n'a pas été reconnu comme un enfant à part entière. Un « *lutteur* » est un enfant qui lutte pour garder la vie dans le ventre, un « *cadeau de vie* », un nouveau-né, une « *carie* » ou un « *cratère* », le ventre vide après la mort d'un enfant. « *Pâmoison* » ou « *gymnastique* » évoquent l'acte sexuel, « *l'arrosage* » la conception, etc.

Certains mots peuvent surprendre mes patients : l'un d'eux a utilisé le mot « *Pépé* » pour son grand-père alors qu'il est appelé « Bon papa » dans la vie courante. Sur le moment, la mère en a été choquée. J'ai dû lui expliquer que « *pépé* » était le mot générique pour un grand-père paternel, bien que je ne l'aie moi-même jamais utilisé pour dénommer le mien. De même, « *Pam* » est devenu l'appellation générique du grand-père maternel ; c'était le nom de celui d'un de mes jeunes clients. L'adjectif « *dominical* » a été utilisé pour désigner le jour du sabbat par une personne juive. Ces mots n'ont qu'un temps. Ils sont en vogue pendant quelques mois, puis s'estompent plus ou moins, remplacés par d'autres. Certains subsistent, car ils ont une valeur symbolique très forte. D'autres changent de sens au cours du temps.

Chaque facilitant pourrait ainsi établir un glossaire permettant le décodage des productions écrites de ses patients. Le faire resterait toutefois très réducteur par rapport à l'histoire de chacun de ces mots et au sens qui en découle. Il faut donc donner la clé et expliquer ce vocabulaire chaque fois que cela paraît nécessaire. A ce sujet, j'ai fait une expérience intéressante avec une collègue orthophoniste qui venait faire un second stage pratique à mon cabinet, après avoir expérimenté avec succès la CF pendant plusieurs mois. Chose rare et agréable pour moi et mes patients, cette collègue les a fait taper avec aisance et il s'est engagé une conversation visiblement agréable et entendue entre eux. Le seul problème, c'est que je n'ai pas compris la moitié de ce qu'ils se disaient… Leur dialecte ne m'appartenait pas. On peut dès lors mieux comprendre ce que Willy Barral a écrit dans son article intitulé « Transfert en Communication facilitée[9] » : « Il est hasardeux de vouloir projeter une interprétation sur des textes qui ont été écrits dans le cadre du travail transférentiel d'un autre. C'est l'inconscient du facilitant qui est en communication avec l'inconscient du facilité, et toute tentative d'interprétation des productions écrites par une autre personne hors de cette relation est une aberration. »

En CF, ce sont mes patients qui me guident et me préviennent lorsque je me trompe : *« Je vois que tu cherches sur une fausse piste. »* Ou encore : *« Laborieux de te voir chercher sans trouver. »* Si c'était moi qui mettais volontairement en forme le message de mon patient, je ne choisirais pas des termes tels que *frauduleux*, *épopée*, *apologie*, *oisiveté*, *opiniâtre* ou *germination* pour faire s'exprimer des tout-petits ! Les clients valides que je suis au long cours sont maintenant si à l'aise avec cette nouvelle langue que je n'ai presque plus besoin de traduire. Je leur explique seulement la signification des nouveaux mots « à la mode ».

Pour ceux qui sont par ailleurs en thérapie, autant je trouve intéressant et productif que leur thérapeute puisse recueillir leurs réactions par rapport à ce qu'ils ont frappé

---

9. Willy BARRAL, « Le transfert en CF », *Bulletin TMPP*, n° 11, décembre 1998.

avec moi et les aider à approfondir les éléments nouveaux apportés par la séance de CF, autant je trouve l'analyse mot à mot des productions écrites incertaine et risquée. Certains adultes s'étonnent d'utiliser un langage aussi compassé ou familier. Amusés ou agacés, ils ont du mal à se reconnaître. En fait, il ne s'agit pas plus de leur langage que du mien.

Je ne peux empêcher l'apparition de néologismes ni agir sur la structure de la langue utilisée par mes patients avec moi : peu d'articles, adjectifs possessifs inexistants (*« mère de moi »* au lieu de « ma mère »), compléments d'objets situés le plus souvent avant les verbes. Je ne peux pas plus obtenir la correction de certaines fautes d'orthographe d'usage ou d'ordre phonétique qui se perpétuent et que je voudrais pourtant bien voir disparaître. « La plongée dans l'inconscient, constate Laurence Devaux[10], donne lieu à une élaboration syntaxique moins contrôlée, le style pouvant devenir agrammatical, voire inintelligible quelquefois. »

Les différences de style sont grandes entre les facilitants. La langue utilisée va de mots juxtaposés et de phrases totalement agrammaticales, jusqu'à une langue très académique ou de grandes envolées lyriques. La langue de la CF est néanmoins toujours reconnaissable par ses métaphores, l'ordre des mots inhabituel ou une formulation agrammaticale ou poétique, qui semblent être le reflet du fonctionnement du cerveau droit.

Certains de mes stagiaires se précipitent au début pour noter la signification des mots utilisés par mes patients, comme s'il s'agissait d'un vocabulaire universel. En fait, un même patient changera de structure de langue et de mots selon le facilitant qui le fait taper. Il est donc inutile

10. Postface de Laurence DEVAUX, *Autisme et Karma*, *op. cit.*

de chercher à apprendre le vocabulaire d'un autre facilitant. De la même façon, il ne faut pas s'insurger contre le fait que les productions écrites de tous les patients d'un même facilitant aient un air de parenté. Cela tient au processus même de communication. L'important est que le facilitant et le facilité soient accordés sur la même longueur d'onde affective et que l'accord s'établisse entre leurs inconscients, ce qui se fait automatiquement, puisque cela ne dépend pas de leur volonté.

Écueils : fantasme ou réalité ?

Étant donné la nature de la CF, il faut qu'elle soit pratiquée avec le maximum de précautions possible par des facilitants responsables, qui en connaissent les dangers. La CF est fondée sur les qualités propres du facilitant et sur son intégrité. Le facilitant doit d'abord être honnête envers lui-même, et être attentif à l'influence motrice ou psychique qu'il peut avoir sur son patient. Il doit tenir compte aussi de l'influence inconsciente qu'il peut exercer sur lui, en projetant ses propres idées dans la signification qu'il donne aux productions écrites. Il ne faut pas prendre pour la réalité ce qui est du domaine de l'imaginaire. La plus grande difficulté dans la pratique de la CF est, à ce niveau, l'incertitude. La CF ne permet pas toujours de statuer la réalité des faits qui y sont évoqués. Il ne faut pas prendre tout qui est écrit pour vrai. Le facilitant doit être prudent dans l'interprétation des productions écrites. Il doit reconnaître lorsqu'il ne comprend pas ou qu'il n'est pas sûr de lui, plutôt que se risquer à de fausses affirmations. Il n'existe pas une vérité applicable à tous les cas ni de mode d'emploi. Certains ont si peur de s'exprimer à la place de leur patient qu'ils sont sur la défensive. Il faut en effet un certain temps pour acquérir le lâcher-prise qui favorise la réceptivité des productions de l'inconscient. Le manque de confiance en soi ou dans le patient, la peur d'influencer, la volonté de tout comprendre, contrôler, valider ou certifier sont autant d'obstacles à la bonne marche de la CF.

Le problème, lorsqu'on cherche à se limiter aux apprentissages conscients et volontaires, comme on le fait en Australie, c'est qu'on bascule facilement du conscient au non-conscient sans s'en rendre compte. Il existe en effet entre ces deux aspects de la CF une zone floue qu'il faut savoir gérer. Un éducateur peut par exemple utiliser la CF pour demander à un patient s'il veut écouter de la musique ou regarder une cassette vidéo et influencer sans même s'en rendre compte la réponse, en fonction de son propre désir ou de ce qu'il sait de la personne. Il peut aussi recevoir une information profonde et personnelle sur un tout autre sujet au lieu de la réponse à sa question. Passer sous silence ou nier cette interaction inconsciente comme on le fait dans la plupart des pays qui utilisent la CF est en fait particulièrement dangereux. Car lorsque les facilitants entretiennent peu ou pas de relations avec les proches des personnes handicapées qu'ils font frapper, ils sont beaucoup plus enclins à se laisser entraîner dans des histoires fausses ou fantasmatiques.

Lorsque je soupçonne une part de projection venant de moi, c'est-à-dire que mon patient écrit ce que je pense, je reformule différemment la question pour lui faire préciser sa pensée ou lui demande si j'ai bien compris. Il m'arrive parfois de voir s'écrire un mot auquel je pensais, mais il m'arrive aussi très souvent de penser à un mot et qu'un autre s'écrive. En voici un exemple : une cliente hésite à vivre de nouveau avec l'homme qu'elle a quitté. *« Je rêve d'être prise dans les bras de… »* J'attends un mot qui évoque cet homme. Mais la suite est inattendue : *« … dans les bras de mon fascinant malheur. Je fâche moi contre désir de malheur. »*

Que la question de l'influence apparaisse ainsi comme gérée par l'inconscient est ce qui fait à la fois la grande richesse de la CF et sa grande difficulté. La CF ne doit pas être utilisée comme un sérum de vérité. Tout ce qui est tapé n'est pas vrai, le discours peut aussi être fantasmatique. Cette incertitude quant aux faits qui sont écrits est sans doute la chose la plus difficile à accepter et à vivre en CF. Fantasme ou réalité ? Depuis Freud, cette question n'a jamais été résolue. De la même façon que le cerveau reconstruit ce que les yeux perçoivent en deux dimensions, il faut considérer que les perceptions dites extrasensorielles sont elles-mêmes reconstruites par le cerveau. Quelle est la part de projection inconsciente et d'induction dans les productions écrites ? Personne n'a la réponse. Vigilance et prudence sont donc de mise.

Selon son désir, j'ai reçu seule Julie, une petite jeune fille de treize ans normale dont les parents étaient séparés. Sa mère l'attendait dans la salle d'attente. Elle était triste, renfermée, paresseuse en classe. Au cours du dialogue, elle a frappé : *« L'amour sort de vie pour moule de vie* (utérus) *dans maman. Route difficile, car je dois t'expliquer que maman câline un homme d'amour litigieux. Maman cache qu'elle a un bébé sans mon père. »* Que faire de cette information ? Il fallait aller vite pour prendre une décision. Je n'ai pas relu le texte à voix haute. De deux choses l'une : ou l'information était vraie et la fille devait l'apprendre de la bouche de sa mère et non de la mienne. Ou c'était faux, et ce n'était pas la peine de la déstabiliser. Je demandai à Julie l'autorisation de lire tout ce qu'elle avait tapé à sa mère. Elle acquiesça de la tête et son doigt approuva en frappant *« oui »*. Je fis entrer la mère et demandai à la jeune fille de sortir à son tour. J'expliquai au préalable à la mère que ce qu'avait écrit sa fille n'était peut-être pas vrai, mais que j'avais besoin de son éclairage. Je lui lus le texte. Elle fut stupéfaite. En effet, elle avait retrouvé peu de temps auparavant un homme qu'elle avait beaucoup aimé avant de se marier et ne pensait plus qu'à une chose : avoir un enfant de lui. Cet exemple montre bien que l'enfant perçoit le désir de sa mère, sans différencier le fantasme de la réalité, et qu'il faut donc être prudent dans l'interprétation des propos qu'il frappe.

« *Naguère, j'étais jumelle d'une fille de grotte de vie* (utérus) », a frappé une adolescente. Entendant cela, sa mère évoqua le fait qu'elle avait rêvé de jumeaux pendant toute sa grossesse, mais rien ne permettait de penser que cette sœur jumelle avait réellement existé. Cette adolescente a néanmoins abondamment parlé de cette hypothétique sœur jumelle, l'invectivant, la jalousant, exprimant sa peur de mourir comme elle ou se culpabilisant d'avoir vécu à sa place, sans que personne ne puisse savoir si elle avait réellement vécu ou si cette gémellité n'avait existé que dans le désir de la mère.

Recevoir un enfant très jeune ou mutique, sans ses parents, comporte le risque de ne pouvoir immédiatement valider les informations fournies en CF. Hugues, un grand jeune homme autiste de seize ans, était régulièrement accompagné chez moi par son chauffeur de taxi. Comme il arrivait toujours largement en avance, il attendait tranquillement dans la salle d'attente. J'ouvrais grand la porte de mon bureau pour exercer une surveillance discrète et le félicitais à chaque fois pour sa patience et son calme. J'avais beaucoup de plaisir à le recevoir. Il souriait pendant toute la séance et éclatait souvent de rire. Hugues ne parlait pratiquement pas, mais nous conversions à bâtons rompus en CF. Le père venait le rechercher toujours très à l'heure. Sec, froid, dur, sans un mot, il entraînait résolument son fils vers la sortie. La seule chose qui le surprenait et qu'il avait accepté de m'avouer était la joie manifestée par son fils les jours où il venait chez moi. Pendant quelques mois, le jeune homme continua à venir seul avec bonheur. Il était toujours plus épanoui, coopératif, et ne manifestait jamais le moindre signe d'agressivité ou de violence. Brutalement, les parents coupèrent court à la prise en charge. Chez eux, leur fils cassait tout. Il se montrait d'une violence extrême et rien n'avait transparu en CF. Malgré d'autres renseignements factuels qu'Hugues m'avait donnés en CF et que je ne pouvais deviner, les parents refusèrent catégoriquement de poursuivre les séances. Ils n'avaient que faire de « guérisseurs ». Si les parents du jeune homme m'avaient parlé des crises de violence de leur fils, j'aurais pu en discuter avec lui et essayer de trouver des solutions. Avec des adultes ordinaires, c'est différent car ils confirment ou infirment immédiatement la véracité de ce qu'ils tapent. En revanche, avec ceux qui ne parlent pas, il est difficile de ne pas s'embarquer dans des histoires inventées, si personne de l'entourage proche n'est là pour associer les écrits aux faits réels.

Voici l'exemple d'un interrogatoire qui aurait pu mal tourner. Il s'agit de Nathalie, une jeune femme handicapée qui vivait en internat.

– J'ai vu ton éducatrice. Te l'a-t-elle dit ?

– *Merci de bien vouloir voir que j'étais capable de t'alarmer sur des choses très graves.*

– Des choses très graves ?

– *Cherche facilement des choses.*

– Dans ton institution ? Avec un éducateur ?

– *Oui.*

– Tu peux dire son nom ?

– *Un éducateur mignon qui...*

– Quoi de grave ? Mets-moi sur la voie. Cela s'est passé à l'atelier ?

– *Non.*

– Pendant la nuit ?

– *Oui.*

– Quelque chose de mal ?

– *J'ai simulé que l'amour était possible avec un libre monsieur.*

– Peux-tu m'en dire plus ?

– *Tirez-moi des hommes. Je fais des choses très volages.*

– Explique-moi.

– *Je lis.*

– Tu lis la nuit ?

– *Je lis des choses vilaines.*

– Ce n'est pas très grave si tu les lis.

– *Grave de garder des livres très vilains.*

– Des revues avec des photos ?

– *Non.*

– Il y a quelque chose qui t'ennuie ? Ce n'est peut-être pas grave du tout !

– *Je suis changée en lapine car jamais je devrai avoir des enfants. Alors moi je voudrais être certaine d'avoir un lapin pour moi.*

– Cela veut-il dire que tu voudrais un homme pour toi ?

Nathalie mit sa main devant sa bouche pour s'excuser. « Pardon », dit-elle.

– *Je t'avertis que je sais comment naissent les lapins.*

– C'est ça qui est grave ?

– *Oui je suis changée en lapine t'avertissant que tu as découvert que jamais je ne serai femme avec un mari.*

– C'est à ça que tu penses la nuit ?

– *Oui c'est ça.*

– C'est normal, tu es une jeune femme comme les autres, il n'y a rien de grave à cela !

Si je n'avais pas poursuivi cet interrogatoire jusqu'au bout, sans doute aurais-je abouti à des accusations qui auraient entraîné une enquête. On aurait mis le doute dans l'esprit des parents, soupçonné à tort des éducateurs, cherché sans succès à valider le fait que c'était bien la jeune fille qui s'exprimait, etc.

Lorsqu'il s'écrit des choses graves, le facilitant doit toujours avoir la présence d'esprit de penser que ce qui est écrit peut être vrai, faux ou mal compris. C'est une attitude qu'il doit cultiver, qui empêche son patient de s'engouffrer dans sa propre imagination. Ce n'est pas non plus parce que le facilité raconte un fait auquel le facilitant ne pensait absolument pas qu'il est réel. La pensée créatrice peut être fantasmatique et illusoire. Et, si le facilitant offre le cadre à son patient, celui-ci pourra imaginer une histoire imaginaire créée de toutes pièces.

Lorsqu'un patient raconte un événement en CF, il est impossible au facilitant de ne pas imaginer ce dont il lui parle. Or, c'est sa façon de se le représenter qui peut fonctionner comme de la suggestion et créer des souvenirs d'événements qui ne se sont jamais produits, des « faux souvenirs[11] », comme cela s'observe fréquemment en hypnose. En toute bonne foi, sans le vouloir, le facilitant peut ainsi instiller de faux souvenirs.

Serge, un garçon autiste de dix ans, totalement mutique, était régulièrement accompagné par une jeune fille au pair étrangère qui changeait chaque année. Elle s'occupait de lui et assurait les conduites pendant que sa mère travaillait. Avec l'accord du jeune adolescent,

11. Élisabeth LOFTUS, « Les faux souvenirs », *Pour la Science*, n° 242, décembre 1997.

j'envoyais régulièrement les comptes rendus des séances de CF à sa mère. La jeune fille me demanda un jour d'assister à la séance. Serge accepta. Il préférait généralement utiliser le clavier de l'ordinateur plutôt que mon organiseur et nous nous sommes installés côte à côte. Placée derrière nous, elle pouvait suivre des yeux les phrases qui s'écrivaient, car j'avais grossi la taille des caractères pour qu'elle puisse lire. Elle scrutait l'écran, interdite devant ce que ce garçon était capable de frapper. Tout à coup, Serge frappa en CF que la fille au pair amenait régulièrement un homme à la maison en l'absence de sa mère. Je me retournai vers la jeune fille qui commençait déjà à nier. « Je ne vous demande pas la vérité, lui dis-je. Les personnes peuvent écrire en CF des choses vraies ou fausses. Je vous mets simplement devant vos responsabilités. Si c'est faux, vous n'en tenez aucun compte. Mais si c'est vrai, alors, vous devez impérativement cesser ce manège. De toute façon, j'effacerai ces phrases avant d'envoyer le compte rendu à sa mère. » Si les faits étaient réels, nul doute qu'elle s'abstiendrait de recommencer. Elle savait que le garçon pouvait le dire en CF. Mais je ne pouvais pas prendre le risque de la faire renvoyer en portant contre elle une fausse accusation, ou en mettant le doute dans l'esprit de la mère !

Delphine, quarante-trois ans, m'avait été adressée par sa tante qui avait entendu parler de moi par une amie dont j'avais suivi le fils handicapé. Elle soupçonnait sa nièce, dont elle était tutrice, de faire partie d'une secte et souhaitait que je l'aide à la remettre dans le droit chemin. On aurait pu classer Delphine dans les « débiles légères » et je ne savais presque rien d'autre sur elle, si ce n'est qu'elle travaillait dans une boulangerie où elle ne se débrouillait pas trop mal, bien qu'on la dise un peu lente. Elle vivait de manière autonome dans un petit studio, sous la surveillance de sa tante qui semblait avoir beaucoup d'emprise sur elle. Étant donné son âge, je demandai à la recevoir seule. Nous eûmes d'abord une petite conversation sur sa manière de vivre, ses loisirs, son travail. Delphine s'exprimait de manière simple et traînante, mais correcte. Je lui expliquai le principe de la CF. Elle pourrait, avec son doigt, frapper sur un clavier pour exprimer ce qu'elle ressentait au fond d'elle-même et qu'elle avait du mal à énoncer. Cela pourrait l'aider à se sentir mieux. Delphine était d'accord. Elle attaqua en CF :

– *Je suis libre d'avoir mensonge en moi.*

– Vous dites seulement ce que vous voulez.

– *Mensonge va sortir de ma vie. Ma famille, savez-vous, vacherie, cache mensonge.*

– Voulez-vous me parler de votre famille ? Je ne sais pas grand-chose de vous.

– *Mensonge gâche ma vie, si je dis mensonge je serai libre. Je veux fuir maman.*

– Vous voulez fuir votre mère ?

– [Oh non !] s'exclama-t-elle ! Et elle frappa : *vache d'être cassée dans vie de ma mère.*

– Vous ne vous entendez pas bien avec elle ?

– [Oh si !] dit-elle. Puis elle frappa : « *Chance d'avoir bavardé. D'accord pour voir maman si vous tâchez de lui dire grave d'avoir laissé sa fille.* »

– Vous ne la voyez plus ?

– Je la vois toutes les semaines, affirme-t-elle oralement. Et par écrit : « *Je suis franchement virée d'elle et je dis qu'elle va m'ignorer encore longtemps.* »

Delphine niait oralement toute difficulté relationnelle avec sa mère. Son discours conscient ne rejoignait pas du tout le discours non-conscient. Lequel croire ? Je n'avais pas d'autre avis que le sien et ne voulais pas faire intervenir sa tante déjà trop intrusive et dont je sentais qu'elle serait trop heureuse de faire porter la faute par sa sœur. Au fil des séances, la confiance s'est installée et cette femme m'a livré en CF des éléments de sa vie qu'elle a accepté de reconnaître et dont nous avons pu parler après qu'elle les a frappés.

Certaines personnes qui parlent ne me livrent parfois qu'en toute fin de séance l'explication qui m'aurait permis de comprendre tout leur texte. D'autres sans doute repartent avec leur secret, qu'elles ont reconnu à travers les lignes qu'elles ont frappées. L'important pour moi, c'est qu'elles l'aient exprimé. Je n'ai pas à m'immiscer dans leur intimité si elles ne me le demandent pas. Lorsque sortent des éléments très personnels concernant la vie de leur couple, je leur demande d'en parler ensemble lorsqu'ils seront seuls.

Un jour, en présence de sa mère et de deux stagiaires, un garçon totalement mutique donna des détails personnels sur la vie de ses parents et insista sur l'existence d'une profonde souffrance chez son père. Il reprocha ensuite à sa mère d'avoir « *délibérément tué* » un fœtus avant lui. Sa mère démentit violemment toutes ces informations. Je me souviens que les stagiaires étaient tout étonnés qu'elle insiste pour reprendre un nouveau rendez-vous avec moi. Quelques jours plus tard, elle me téléphona pour s'excuser de m'avoir mise en défaut devant les stagiaires, me confirmant tous les éléments énoncés par son fils. Elle avait été tellement interloquée qu'elle avait tout nié en bloc et n'avait pas osé s'expliquer devant les stagiaires.

Des phénomènes de prémonition peuvent apparaître dans la relation de l'enfant à ses parents qui est, à la base, une relation télépathique, laquelle semble subsister chez les personnes autistes. Hubert, un jeune adulte autiste totalement mutique, a par exemple frappé avec sa facilitante : « *Il faut faire des examens pour guérir, maladie avoir peur pour maman, très vite donner du sang nouveau pour maman pour vivre, maman malade dans forteresse du corps, pas faire de fatigue, je veux maman vivante.* » Personne ne s'inquiéta. Sa mère allait très bien. Or, trois semaines après, elle entrait aux urgences pour un problème cardiaque : six jours de réanimation et trois semaines d'hospitalisation. Quelque temps plus tard, Hubert insistera de la même manière pour faire hospitaliser sa sœur. Forte de l'expérience de sa mère, celle-ci a consulté juste à temps.

Le Dr Mylène Hardy est pédiatre. Elle m'a adressé deux enfants de quatre et six ans, d'une même fratrie, pour une symptomatologie riche et variée à type de phobies, obsessions, crises d'angoisse avec troubles du sommeil, énurésie, boulimie… Elle rattachait leur état à deux épisodes infectieux neurologiques graves qu'ils avaient respectivement présentés l'un à l'âge de huit jours, l'autre à quatre mois, sans aucun rapport entre eux, et au divorce douloureux de leurs parents. Les propos qu'ils frappèrent en psychophanie évoquèrent, contre toute attente, des problèmes d'abus sexuels de la part du père. N'étant pas certaine des faits, je ne relus pas aux enfants ce qu'ils frappaient. La chose paraissait incongrue à la mère et nous étions à la fois perplexes et en même temps très inquiètes. Fantasme ou réalité ? Le Dr Hardy et moi-même avons tenté différentes investigations restées infructueuses. Nous avons pris contact avec des spécialistes de SOS inceste qui ont suivi les enfants, sans aboutir à rien. Ce n'est que plusieurs années plus tard que l'un des enfants a avoué oralement à sa mère qu'ils subissaient des attouchements de la part de leur père. Une procédure fut enfin enclenchée. L'état des enfants, quant à lui, s'améliora de façon spectaculaire. « Nous aurions pu faire l'économie de beaucoup de souffrances, a conclu le Dr Hardy, en accordant plus de crédit à la CF. »

Reprogrammation d'un vécu affectif

La première étape en CF consiste à plonger dans l'inconscient pour identifier l'origine des troubles et évacuer la souffrance refoulée. L'expression directe de l'inconscient par la CF semble à ce titre plus puissante que la parole consciente. Les enfants et adultes névrosés que je reçois ont tous manqué d'amour et d'affection, subi un traumatisme affectif ou dupliquent sans le savoir l'attitude de leur père ou de leur mère. Ils ont le plus souvent enfoui les souvenirs douloureux au plus profond d'eux-mêmes, volontairement ou non, et en bloquent la résurgence pour éviter de souffrir. C'est le mécanisme bien connu du refoulement. Certains ne peuvent rappeler consciemment à leur mémoire aucun souvenir de la période douloureuse qu'ils ont traversée, d'autres n'ont même plus de larmes pour pleurer. Ils mettent alors en place des défenses : sucer son pouce ou se masturber, boire, fumer, manger sont des moyens de soulager les sentiments douloureux. Sur le plan mental, ils souffrent de phobies, de fatigue intense, d'un état dépressif. Sur le plan physique, apparaissent des contractions musculaires, tics, troubles viscéraux, des problèmes de peau, d'alimentation, de l'asthme, toutes les maladies que l'on nomme psychosomatiques.

Au début, je n'acceptais pas ceux qui voulaient juste « expérimenter » la psychophanie. Je sais maintenant que cette demande cache un véritable malaise et qu'elle est une manière déguisée de rechercher de l'aide. Derrière la façade, la CF fait le plus souvent apparaître une douleur profonde. Prendre conscience de ces événements traumatisants, c'est souffrir. Mais ne pas exprimer la souffrance, c'est en favoriser les expressions psychosomatiques. « *Grimer ma souffrance par la maladie est fou* » a frappé une cliente. Et un jeune enfant : « *Moi, je vois que tout est grave caché dans la tête. Si la tête fait des mots, ce n'est plus grave.* » La tension naît lorsque la souffrance est déconnectée de la conscience : « *L'enfant est prisonnier de sa peine si parole reste coincée et enfouie en lui profondément comme fossile.* » Le simple fait que je prenne part à la souffrance de mes patients leur apporte un soulagement.

Toutefois, cela ne représente qu'une étape préliminaire, qui doit être suivie d'un coup de pied au fond de l'eau pour remonter à la surface. En psychophanie, mes patients découvrent la liberté qu'ils ont d'agir. Bien souvent, ils y acquièrent la faculté de rompre avec le processus de répétition dans lequel ils sont pris, « *cassant l'arroseur arrosé* », trouvant une mère câline « *cachée derrière l'autre* » et « *risquant l'amour avec elle* ». En découvrant en eux une force intérieure dont ils ignoraient l'existence, ils transforment leur « *mort* » en « *chimie d'être vivant* ». Même si je ne sais pas très bien comment cela se passe, je sens que la motivation profonde que j'ai de les sortir de là les engage à affermir leur propre motivation et à fuir le cafard ou le désespoir. Sans doute cette « transmission affective » se fait-elle malgré moi. Mon inconscient accompagne mon patient dans sa démarche de guérison. Nos forces s'ajoutent, comme si j'étais capable alors de faire naître une force qui ne m'appartient pas.

Il est fréquent que les enfants cherchent à rompre avec la transmission de l'état dépressif que leur mère leur a communiqué. « *Je suis fatiguée de l'héritage de maman*, disent-ils. *Je veux voir mère délivrée de malheur et je frôle mère jamais joyeuse. Je désire délivrer moi de jurisprudence d'être l'héritage de maman.* » Ou encore : « *Vaccinez-moi contre virus de pâleur de ma mère, je rends sève de vie à mère, car émotion me base sur une mère fragile, alors je préfère couper mère de moi, car elle transmet sève morte.* » « C'est bien beau de savoir que je tiens mon état dépressif de ma mère ! Et après ? qu'est-ce que j'en fais ? » me dit un jour une patiente. Cette identification inconsciente aux troubles de ses parents est aliénante tant que l'individu n'en a pas pris conscience. Reconnaître le processus lui permet, dans un premier temps, d'explorer différemment son passé et de le nettoyer d'un vécu affectif douloureux. Dans un deuxième temps, le sujet « reprogramme » ce ressenti avec des mots qui en modifient la charge émotionnelle. Dans l'inconscient en effet, la composante du temps n'existe pas plus que la distance. De ce fait, l'esprit est capable d'agir sur des événements passés.

Sous cet angle, aucun cas n'est désespéré. C'est parfois au cours de la première séance que se produit un retournement de l'état d'esprit dans lequel se trouve mon patient. Tant que je ne perçois pas ce revirement, cette volte-face qui redonne une énergie positive, j'encourage mon patient à frapper des mots. Je n'ai alors aucun effort particulier à faire. Cela vient, tout naturellement. Je ne pense à rien de précis. Je suis ouverte, à l'écoute, avec la certitude tranquille que vont apparaître des mots que mon client saura comprendre et utiliser pour se déculpabiliser, retrouver la paix et améliorer sa vie.

Au plus profond de tout être humain, je ne trouve que l'amour. Je suis émerveillée par cette puissance d'amour cachée. Est-ce une réalité ou cela tient-il à la façon dont je m'applique à découvrir ce qu'il y a de positif en toute personne humaine ? Je réalise que la partie extérieure de notre être, souvent impulsive, hargneuse, parfois exaspérée, mène un combat contre la partie profonde de l'être qui semble généreuse, ouverte, désireuse de bien faire, prête à aimer. Cette dichotomie est particulièrement manifeste et exacerbée dans les cas d'autisme où l'âme n'a plus prise sur le corps, mais elle existe de la même façon chez tout être humain. La prise de conscience de cette valeur intérieure et du combat que notre « conscience cérébrale » mène contre notre « conscience profonde », relativise les problèmes et permet de se faire une meilleure image de soi.

Le mal, la rancœur, la haine seraient-ils des forces impulsives du conscient ? Pour atteindre la guérison intérieure, mes clients s'inspirent à travers moi de la démarche thérapeutique d'autres clients qui présentent le même type de difficultés qu'eux. Les mille *« rituels »* auxquels ils aboutissent convergent toujours vers la vie, la paix et l'amour. Lorsqu'ils viennent me voir pour la première fois, mes clients attendent souvent de moi que je les aide à briser les liens du passé, à rompre avec leurs parents qui les tiennent en dépendance, à oublier leurs blessures, à tourner enfin la page. Ils sont souvent conseillés en ce sens par des thérapeutes ou amis. Je m'aperçois pourtant que la rupture, la fuite ou le refoulement ne sont jamais la solution. Ils peuvent momentanément faire échapper à la souffrance, mais les problèmes restent sous-jacents et prêts à se manifester sous la forme de désordres en tout genre. Seules une reconstruction, une réparation, une réhabilitation, une réconciliation avec les personnes qui font ou qui ont fait souffrir peuvent apporter l'apaisement. Cette réparation se fait sans chercher, tout naturellement, en laissant venir les mots sur le clavier. Je découvre l'extraordinaire capacité qu'a l'esprit, en partageant quelques mots, de pouvoir « reconstruire » certains épisodes de la vie, même le temps où mes clients étaient portés par leur mère. La magie des mots permet ainsi que les parents désirent la venue au monde de leur enfant.

Parfois, le tout début du texte est violent et plein de haine à l'égard d'un proche. Mais très vite un retournement s'opère et la fin du texte laisse entrevoir un espoir de réconciliation. En sortant de chez moi, une femme est allée embrasser sa mère avec qui elle était fâchée et qu'elle n'avait pas vue depuis plusieurs années. « C'est un peu le contraire de ce que l'on trouve en psychologie classique », me disait une amie psychothérapeute : « Plus les gens sont en colère, plus on leur fait exprimer la colère, et plus il est difficile de trouver l'amour. » Ce n'est plus une surprise pour moi de constater qu'il est possible de se réconcilier avec une personne décédée, de faire évoluer celle-ci dans le sens d'un plus grand amour, de la faire « revivre » en esprit. Mais les premières fois, je dois avouer que ce fut pour moi une grande surprise.

Annie, intéressée par la psychophanie qui avait très bien réussi à l'une de ses sœurs, voulut à son tour en faire l'expérience, un peu par curiosité. Elle était en instance de divorce. Je lui demandai le sujet qu'elle souhaitait aborder en frappant à la machine. Elle voulait évoquer les disputes avec son mari et se décharger en exprimant la rancœur qu'elle avait contre lui. Elle me raconta de manière volubile et d'une voix forte comment son mari l'avait trompée et l'avait laissée seule avec leurs deux jeunes enfants, qu'il voyait juste pour les gâter, alors qu'elle gardait la responsabilité de leur éducation. Jalouse et vindicative, j'eus du mal à l'arrêter dans son discours pour la faire frapper.

Son inconscient l'aiguilla malgré elle sur une tout autre vision des choses : *« Oserais-je décrire ma vie avec lui ? Bague au doigt avec mon mari a désigné miroitement de vie heureuse. Baladez votre doigt encore trois minutes, partage de vie désire encore se faire. Je lutte encore, mais décor de mort s'estompe. Je suis capable de (faire) entrer amour dans mari de moi. Je désole moi d'être femme d'un méritant moi* (d'un homme qui me mérite) *et dont je désire faire le malheur. Guidez-moi vers père de mes enfants pour tuer maladie de vie* (déprime) *de moi. Vraiment dans la famille, personne ne mérite désolation.* »

Annie fut tout étonnée de ce qu'elle avait frappé, qui ne correspondait en rien à ce qu'elle croyait penser. Consciemment, elle n'imaginait absolument pas qu'elle pouvait tisser de nouveaux liens avec son mari. Décontenancée, elle était à moitié convaincue de ce qu'elle avait exprimé. Je lui demandai simplement d'être à l'écoute de ce qu'elle avait exprimé en psychophanie. Nul doute que son inconscient continuerait à faire son chemin.

Alain m'expliqua que son père de soixante-seize ans avait subi au cours des trois dernières années trois graves opérations de cancers. Ces cancers étaient « primaires », m'expliqua-t-il, c'est-à-dire que les nouveaux foyers n'étaient pas secondaires à la tumeur primitive. A chaque intervention chirurgicale, il faisait des complications graves : on le mettait en service de réanimation, et toute la famille autour de lui croyait que c'étaient ses derniers instants. Alain n'en pouvait plus de ce qu'il appelait des « mises en scène ». Consciemment, il souhaitait la mort de son père. D'autre part, il s'inquiétait de subir le même sort que lui, car il lui ressemblait beaucoup et se sentait très proche de lui depuis sa toute petite enfance. Il se demandait comment éviter la répétition qui lui paraissait inévitable : « *Parie que je vais décrire homme de volonté de rompre avec garrot de maladie*, frappa-t-il. *Parlez-moi de vie de père et je ferai le parallèle entre deux vies de mort. Je veux rituel pour tuer fils mort de père* (lui-même). *Il a toujours été homme de mort. Humiliant de voir mon père fracas* (avortement) *de vie. Je déduis qu'il faut guérir papa de son jeu de mort. Ordonne à vous de record battre. Illuminez choix de vivre pour mon père. Chut, je lui dis un secret : je décime mort de toi, je te jure de frites* (chromosomes) *faire mourir.* »

Alain confirma ensuite que son père avait lutté pour vivre déjà dans le ventre de sa propre mère. Il en aurait gardé un « instinct de mort ». « *L'amour revoit prouesse d'être jardin de vie* (utérus) *pour mon père. D'étonnement, je découvre mon père comme lutteur de vie* (fœtus qui lutte pour garder la vie). *Papa joue des guerres contre la vie. Père de valeur retrouve joie d'être voulu par sa mère.* » Au lieu de désirer la mort de son père et de récriminer contre lui, mon client sortit de chez moi avec l'idée nouvelle de « guérir son père » et de l'aider à s'en sortir. Je sais que le travail thérapeutique réalisé par cet homme aura des effets positifs sur son père, car les inconscients sont en perpétuelle communication. L'évolution de l'un fait évoluer l'autre. Le père percevra forcément les nouvelles dispositions de son fils envers lui, même si Alain ne lui dit rien. J'en ai acquis la certitude. Et si le père va mieux, nul doute que cela aura des répercussions qui se traduiront par un mieux-être chez son fils. Combien de patients m'ont-ils dit que le travail qu'ils avaient fait en psychophanie avait transformé leurs proches !

Véronique, une femme de trente-sept ans, célibataire, m'avait été adressée par son médecin généraliste. Elle consultait parce qu'elle manquait de tonus et de dynamisme et souffrait d'insomnies. Elle venait de se faire licencier et n'avait jamais réussi à établir une relation durable de couple. Depuis plus d'un an, elle était retournée vivre chez sa mère et supportait de plus en plus mal que celle-ci lui donne des directives. Elle était mal dans sa peau et tout à fait consciente du lien trop fort existant entre elles deux. Consciemment, elle savait qu'elle devait couper le cordon avec sa mère surprotectrice et étouffante. Elle était venue avec l'idée que je pouvais peut-être l'aider à prendre son indépendance. Mais son inconscient l'entraîna sur un chemin inattendu : il travaillait à transformer sa mère et à nouer de nouvelles relations avec elle : « *L'héritage de mes parents est fumée de mort*, frappa Véronique. *Je rêve d'être voulue pour être bambin heureux. Tout est voulu pour m'ignorer comme fille de valeur. Je vais d'évolution transformer ma mère en femme de vie. Rage révolutionne ma mère, elle sort de son apathie envers mon père. Guide-la vers évolution joyeuse de femme tulle de vie* (vie légère, sans soucis). *Grave d'être fille de mort. Je vois mère me téléphonant pour me dire : vorace mort est finie en moi. Je vois mère vie de vie. Gramme de vie d'évolution cale moi dans fève* (embryon) *revivant désir de vivre. Je tue fuite de mère. Je fuis désir de silence avec elle, je vais détruire fumée de mort qui me relie à elle. Sa fille devient bise de vie pour sa folie de vouloir communiquer avec sa mère de vie.* »

La CF et la psychophanie semblent donc attirer vers l'amour et la vie. Mes patients apprennent à voir leur vie sous un angle différent et en trouvent la vraie valeur. Les problèmes sont relativisés, et ils trouvent enfin l'amour, la paix et la joie profonde. Je me pose toutefois la question de savoir si, dans certains cas, cette influence inconsciente n'empêche pas la mort de venir alors que le patient la souhaite ardemment. Telle cette fillette polyhandicapée qui a frappé : « *Pour toi, je lutte de vie. Mais je fatigue de vivre. Va-t-en. Arrête de taper avec moi, car tu m'attires vers la vie et j'ai envie de mourir.* » Je ne peux pourtant que tirer mes patients vers la vie. Cependant, je sais que s'ils souffraient horriblement et qu'ils n'avaient aucune chance de survivre, ils sentiraient en moi comme une autorisation à arrêter la lutte. La CF permet alors à ceux qui vont mourir de se préparer à la mort.

3
Hypothèses sur le fonctionnement de la psychophanie

« Quelles liaisons physiques, directes, se nouent-elles en profondeur, entre les âmes, les rendant toutes solidaires des progrès entitatifs réalisés par l'une d'entre elles [1] ? »

Pierre Teilhard de Chardin

Nous sommes sans doute aux balbutiements de la compréhension des mécanismes de la CF. Certains l'intègrent dans une conception psychanalytique de l'identification, mais ils ne jugent que d'après des observations de patients autistes et trisomiques, ce qui fausse le problème. La prise en charge de personnes « normales » m'a aidé à faire la part entre ce qui relevait de la pathologie et ce qui attenait au processus de la CF. Le Dr Gilbert Diebold, pédopsychiatre [2], explique qu'« il y a urgence à ce que les pédopsychiatres, et surtout ceux qui sont psychanalystes, se penchent sur ce phénomène formidablement intéressant ». Je rajouterais qu'il y a urgence à ce que, non seule-

1. Pierre TEILHARD DE CHARDIN, « La vie cosmique », *Écrits du temps de la guerre*, Paris, Grasset, 1992.
2. Gilbert DIEBOLD, Catherine CYSSEAU, Joëlle ROZE, « Communication facilitée ou expression accompagnée ? Apprentissage ou psychothérapie ? », *Psychiatrie de l'enfant*, XLIV, 1, 2001, p. 27 à 75.

ment les psychiatres, mais aussi tous les hommes de science, quelle que soit leur formation ou leur orientation et tous ceux qui travaillent d'une manière ou d'une autre sur un plan spirituel se penchent sur ce phénomène extraordinaire, afin de mieux cerner la nature de l'homme.

Conscience « cérébrale » et conscience profonde

« *Vous gravez ma vie de l'âme, on entend ma voix de vie à travers la machine* », a frappé un autiste totalement mutique. Et un garçon en phase d'éveil de coma : « *Vous franchissez moi de l'autre côté, j'ai frousse d'avoir envie de vivre.* » Pratiquée à un niveau profond, la CF m'a fait découvrir, chez les personnes handicapées ou ayant extérieurement perdu la raison, une dimension cachée inestimable, préservée chez tout être humain, où le handicap n'existe plus. Respecter la personne handicapée, c'est reconnaître en elle cette réalité immatérielle qui fait l'essence de l'être. C'est une question de justice. La conscience profonde, que Geneviève François appelle « supérieure[3] » est en tout être humain et reste intacte tout au long de la vie. « Notre vie, dit-elle, ne commence pas avec notre naissance et ne se termine pas avec notre mort. Simplement, à notre naissance, nous devenons dépendants des outils de notre corps physique. Cet état de conscience "total", que nous connaissions avant notre naissance, contient nos racines métaphysiques et notre dimension spirituelle. » Accessible par la CF, la conscience profonde s'oppose à la conscience ordinaire ou « cérébrale », qui, elle, peut être plus ou moins touchée

3. Geneviève FRANÇOIS, « L'auto-hypnose comme moyen d'accès à l'inconscient », *Bulletin TMPP*, n° 23, décembre 2001.

par le handicap. « *Tu es orpailleur* » a frappé un jour un patient handicapé. Je suis devenue chercheur d'or.

C'est grâce aux enfants autistes que j'ai compris que la CF touchait à cette partie profonde de l'être. Ce fut tout d'abord une grande surprise pour moi de constater l'écart colossal qui existait entre leur comportement impulsif, souvent irréfléchi, et la sagesse de leur raisonnement en CF. Ils affichaient une indifférence flagrante vis-à-vis des personnes, et manifestaient pourtant en CF une grande empathie à leur égard. Ils s'exprimaient généralement très peu et de manière rudimentaire : certains étaient capables de demander à boire ou manger, aller aux toilettes ou réclamer leur objet favori, mais la plupart d'entre eux ne savaient, pour attirer l'attention, que provoquer, s'opposer ou manifester leur frustration par la colère et les cris. Or, avec la CF, ils ont pu d'emblée donner leur avis sur tous les sujets, poser des questions complexes et sensées, exprimer des émotions d'une grande subtilité. On aurait dit qu'il ne s'agissait pas des mêmes enfants. Plus jamais je ne me suis fiée à ce qu'une personne handicapée était capable d'exprimer ou de manifester pour essayer d'imaginer et de comprendre ce qu'elle ressentait. Plus jamais je n'ai comptabilisé ses performances pour me faire une opinion sur elle ou lui attribuer un âge mental. J'ai appris à lire la maturité étonnante de l'esprit derrière un comportement infantile, à deviner la joie ou la détresse derrière l'impassibilité du visage ou l'inertie totale, la souffrance ineffable derrière un rire niais ou des réactions agressives.

J'ai mieux compris les querelles au sujet des autistes entre les partisans de l'éducation et les psychanalystes. Selon qu'on oriente le projecteur sur l'extérieur ou l'intérieur de l'être, on juge les autistes sur deux aspects de leur personne qui coexistent sans se correspondre : d'un côté, leur carapace déficitaire et leurs difficultés d'apprentissage, de l'autre leur sensibilité profonde et insaisissable, qui n'apparaît que de manière extrêmement fugitive. De ce fait, les mêmes autistes se présentent comme des personnes, tantôt déficientes, tantôt ingénieuses. Un dysfonctionnement cérébral les empêche de faire le lien entre la pensée et l'action. *« Je dirige mon moi intérieur sans pouvoir influer sur ma conduite élémentaire »*, a frappé par exemple Birger Sellin, un jeune homme allemand autiste sévère, qui a écrit en CF, avec sa mère, deux livres saisissants[4]. Ceux-ci témoignent de cette totale discordance entre l'être profond et la *« carcasse »*, comme l'appellent mes clients handicapés.

La CF permet à la fois de communiquer avec la profondeur de l'être, de découvrir chez les personnes handicapées mentales des capacités intellectuelles souvent inattendues et de leur faire acquérir des savoirs nouveaux qui les gratifient. Elle les motive pour apprendre, gagner en autonomie, mieux communiquer et s'insérer socialement. Mais seule, la CF ne suffit pas. Il faut y adjoindre une éducation structurée qui agit sur les troubles des fonctions de l'exécution, les lacunes cognitives, l'organisation dans l'espace et le temps, la mise en pratique des connaissances, la communication spontanée et consciente. J'ai suffisamment travaillé dans ce sens pour connaître la nécessité d'une combinaison sur mesure entre la CF et l'éducation. Le tout est de ne pas développer l'une au détriment de l'autre, ou de les considérer comme exclusives l'une de l'autre. Il ne faut jamais perdre de vue qu'on s'adresse à une personne qui a droit à la connaissance et à

4. Birger SELLIN, *Une âme prisonnière* et *La solitude du déserteur*, Paris, Robert Laffont, coll. « Réponses », 1994 et 1998.

la considération. Et non à un automate à qui l'on parle le moins possible, en croyant qu'il ne comprend pas. Les autistes peuvent en effet ne pas comprendre les mots par voie aérienne, et néanmoins comprendre un discours en profondeur de manière intuitive. Ce qui fait dire des mêmes autistes, qu'« ils ne comprennent rien », ou qu'« ils comprennent tout ».

C'est une question que je me suis posée fort longtemps : que comprenaient les personnes autistes ou atteintes d'un handicap mental ? Comment expliquer qu'elles pouvaient discuter sans peine en CF de sujets existentiels ou spirituels, alors qu'elles semblaient ne pas comprendre une consigne verbale très simple ? Longtemps, j'ai buté sur cette contradiction. Nicolas, un adolescent autiste totalement mutique, semblait ne rien comprendre lorsque je lui demandais de me donner des objets courants tels que des ciseaux ou des clés. Je lui tendais la main, en articulant une courte phrase d'une voix forte et en mettant l'accent sur les deux mots essentiels : *« donne* les *clés ».* Avec la meilleure bonne volonté, l'air interrogateur pour savoir si j'étais satisfaite, il me tendait une cuillère ou posait sa main sur la mienne. Alors que par ailleurs, il était capable de fredonner des airs correspondant à des situations bien précises, sans que personne ne les lui ait appris : « Les jolies colonies de vacances » lorsque sa mère préparait sa valise pour son départ en colonie, « De bon matin, j'ai rencontré le train » lorsqu'il arrivait dans une gare, ou « Le petit pont de bois » lorsqu'il passait en voiture sous un pont. Tout laissait donc penser qu'il avait compris le sens des mots de la chanson ! Des éclairs d'intelligence brillaient parfois dans ses yeux, qu'un voile semblait ternir le reste du temps. En CF, il s'est mis à taper des textes qui témoignaient d'une compréhension très subtile et contrastaient avec son incapacité à obéir à des directives élémentaires. J'ai longtemps mis cet échec sur le fait qu'il présentait une impulsivité qu'il ne pouvait contrôler ou des troubles des fonctions de l'exécution, auxquels s'ajoutait certainement un manque d'intérêt pour l'exercice. Mais cela n'expliquait qu'en partie cette hétérogénéité au niveau de la compréhension.

Les personnes atteintes de surdité totale ainsi que celles qui n'avaient jamais entendu parler le français m'ont permis de mieux appréhender cette question. Ces personnes n'avaient pas la capacité physique d'entendre ou de saisir par l'oreille le sens du message que je leur transmettais. Pourtant, elles répondaient parfaitement aux questions que je leur posais en CF, sans aucun temps de latence et en me donnant des informations sur elles que je ne pouvais connaître. Il fallait donc en conclure que la communication utilisait d'autres canaux que celui de l'audition et ne passait pas par les mots. Chaque facilitant peut d'ailleurs en faire l'expérience : le facilité lui répondra de la même manière, qu'il lui pose une question à haute voix ou qu'il la pense intérieurement.

J'en suis peu à peu arrivée à la conclusion suivante : de même qu'il existe deux niveaux d'expression, la plupart du temps discordants, chez la personne handicapée, selon que celle-ci s'exprime seule ou en CF, il existe deux niveaux de compréhension. A un niveau conscient, le message est décodé et analysé par l'oreille. Cette activité mentale peut être perturbée en raison d'une surdité ou de tout autre trouble du traitement de l'information, comme les troubles de la neuromodulation sensorielle chez les autistes, qui font que la parole leur parvient avec un temps de retard ou des intensités variables. La compréhension des mots par voix aérienne peut aussi ne pas se faire parce que l'oreille n'est pas mature, ou tout simplement que la personne ne parle pas la même langue que son interlocuteur. A ce niveau, les échanges ne sont possibles que pour deux personnes qui ont le même système de symboles, c'est-à-dire un langage commun et possédant la maturité, les organes sensoriels et le cerveau en état de pouvoir les décrypter et leur donner sens. On peut bien sûr transférer ce discours à la langue des signes ou aux mimiques. Les autistes, par exemple, éprouvent le plus grand mal à donner une signification aux mimiques, aux gestes et aux signes conventionnels de leur partenaire. Ils ne sont pas pour autant dépourvus d'empathie. Au niveau de leur conscience profonde, ils saisissent parfaitement le mode de fonctionnement de la pensée[5] et sont capables de ressentir avec une extrême justesse les émotions de leur partenaire en se mettant à sa place pour imaginer ce qu'il pense.

L'autre forme de compréhension résulte d'une activité mentale intuitive et inconsciente de la part du récepteur. Elle ne passe pas par l'interprétation des mots, des signes conventionnels ou des mimiques. Elle est innée et ne nécessite aucun apprentissage. C'est elle qui permet au facilité et au facilitant de s'accorder. A ce niveau, les échanges sont possibles entre tous les individus, quels que soient leur âge ou leur langue maternelle. La pensée se transmet dans ce cas autrement que par des mots ou des signes, avec une rapidité qui dépasse la formulation en mots. Elle n'a pas besoin d'être verbalisée à voix haute pour passer, et la compréhension qui en résulte transcende la réalité de la langue. La communication passe même si le facilité est un bébé ou une personne qui parle une autre langue que celle du facilitant. Elle est à l'œuvre dans la

5. Uta FRITH, dans *L'énigme de l'autisme*, Paris, Odile Jacob, 1992, décrit l'absence de « théorie de l'esprit » des autistes, p. 257 à 283.

structuration de la personnalité sur un autre plan de conscience.

Dans le travail avec les personnes handicapées, il faut tenir compte de l'existence de ces deux niveaux parallèles de communication. En effet, selon qu'on envisage la compréhension consciente ou non-consciente d'un sujet, ses performances divergent. Ne privilégier que le mode de communication conscient ne tient pas compte de ce qu'est réellement la personne humaine. Une personne handicapée mentale ou un bébé peut tout à la fois être incapable de saisir une consigne verbale simple et comprendre un discours métaphysique. Même si celui-ci n'est pas perçu sur le mode conscient, il est enregistré sur le mode non-conscient et la personne peut en tirer parti.

Si l'on articule les mots en parlant très lentement et en faisant des gestes amples, on travaille la première forme de compréhension. Cette manière d'attirer l'attention du sujet sur les éléments codés du langage est nécessaire dans tout apprentissage. Mais le sujet se focalise alors sur les sons et les mouvements, ce qui le détourne souvent du sens. Bien articuler et accentuer l'intensité des mots favorise la propension qu'ont les autistes à mémoriser les mots d'après leur sonorité plutôt que leur signification. Il semble par ailleurs qu'il n'existe pas une seule aire cérébrale consacrée au langage. Selon que la tâche est simple ou complexe, que la phrase à comprendre est uniquement composée d'un sujet et d'un verbe ou, au contraire, construite avec de multiples compléments directs et indirects, ce ne seraient pas les mêmes aires du cerveau qui prendraient en charge les informations à traiter[6].

---

6. « Cerveau/machine : ce qui fait la différence », *Eurêka*, n° 29 *bis*, mars 1998.

Si vous parlez avec des phrases normalement construites, sans attirer l'attention sur vos mimiques ou le mouvement de vos lèvres, le sens du message semble plus facile à assimiler. J'ai en mémoire à ce sujet une séance de CF où une stagiaire, qui était professeur de sourds, s'entraînait avec Xavier, un de mes patients sourd profond présentant des séquelles d'autisme. Elle avait l'habitude de s'adresser en langue des signes à ses patients et s'évertuait à lui faire comprendre un message en exigeant qu'il la regarde et en attirant son attention sur ses lèvres et ses gestes. Xavier cherchait à bien faire, mais il était totalement perdu. Son système nerveux semblait exposé à plus de stimulations qu'il ne pouvait en traiter. Trop d'informations simultanées nuisent à la saisie du sens. J'ai demandé à la stagiaire de lui soutenir la main sans le regarder et de lui parler normalement. Le dialogue s'est alors amorcé sans difficulté. Elle aurait même pu penser le message sans le prononcer à voix haute, il l'aurait compris de la même façon.

Alexis, un grand adolescent atteint d'autisme sévère, a pratiqué quelque temps la CF avec moi. Sous l'influence de sa famille et de médecins qui ne croyaient pas à la CF, sa mère a préféré arrêter. Nous avons néanmoins gardé des relations amicales : elle m'appelle au téléphone et m'envoie régulièrement de gentilles cartes pour me tenir au courant de l'évolution de son fils. Elle me redit, à chaque fois, combien sa vie a changé depuis le jour où, sur mon conseil et sans trop y croire, elle s'est mise à parler normalement à son fils, alors qu'il donnait l'impression de ne rien comprendre. Elle m'a raconté le fait suivant : depuis qu'il était tout petit, lorsqu'il devait faire des examens médicaux à l'hôpital, c'était l'enfer. Il était bien connu dans le service, car il devait être maintenu par quatre personnes, ce qui ne l'empêchait pas de se débattre ou de se sauver dès qu'il le pouvait. Un jour, sa mère lui a expliqué en détail ce qui allait se passer avant de partir : le trajet, les conditions de l'examen, le nom du médecin qui allait se charger de lui, etc. Il a été si calme que les infirmières ont demandé à la mère ce qu'elle lui avait fait ! Même si l'information était restée inconsciente, il avait su l'exploiter.

De la même façon, il est admis maintenant qu'il faut parler aux comateux. A leur réveil, beaucoup se souviennent de ce qu'ils ont entendu. Il faut agir pareillement avec les handicapés. Leur parler normalement, leur lire des contes, le journal. On ne sait pas comment le message passe, mais on sait qu'il passe. Très en avance sur son temps, Françoise Dolto le disait déjà. Il est probable que le contact physique renforce la transmission des informations. L'expérience que j'ai de cette communication montre que la compréhension consciente des événements s'accroît et que les autistes deviennent plus présents.

Françoise Dolto[7] disait également que les bébés comprenaient tout, même les langues étrangères de leur nounou. Un bébé à qui l'on raconte son histoire cesse de hurler la nuit ou se remet à se nourrir[8]. C'est bien la preuve qu'il comprend ! Pourtant, son oreille n'est pas encore formée pour analyser les sons du langage. Si l'on s'en tient aux expérimentations qui mesurent la réponse motrice du bébé pour juger de sa perception, on arrive à des conclusions très différentes. Bénédicte de Boysson-Bardies[9], psycholinguiste et directeur de recherche au CNRS, pense que le tout jeune enfant doit décoder les

---

7. Françoise DOLTO, *C'est la parole qui fait vivre*, sous la direction de Willy Barral, Paris, Gallimard, 1999.
8. Caroline ELIACHEFF, *A corps et à cri*, Paris, Odile Jacob, 1989.
9. Bénédicte de BOYSSON-BARDIES, *Comment la parole vient aux enfants* Paris, Odile Jacob, 1996.

sons pour donner sens aux mots. Le bébé aurait une remarquable capacité à détecter les indices physiques, acoustiques (intonation, schémas rythmiques de durée, variations d'intensité sur les syllabes, etc.). L'identification des sons précède peut-être la compréhension des mots isolés, mais je peux affirmer que l'enfant comprend aussi le langage par d'autres canaux. Les mécanismes de la compréhension intuitive ne passent pas par un processus de discrimination des sons. Apprendre un code ne permet pas de comprendre.

Les expérimentations tout à fait intéressantes qu'elle a dirigées dans le service de l'hôpital Port-Royal à Paris mesurent le temps de réaction du bébé lorsqu'on lui fait entendre des mots ou des phrases : les mouvements oculaires, le temps de fixation par le regard, le rythme de succion donnent des indications sur la façon dont il perçoit et analyse les sons, les lignes mélodiques, les particularités de sa langue maternelle, etc. Les expérimentations concluent que la compréhension du mot se fait chez un enfant normal beaucoup plus tardivement que ne l'observent les parents. Les sciences cognitives n'ont accès qu'à la surface de l'être.

Le registre de la psychophanie

Certains parents voudraient que la pensée de leur enfant soit formulée dans un langage plus clair, plus concret et immédiatement compréhensible pour eux. Ils voudraient des informations sur ce qu'ils font à l'école, dans leur centre ou pendant le week-end. Les personnes handicapées peuvent rarement répondre en CF à ce genre de questions, auxquelles les autres répondent généralement par la parole.

Barbara, par exemple, était une jeune fille handicapée mentale qui parlait un peu et présentait une grande maladresse motrice. Je lui ai demandé de se taire, ce qui n'était pas facile, car elle contrôlait mal l'émission de sa parole. Une stagiaire lui prit la main pour la faire frapper et je posai la question suivante à Barbara : « Peux-tu dire l'accident qui t'est arrivé, lorsque tu avais cinq ans ? T'es-tu fait une fracture ouverte en tombant de vélo ou t'es-tu électrocutée en marchant les pieds humides sur une prise de courant ? » Elle frappa sans hésiter : *« tombé vélo »*. La stagiaire était très satisfaite. Elle avait très nettement senti le mouvement, et n'avait pas du tout pensé à cette réponse. C'était trop facile. J'ai alors reposé la question à Barbara, en lui demandant, cette fois-ci, de parler. Maladroitement, elle dit qu'elle s'est brûlée avec la prise de courant, ce qui était la réalité. Elle avait dû subir une greffe de la peau sous la plante du pied et avait vécu des moments extrêmement douloureux. Elle ne pouvait avoir oublié ! La stagiaire fut très déçue lorsqu'elle apprit que cette jeune fille n'était jamais montée sur un vélo.

Il ne faut pas demander à la CF plus que ce qu'elle peut offrir. Pas plus que le langage oral ne donne accès aux couches profondes de la conscience et à l'inconscient, la CF ne permet de donner des informations factuelles conscientes, sauf si le facilitant les connaît, car le facilité a alors accès à toutes ses connaissances. On ne doit pas mettre en défaut une personne handicapée en lui demandant en CF le prénom de son frère ou le titre du film qu'elle est allée voir. Bien qu'elle les connaisse, il lui est extrêmement difficile de les évoquer en CF. En effet, les mots qui s'écrivent ne relèvent pas d'un choix conscient. Une personne ordinaire ne peut pas davantage le faire si je lui prends la main et la fais taper sans regarder le clavier. J'ai expérimenté cela en demandant à mon mari de me donner en CF le prénom du prochain collaborateur qu'il réclamait depuis des années et avec lequel il allait travailler. Je savais que, récemment, ils avaient eu ensemble de nombreux entretiens. Il a frappé : *« Je crois que je peux l'appeler garçon d'étage, car désir de lui, c'est d'être au même étage que moi. »* Il se posait alors des problèmes d'installation dans la grande Arche de la Défense dont je n'étais pas au courant. Comme j'insistai pour avoir un prénom, il répondit : *« Pile je l'appelle gardien de bureau, face je l'appelle militant de valeur pour tuer ma fatigue. »* N'obtenant pas la réponse que je souhaitais, je lui demandai ensuite le prénom de la secrétaire avec laquelle il travaillait depuis plusieurs années et que je ne connaissais pas. Il a tapé *« j'ose l'appeler Jeanne »*, alors qu'elle s'appelait Christelle. Le facilité ne peut donner une information juste que le facilitant ignore qu'à partir du moment où il commence à frapper volontairement et en regardant le clavier.

Le langage oral permet d'exprimer toutes les fonctions de communication : donner une information, poser une question, refuser, commenter, exprimer des émotions... Ces fonctions se situent dans le registre du volontaire et du conscient. Seuls les lapsus, les actes manqués et les symptômes renseignent sur le subconscient et l'inconscient. La fonction la plus usuelle de la CF est l'expression des émotions et sentiments. On touche aussi à un registre existentiel et spirituel profond. Toutes les personnes handicapées, même les très jeunes enfants, parlent en CF de la vie ou de la mort. Il ne faut pas en déduire qu'elles ne sont pas incarnées dans le réel ou qu'elles ont des capacités supérieures aux personnes normales, car les personnes valides ont les mêmes préoccupations en CF. C'est l'outil de la CF qui donne accès à la transcendance. Nous devenons tous poètes lorsque nous frappons en psychophanie, vraisemblablement parce que notre hémisphère droit, celui des images et de la créativité, est en pleine activité. Les sens se mêlent et se confondent, nous touchons les sons et entendons les couleurs, nous voyons par le cœur…

Lorsque je pose à mes patients handicapés des questions sur leurs activités, le lieu de leurs vacances ou les aliments qu'ils voudraient manger au dîner, j'obtiens ce type de réponse : *« N'arriver qu'à dire de futiles choses forme la tombe de* CF *»* ou encore *« je te fuis si tu m'enlèves la sensation de vie que j'ai au fond de moi »*. D'autres facilitants réussissent sans doute mieux que moi dans ce registre. Il est vrai que j'aime naviguer dans les eaux profondes et que j'en connais les répercussions positives. Mais il est vrai aussi que pour avoir accès à cette dimension de l'être, il faut pouvoir lâcher prise.

« Soporifique de parler de farine », a frappé avec moi une jeune fille totalement mutique, alors que je lui demandais comment cela se passait en CF avec l'enseignante qui la facilitait. Comme je ne comprenais pas, sa mère m'expliqua que sa facilitante habituelle lui faisait frapper fréquemment des recettes du cuisine, ce qu'elle trouvait assez fastidieux. Si ce genre d'exercices est nécessaire pour l'apprentissage d'une frappe autonome, on conçoit qu'il n'intéresse que peu les patients qui préfèrent généralement parler d'eux-mêmes. Il est pourtant nécessaire d'entretenir une conversation courante avec ceux qui ne parlent pas, car ce ne sont pas des choses insignifiantes aux yeux des parents qui veulent en savoir plus sur la vie de leur enfant pour améliorer le quotidien.

Les réponses ne sont pas toujours aussi concrètes qu'ils le souhaiteraient : une maman est arrivée un jour à la séance de David, son fils autiste de cinq ans, avec l'intention de lui demander ce qu'il désirait pour Noël. Elle n'arrivait pas à le faire frapper elle-même et s'épuisait à trouver des idées de cadeaux que son fils ne faisait que léchouiller. Je m'adressai à lui :

– Que veux-tu pour Noël ?

– *Urgo pour soigner autisme, talisman pour vivre mieux.*

– Et puis ?

– *Je veux cadeau de vivre en vers.*

– Tu voudrais écrire des poèmes ? Son père était écrivain et poète, et avait écrit avec son fils des textes beaux et émouvants.

– *Oui.*

– Mais quel jouet voudrais-tu ? Empaqueté dans un joli papier cadeau avec une ficelle dorée, un cadeau qu'on irait acheter chez le marchand ?

– *J'aime les voraces jouets délivrant de maladie, je veux un jouet ouragan.*

– Qu'est-ce que tu entends par un jouet ouragan ?

– *Un aspirateur de maladie, un ventilateur de chance...*

Louis, un très jeune enfant polyhandicapé a frappé qu'il voulait pour Noël une *« panoplie de jardin de vie »* (utérus). La grossesse de sa mère avait en effet été aussi difficile pour elle que pour lui. Puis il a enchaîné : *« Je veux deviner ce que tu vas avoir pour Noël. »* Plusieurs idées me vinrent en tête. En fait, je ne désirais que des gadgets qui pourraient me faire gagner quelques minutes par jour. Allait-il deviner que je voulais un logiciel pour « bouster » mon ordinateur, un « marcheur immobile », pédalier qui me permettrait d'effectuer des mouvements de marche tout en frappant à l'ordinateur ?... Allait-il plutôt penser à des babioles comme du vernis à ongles qui sèche instantanément ou des petits pots pour cuire des œufs à la coque au four à micro-ondes ? J'étais curieuse de connaître sa réponse : *« Tu vas avoir mère de moi amour de vie. »* Ce petit bonhomme m'avait touchée au fond du cœur. Sa mère, si sensible, si forte et si fragile en même temps, venait frapper de temps en temps avec moi en psychophanie. Quel plus beau cadeau aurais-je pu souhaiter que la joie de vivre de cette maman, malgré les déchirements qu'elle accumulait dans son existence ?

Les mots sont le plus souvent chargés de symboles. Louis (« Grand Louis », m'a-t-il demandé de le nommer dans ce livre), un bon garçon trisomique de dix-sept ans, venait de faire un stage de jardinier :

– Tu as planté des fleurs ?

– *Oui, je plante des cotillons dans la terre pour froid enlever des vies malheureuses.*

– Pour leur faire chaud au cœur ?

– *Oui, je sème des cotillons pour jouer à la vie joyeuse. Il va pousser des carottes pour toi.*

– Des légumes ?

– *Non, des récompenses. L'amour va sortir de terre. Je promets de devenir jardinier de vie pour ta famille de vie.*

Étant donné qu'en CF, le processus de compréhension s'effectue à un niveau inconscient, le facilitant pourrait fort bien faire toute une séance sans parler, en dialoguant mentalement avec le facilité. Parfois le silence me permet de mieux me concentrer et d'être plus à l'écoute. *« Le silence est plein de mots de vie »*, a frappé un jour un enfant. Certains me demandent expressément un moment de frappe en silence, même en présence d'observateurs. Il semble qu'on touche à une profondeur et une résonance accrues. La communication devient prière.

Une adulte m'avait demandé de la laisser frapper en silence. Elle avait peur d'influencer le texte écrit. Nous dialoguions donc à chaque fois en silence, puis nous faisions une relecture de ce qu'elle avait frappé deux ou trois fois au cours de la séance. Un jour que sa main, soutenue par la mienne, frappait sur mon ordinateur, je lus sur l'écran : « *Cadeau diminue si partage ne se fait plus, lisez moi.* » Il était donc important pour elle de prendre conscience de ce qu'elle avait frappé. Généralement les adultes valides souhaitent lire, comprendre et garder ce qu'ils ont frappé pour le relire à tête reposée, seuls ou avec le psychothérapeute qui les suit. A chaque relecture, ils trouvent dans leur texte des éléments nouveaux qui leur étaient passés inaperçus.

Je relis donc généralement les phrases au fur et à mesure qu'elles apparaissent sous mes yeux, commentant ou expliquant ce que je comprends pour les parents, proches ou stagiaires présents à la séance d'un tout jeune enfant ou d'une personne handicapée. Mais je n'explique ce qui s'écrit qu'aux enfants et aux adultes dont la compréhension orale est suffisante : il serait déraisonnable d'expliquer chaque mot difficile ou ayant une connotation spécifique très symbolique à des enfants qui présentent des troubles de la compréhension consciente.

Voici le genre de quiproquos que l'on peut obtenir : Lucille, âgée de trois ans, refusait de se laisser prendre dans les bras par son père : « *Papa ne voit pas moi comme une fille guili-guili.* » A cette époque, le mot « *guiliguili* » n'était pas encore attaché au mot fœtus. Je lui répondis « Guili-guili, ça m'évoque l'affection et le jeu. Tu voudrais que ton père te fasse plus de câlins ? qu'il te chatouille et te fasse monter au plafond ? » La conversation se poursuivit et la petite fille rentra chez elle. Les jours suivants, Lucille répéta à plusieurs reprises à sa mère : « Elle est pas gentille, la dame, elle veut faire cogner ma tête au plafond, ça fait mal ! »

Un homme âgé passait par des périodes dépressives et des états confusionnels. Je relisais ce qu'il frappait pour sa fille et sa femme, présentes lors de la séance : « *Je suis pour moi fils mort car perte de ma mère est insupportable.* » Sa fille m'expliqua que sa mère était morte lorsqu'il avait douze ans. Mais mon patient n'avait retenu que les mots *« je suis mort »*. Il s'exclama : « Mais non, je ne suis pas mort. Je ne vais pas mourir, n'est-ce pas ? » *« Folie de vivre mort »*, ajouta-t-il en CF. Puis il commenta oralement : « Pourquoi vous avez dit folie ? Je vais devenir fou ? » Il reprendra plusieurs fois au cours de la séance le mot *« mort »*, souvent utilisé pour exprimer sa souffrance et son angoisse et, à chaque fois, il s'insurgera contre l'idée d'une mort prochaine : « Je vais pas mourir, hein ? »

La question de savoir s'il faut relire et analyser pour le patient ce qu'il a frappé m'est souvent posée. Il n'existe pas de règle en la matière. Chaque facilitant doit faire selon son intuition et les patients dont il a la charge. Chaque facilité fait ce qu'il veut de ses productions écrites. Elles lui appartiennent. Certains ne veulent pas se séparer de leur précieux trésor et le gardent dans leur sac. D'autres les partagent avec leur conjoint, un ami ou leur psychothérapeute. D'autres encore en font seuls une analyse poussée. Ils me renvoient alors leur texte annoté et commenté. Il semble toutefois que l'expression à ce niveau profond ait en soi une valeur thérapeutique. Je peux en effet citer des cas où je n'ai, pas plus que mon client, compris ce qu'il frappait, et où la psychophanie s'est montrée efficace.

Chacun sait combien les adolescents peuvent être en rébellion, à l'âge où ils voudraient pouvoir se passer de leurs parents, et où ils ont encore si besoin d'eux. Un jour qu'un de mes propres enfants, alors âgé de quinze ans, était particulièrement opposant et désagréable, je lui proposai de frapper. Il s'installa à côté de moi, non sans rechigner, et frappa tout le contraire de ce que son attitude laissait paraître : *« Je veux garder ta chance de graver des mots dans ta vie de maman délateur de ma vie. Tue la vie nourrie par dissidence. J'horripile vous, douceur de tâcher de faire changer ma vie, pardon d'être dur, folie c'est d'être vache avec vous. Va dire à mes parents que je vois famille comme faveur de moi.* » Je ne lui relus rien de ce qu'il avait frappé, il ne me demanda rien. Mais pendant les jours qui ont suivi, il fut gentil et prévenant. Il n'avait pourtant pas pris conscience de ce qu'il avait frappé. Peut-être aussi avais-je moi-même inconsciemment changé d'attitude, à la lecture de ce qu'il avait frappé ?

Lucille, la fillette de trois ans qui refusait que son père la prenne dans les bras, venait avec sa mère qu'elle refusait de quitter. Elle avait le plus grand mal à établir des relations avec son père qui en souffrait. Le début de la séance fut difficile : elle voulait garder son manteau et n'accepta de frapper que sur les genoux de sa mère, la tétine dans la bouche et son nounours serré contre elle. Elle chouinait et repoussait l'appareil tout en frappant : « *Fais changer changement de cas de fille.* » « Que veux-tu dire ? » « *Je suis un cas, cas dur dans la maison.* » Comme je lui demandai des explications, elle poursuivit : « *Cas d'être... va chez moi, vous devez m'obliger à dire tout. Je vais te dire. Vous travaillez très bien.* » Pourtant, en moi-même, je n'étais pas très fière du résultat. « *Facile de dire fragile d'être cas, je suis cas.* » « Mais de quel cas parles-tu ? » « *Va chez moi pour tâcher de comprendre, vas-y voir, change l'homme de maman.* » « Tu parles de ton père ? » « *Mon père est fâché contre moi.* » « Il n'est pas fâché, mais quand tu le repousses, il est triste. » « *Va changer moi et va changer cas fragile cas de vie.* » Le client suivant avait sonné à la porte. Lucille se détendit, poussa un large soupir de satisfaction et sourit : « *Je suis vite moins cas depuis maintenant.* » Elle sortit en sautillant de mon bureau. Je n'avais pas compris de quel cas il s'agissait. Le lendemain, la mère m'appela au téléphone. Le soir même, Lucille avait sauté au cou de son père lorsqu'elle l'avait vu, et le lendemain matin, elle était venue se glisser près de lui dans le lit pour lui faire un gros câlin et avait prononcé le mot « Papa ». Sa relation avec son père s'est transformée. Je ne saurai jamais de quel cas elle avait parlé.

Un état de conscience modifié

Le travail avec des personnes « normales » m'a beaucoup éclairée sur le fonctionnement de la CF. Celles-ci peuvent en effet commenter, expliquer, valider ce qu'elles ressentent par rapport à ce qui est écrit, alors que les personnes atteintes d'un handicap de parole ne peuvent le faire. Imaginez que je vous soutienne la main. Nous sommes côte à côte et je présente devant vous le petit clavier d'un organiseur. Vous regardez ailleurs. Vous laissez vagabonder votre esprit ou vous pensez à quelque chose. De toute façon, il vous sera pratiquement impossible d'influer sur le message que vous allez frapper. Le contenu de ce que vous écrivez n'a en effet que très exceptionnellement rapport avec ce que vous êtes en train de penser. Votre index appuie rapidement sur les touches et j'accompagne le mouvement de votre main. Je découvre au fur et à mesure les mots qui s'inscrivent et forment des phrases, plus ou moins structurées, dans un langage qui vous semble étranger. Vous ne prenez conscience de ce que vous avez frappé que parce que je lis au fur et à mesure les phrases qui s'inscrivent.

Le facilité est capable de poursuivre simultanément une activité mentale consciente et une activité mentale inconsciente parallèle, séparée de la première. La vigilance s'exerce alors à plusieurs niveaux. Aux enfants qui ont du mal à détacher le regard du clavier et cherchent à appuyer volontairement sur les touches, je donne un petit jouet qu'ils manipulent de leur main libre, un feutre pour gribouiller ou dessiner, ou encore un album à feuilleter. Cela permet de dériver leur attention consciente. Un de mes enfants apprenait sa leçon d'allemand pendant qu'il tapait avec moi. D'autres poursuivent un discours oral sans lien avec le contenu de ce qu'ils frappent. Dans ce cas, c'est le facilitant qui a le rôle le plus difficile, car il doit rester attentif et suivre les deux expressions concomitantes. Ce qui le met parfois dans la situation d'un interprète qui fait de la traduction simultanée.

Nous avons expérimenté, lors d'un stage de facilitants confirmés, la possibilité d'exercer la psychophanie en chaîne. Je faisais taper un des participants pendant que lui-même en faisait taper un autre sans aucun problème. Nous avons ainsi pu constater que nous travaillions alors sur des plans de conscience différents et parallèles. Cette « dissociation psychique » de la conscience est accessible également par d'autres procédés comme l'hyperventilation dans le *rebirth*[10], les états de transe chez les chamans, les rêves, la relaxation profonde, la drogue, l'hypnose ou la contemplation. Ceux-ci nécessitent toutefois une mise en condition : induction d'un état de relaxation, apprentissage ou entraînement plus ou moins intensif, musiques spécifiques, rites. En CF ou en psychophanie, le simple fait de tenir la main permet d'accéder à l'être intérieur. Aucune préparation psychologique ni physique n'est nécessaire. Les mots s'écrivent d'eux-mêmes, et le sujet reste parfaitement conscient de ce qui se passe autour de lui. L'attention flottante et la détente musculaire semblent toutefois favoriser la réceptivité des productions de

10. La technique du « rebirth » est utilisée pour revivre le moment de sa naissance.

l'inconscient. Je suis généralement assise à côté de mon patient et ne vois pas son visage lorsqu'il tape, car je dois suivre ce qui s'écrit sur le clavier de mon organiseur. Pourtant, lorsque je regarde des vidéos prises au cours des séances, j'ai l'impression que certains sont dans un état d'hypnose légère. Perle, une enfant « normale » de huit ans, a fait un dessin de la table sur laquelle nous travaillions, avec un petit organiseur posé dessus. Pour légende, elle a écrit : *« Je suis invisible et Madame Vexiau aussi. »* Elle avait probablement ressenti un état de conscience particulier lorsqu'elle avait frappé.

Le facilité peut frapper indifféremment en phase d'endormissement, les yeux fermés, ou en état de veille. Par contre, lorsqu'il s'endort, je ne sens plus aucune impulsion dans sa main. J'ai découvert cela avec une petite fille qui frappait en s'endormant dans les bras de sa mère. Son impulsion est devenue de plus en plus lente et légère et, à un moment précis, je n'ai plus rien senti et sa tête est tombée lourdement sur l'épaule de sa mère. J'ai éprouvé la même sensation avec une personne en phase d'éveil de coma : à un moment donné, je ne sentais plus rien dans la main. Si l'on voulait le vérifier, il ne serait pas difficile d'enregistrer ces phénomènes avec des EEG[11] classiques.

Au cours du dernier stage de facilitants confirmés, une personne volontaire s'est placée au milieu de la salle, et la vingtaine de facilitants qui l'entouraient avaient pour consigne de frapper simultanément, chacun sur son petit organiseur, les messages qu'ils recevaient d'elle. La mise en commun des éléments précis la concernant montra de nombreux points communs.

11. EEG : électroencéphalogramme.

Les conditions de la frappe consciente, liée à l'apprentissage, et celles de la frappe non-consciente, servant à exprimer des émotions profondes, sont différentes. Prenons l'exemple de Xavier, un adulte sourd de trente-cinq ans à qui j'apprenais à reconnaître des mots sur l'ordinateur. J'affichais des lettres en gros caractères, en lui demandant de recopier des mots, lettre à lettre, d'en mémoriser la séquence et de les mettre en correspondance avec un symbole. Avec beaucoup d'attention et d'application, il fixait alternativement le clavier et l'écran de l'ordinateur. Mais, lorsque je voulais lui faire faire de la CF sur l'ordinateur, il n'arrivait plus à se mettre en condition : il continuait à déchiffrer ce qu'il frappait et à corriger ses fautes, sans pouvoir détacher son regard des touches sur lesquelles il appuyait volontairement. J'ai donc remédié à cela en prenant l'habitude de changer de place au milieu de la séance pour le faire frapper en CF sur un petit organiseur. Il regardait alors automatiquement ailleurs et frappait des idées profondes. Mais comme il était sourd, il n'entendait pas le *feed-back* oral de ce qu'il écrivait et n'était donc pas forcément conscient de ce qu'il tapait. Au début, ce travail en CF ne semblait pas représenter grand-chose pour lui. Toutefois, il venait me voir avec grand plaisir, était d'une ponctualité remarquable et ne manquait jamais un rendez-vous, alors qu'il se faisait désirer partout ailleurs. Petit à petit, il a lui-même compris le système. Il suivait des yeux ce qu'il tapait sur la petite bande de papier imprimé, en extrayait des mots qu'il reconnaissait et se reportait dans un livre de la langue des signes pour en connaître le sens. Il était tout heureux de comprendre. C'est ainsi qu'il a développé un langage écrit spontané, alors que plusieurs années d'orthophonie spécialisée n'y avaient pas réussi. Du même coup, ses relations avec son père se sont considérablement améliorées, car ce travail l'a beaucoup valorisé aux yeux de celui-ci.

Chacun sait ce que l'autre sait

Le processus de la CF va bien au-delà de l'instrument. Il établit une relation d'être à être, comme si les cerveaux de deux individus combinaient leur mode de fonctionnement pour élaborer une production commune. J'ai en effet réalisé, petit à petit, que la CF offrait au facilité un moyen d'accès direct à toutes les connaissances du facilitant, et réciproquement. La CF repose sur un ajustement, un « accordage affectif » entre le facilitant et le facilité, que Daniel Stern[12] définit, en hypnose, comme « un phénomène non-conscient et sélectif de coordination interactive, où chacun sait ce que l'autre sait ». Toutes les informations sont en circulation libre, permanente et partagée entre les deux inconscients. L'un et l'autre n'en prennent conscience qu'à la lecture des productions écrites.

Lorsque quelque chose surgit en CF, on n'est donc jamais tout à fait certain que cela provienne de l'un ou de l'autre, voire, dans certains cas, d'une tierce personne. Il faut en être conscient et ne pas crier au miracle lorsqu'une personne handicapée mentale témoigne d'une érudition remarquable, ou qu'elle utilise un mot de vocabulaire savant qui n'est pas en rapport avec son âge ou sa culture. Le facilité a accès à toutes les connaissances de son partenaire, sans forcément les avoir enregistrées consciemment lui-même. En CF, la réponse à une question factuelle, comme un nom, une date, ou un événement précis n'est valable avec certitude que si le facilitant ne connaît pas

12. Daniel STERN, *Soigner par hypnose*, Paris, Ling, 1997.

l'information fournie par le facilité. Le contrôle des connaissances du facilité ne peut avoir de valeur que dans la frappe consciente. Dans ce cas, il est indispensable de lui demander de regarder le clavier, et de diminuer le plus possible le soutien moteur qu'on lui offre. Mais d'une façon générale, il faut considérer que toute réponse donnée par un sujet qui ne regarde pas le clavier et dont la main est soutenue par un facilitant peut provenir du savoir conscient ou inconscient de celui qui le guide.

L'apprentissage en CF semble se faire d'inconscient à inconscient, comme le constate le Dr Kaszuc qui parle de « transfusion du savoir » et de « greffe du subconscient ». Tout laisse en effet penser que la personne handicapée reprend à son compte la manière de raisonner et de penser du facilitant. Ce sont grâce à ces échanges invisibles que l'expérience se transmet. Lorsque le facilitant fait de nouvelles lectures, enrichit sa culture ou son savoir, le facilité se met très souvent à en parler, en ajoutant, comme a frappé un enfant : « *Tâche de lire d'autres livres merveilleux pour que je les connaisse.* » Le facilité a ainsi accès à toute la mémoire et à l'histoire du facilitant. Il est en lien direct avec tout ce que vit et ressent inconsciemment son partenaire de communication. Il utilise non seulement ses connaissances, mais aussi son vécu et son expérience pour émettre un jugement ou inventer une histoire. Cette dimension du transfert qui implique les structures originelles de l'esprit [13] et que Willy Barral appelle « le transfert archaïque [14] » semble négligée dans la psychanalyse classique.

Un très jeune enfant handicapé m'a raconté par exemple en CF une histoire de vampires fort bien cons-

13. Didier DUMAS, « L'imagerie mentale et l'identification », dans *Et l'enfant créa le père*, Paris, Hachette-Littératures, 2000.

14. Dans Françoise DOLTO, *C'est la parole qui fait vivre*, *op. cit.*

truite. Comme ses parents s'en étonnaient et ne voyaient pas comment il avait pu entendre parler de vampires, je lui en ai posé la question, et l'enfant a frappé que c'était moi qui avais regardé un film à ce sujet. Ce qui était exact. Il avait pris et utilisé tous les éléments clés d'un film que j'avais vu quelques semaines auparavant pour composer une histoire originale. En fonction de ce qu'il trouve inconsciemment chez son partenaire, le facilité peut s'élever à son niveau pour discuter de religion, de science ou de politique, en se référant aux connaissances de son partenaire pour donner son propre avis.

La façon dont Olivier a entrepris des études grâce à la CF est en cela exemplaire. Agé de vingt-quatre ans, Olivier est un autiste sévère dit « de bas niveau[15] ». Totalement mutique, il possède très peu d'autonomie personnelle. Lorsqu'il est stressé, il se mord légèrement le dos des mains. La démarche balourde, la tête un peu rentrée dans les épaules, il soutient difficilement le regard et a encore parfois tendance à se précipiter sur la nourriture sans contrôle. Lorsqu'il était enfant, il n'avait jamais pu être admis dans une classe intégrée TEACCH[16], car il n'avait pas le « niveau » requis. Lorsqu'il s'est mis, il y a

15. *Je choisis ta main pour parler*, *op. cit.*, chap. 20.

16. Le programme TEACCH (Treatment and Education of Autistic and Related Communication Handicaped Children) a été mis au point par E. SHOPLER il y a trente-cinq ans en Caroline du Nord et s'est répandu en France depuis une quinzaine d'années. J'ai été une des premières à en utiliser les principes, fournissant à mes patients des repères dans le temps et l'espace pour les aider à se structurer et anticiper. Par une éducation individualisée très progressive et une intervention active à tous les âges de la vie, ce programme aide véritablement la personne autiste à développer la meilleure autonomie personnelle possible et à s'intégrer au mieux dans la société. On peut regretter toutefois que la plupart des professionnels qui pratiquent le programme TEACCH veuillent garder l'exclusivité de la prise en charge des autistes et, sauf cas particuliers, refusent de prendre en compte la richesse cachée de la personne autiste. De ce fait, ils sont violemment opposés à la CF.

six ans, à pratiquer la CF, personne ne savait quel était son degré d'instruction. Sa mère l'a alors suivi pas à pas et encouragé sans cesse, jusqu'à ce qu'il rattrape son retard scolaire. En quelques années, il est passé du cours élémentaire à un programme de terminale qu'il a suivi avec sa mère dans toutes les matières, se faisant aider dans les matières scientifiques par des étudiants. Il a ensuite été admis en « auditeur libre » à la faculté de Limoges où il a suivi les cours de physique correspondant à la licence de sciences physiques : mathématiques, mécanique quantique, thermodynamique, électromagnétique, chimie, etc. Lui qui ne tenait pas assis quelques minutes est maintenant capable d'enchaîner sans problème deux cours d'une heure trente, quelquefois davantage lors des examens. Deux étudiants l'encadrent spontanément dans l'amphithéâtre et il est de mieux en mieux intégré et admis par ses camarades, même si la communication reste difficile.

Un de ses professeurs a dit à sa mère qu'elle aimait bien que son fils assiste à ses cours : après avoir fait une démonstration, elle le regarde. S'il sourit, c'est qu'elle s'est trompée. Olivier frappe avec sa mère, avec des étudiants qui se relaient auprès de lui et avec moi de temps à autre. Toutefois, il n'aborde pas les mêmes sujets avec chacun des facilitants. Ses professeurs, surpris au départ, lui ont très vite été favorables et ont privilégié son insertion. Olivier a voulu passer les examens. Certains de ses professeurs ont eu la gentillesse de transformer les questions en QCM[17], pour lui éviter de passer trop de temps à frapper l'intégralité des réponses sous forme de phrases, car le rythme de sa frappe, lorsqu'il est légèrement soutenu sous le coude, est encore très lent. Olivier a ainsi

17. QCM : questionnaire à choix multiples.

réussi ses examens de licence avec une bonne moyenne dans chaque matière, en faisant tous les calculs de tête. Il était facilité par des étudiants qui ne connaissaient pas les réponses, par sa mère ou sa sœur, et comme ces dernières sont loin d'avoir son niveau dans les matières scientifiques, on peut considérer que les résultats d'Olivier traduisent bien ses propres connaissances.

Olivier s'est inscrit, cette année, en maîtrise de sciences physiques. Il vient d'une famille de bûcheurs. Ses deux sœurs ont toujours très bien travaillé et ses parents attachent beaucoup d'importance aux études. Je me suis toujours demandé si beaucoup d'autres adolescents handicapés ne pourraient pas arriver à ces résultats avec un entraînement similaire. Certaines personnes handicapées lisent beaucoup, ont une grande culture et ont ainsi enregistré des connaissances sans que personne ne s'en doute. Cependant, il ne faut pas en conclure que tous les handicapés sont des génies, de grands philosophes ou des poètes. A ce niveau, la CF a plutôt tendance à montrer que nous le sommes tous. Ce qui ne retire en rien à la valeur intrinsèque des personnes handicapées.

Transmission de pensée

La myriade de questions qui se posent dès qu'on pratique la psychophanie en osant l'appliquer à tous se ramène, en réalité, à un phénomène unique : il existe un transfert d'informations inconscient continuel entre le facilité et le facilitant, qui permet à l'un de s'exprimer à travers l'autre. Ce transfert d'informations d'inconscient à inconscient est reconnu dans la clinique analytique de Françoise Dolto, ainsi que dans celle du transgénérationnel[18]. Pourtant, il ne s'agit de rien d'autre que ce qu'on appelle habituellement la télépathie. Or ce mot évoque l'univers suspect et sulfureux de l'occultisme et du paranormal et l'inconscient les eaux troubles de la psychanalyse. C'est l'emploi de ces mots qui, aux yeux de certains, rend la CF « non-scientifique » et fait fuir les plus cartésiens. Certains collègues préfèrent encore ainsi les éluder lorsqu'ils font une présentation de la CF, même si à l'heure actuelle, nous n'en possédons pas d'autre pour expliquer les soubassements de ce processus. « Je ne touche pas à l'inconscient, parce que je n'ai pas la formation pour cela », disent-ils. Or, en faisant de la CF, ils sont quotidiennement confrontés à des phénomènes de télépathie et touchent à l'inconscient comme Monsieur Jourdain faisait de la prose…

« Fermer les yeux n'empêche pas l'aurore de naître », disait un brahmane.

Les mots télépathie et inconscient m'ont longtemps fait fuir, ils m'ont rattrapée. Ils n'étaient pour moi que des concepts abstraits et inconsistants. Grâce à la CF, ils ont pris corps, je me suis familiarisée avec eux. J'ai l'impression en CF d'émerger peu à peu d'un magma énigmatique où tout pose problème dès que l'on refuse de prendre conscience de cette effervescence à l'intérieur de nous-mêmes et des liens qui nous relient à l'humanité.

Si en effet, les gestes, le regard, les mimiques, le toucher, servent autant que les mots de support à la communication consciente, on commence à imaginer la multitude d'informations qui passent en même temps entre deux individus par d'autres voies que la parole. Certains scientifiques se penchent de plus en plus sur ce qu'ils

18. La « psychanalyse transgénérationnelle » est celle qui prend en charge la transmission des traumatismes ancestraux au sein des lignées.

appellent l'intuition, le « sixième sens », décrit comme une « porte sur l'inconscient[19] ». Une bonne part des informations sensorielles captées par notre cerveau ne parvient pas jusqu'à notre conscience. Elles sont comparées automatiquement avec des situations rencontrées, ce qui permet au sujet d'en tirer profit même s'il n'est pas conscient de les avoir perçues, car ces perceptions « subliminales » influent sur nos comportements[20].

La CF est le révélateur de cette communication souterraine et secrète. Grâce à cette frappe accompagnée, les échanges inconscients remontent à la conscience, alors que la plupart du temps, ils restent inconscients. Ce qui ne veut pas dire qu'ils n'aient alors aucun impact sur le développement de la personnalité, bien au contraire. Ils en ont lorsqu'il y a discordance entre ce qui est perçu consciemment et inconsciemment, entre le dit et le non-dit. Pratiquée à un niveau profond, la CF ne se maîtrise pas davantage que l'inconscient. Elle louvoie, déterre des souvenirs enfouis, fantasme ou dit la vérité en faisant abstraction de la notion du temps et de l'espace. Elle est insaisissable, sauvage, déconcertante, imprévisible, bouleversante. Ou alors, ce n'est pas de la CF.

Dernièrement, lors d'une formation que je faisais en Suisse, je faisais frapper une collègue. Son discours était ponctué par la phrase *« petit oiseau est mort »* qui nous a intriguées, car elle n'avait aucun rapport avec ce qu'elle frappait. De retour à mon hôtel, je téléphonai à mon mari qui m'apprit que nous venions de perdre un petit neveu, Marius, le jour de ses trois mois, de la mort subite du nourrisson. Je fis alors le lien avec le petit oiseau, sans arriver à me convaincre du bien-fondé de cette association. Ce

---

19. « L'intuition, sixième sens et porte entrouverte sur le subconscient », *Le Monde*, 2 septembre 2000.
20. Voir en annexe « L'avis de scientifiques », p. 291.

n'est que lorsque j'ai vu les parents que j'ai eu la confirmation qu'il s'agissait bien de lui. La mère me raconta en effet que leur fille de six ans leur avait demandé ce que Marius était devenu et que, prise de court, elle lui avait dit qu'il était parti « comme un petit oiseau ».

Alors que j'ai besoin de ma machine pour connaître le message que m'envoie quelqu'un, les personnes mutiques semblent développer la capacité de percevoir de manière consciente la pensée des autres. Les dons de télépathie seraient liés à l'absence de langage, ainsi qu'un autiste l'a frappé : *« Pour lire dans la tête, il ne faut point parler facilement, tu as perdu la lecture dans la tête car tu peux parler. »* Certaines personnes qui parlent normalement disent qu'elles possèdent des dons particuliers et sont aussi capables de le faire. D'autres cultivent ces talents, notamment les parents des enfants mutiques. Personnellement, je ne sais jamais à l'avance ce que vont dire mes patients. Je crois posséder une certaine intuition, mais je n'ai aucun don paranormal de clairvoyance. Par contre, le travail intensif que j'ai réalisé en CF a fait que je sens sur quelle touche je dois appuyer. La frappe est d'autant plus rapide que j'ai une bonne connaissance du clavier. La succession des lettres s'impose à moi, parfois le mot, sans que je sache l'idée qui va s'écrire. J'ai besoin de regarder les lettres du clavier, mais je ne prends conscience de la pensée de mon patient qu'en donnant sens aux mots dont les lettres s'égrènent sur le clavier. C'est peut-être ce qui fait que « mon » langage en CF n'est pas aussi articulé et construit que ceux qui perçoivent la phrase dans son entier avant de la frapper. Je ne crois pas que, même avec de l'entraînement, je puisse arriver à percevoir l'idée de mon patient avant de la transcrire. Ce sont peut-être des résistances de ma part, mais, si l'éducation a aboli ces perceptions, il y a aussi une raison à cela. Que la CF permette de les capter à des fins thérapeutiques, sans que le facilitant ne connaisse la pensée de l'autre à tout moment, représente en fait une certaine sécurité.

Chaque facilitant peut faire l'expérience suivante : tant que ses yeux n'ont pas repéré la lettre sur laquelle le facilité doit appuyer, l'index du facilité reste en suspens, immobile. Lorsque les lettres sur les touches sont un peu effacées, que le facilitant ne porte pas ses lunettes ou qu'il n'est pas habitué à une présentation nouvelle du clavier, la frappe est plus lente et plus hésitante. Cela montre que le facilitant anticipe, sans même s'en rendre compte, ce qui va s'inscrire. Ce qui se vérifie lorsqu'on regarde travailler un facilitant tenant l'organiseur d'une main au lieu de le poser sur une table. On voit alors qu'il le déplace légèrement de manière à ce que l'index du facilité soit chaque fois bien positionné au-dessus de la touche sur laquelle il doit appuyer. Et lorsqu'on écoute le facilitant lire au fur et à mesure les mots et les phrases que tape le facilité, on s'aperçoit que certains sont toujours un peu en avance par rapport aux mots frappés. C'est le principe même de toute communication : on est sans cesse en train de chercher à deviner ce que son interlocuteur va dire et on anticipe sa réponse.

Il existe différents niveaux de décodage de l'information par le facilitant : certains attendent de sentir l'impulsion dans la main, d'autres savent sur quelle lettre ils doivent appuyer, pour d'autres encore le mot vient à l'esprit, ou même l'idée. Parfois c'est un mélange de toutes ces perceptions. Il faut toutefois faire extrêmement attention à ne pas confondre ce qui vient du facilité et ce que le facilitant pense lui-même. La différence est parfois subtile. Parfois, un mot me vient à l'esprit, et c'est celui qui s'inscrit. A d'autres moments, c'en est un autre. Si je suis dans le doute, je demande au facilité si c'était bien là ce qu'il avait voulu dire, et je le fais frapper de nouveau s'il dit non. Le facilitant ne doit pas continuer de pratiquer la CF s'il n'a jamais de validations, c'est-à-dire d'informations que lui donne le facilité et qu'il ne pouvait connaître, et s'il ne constate pas un mieux-être chez lui ou ses proches.

J'ai reçu récemment le courrier de la mère d'un garçon autiste, Paul, âgé de neuf ans. Lorsqu'il en avait trois, elle a réalisé qu'il cherchait à former des mots sur une feuille, alors qu'elle essayait de le faire peindre. Depuis, elle a rempli avec lui, l'aidant à tenir le stylo, sa main posée sur la sienne, de nombreux cahiers d'écriture qui révèlent des réflexions, une connaissance, un vocabulaire et une finesse d'esprit sidérants pour son âge. Paul semble pouvoir intercepter les pensées de ses parents et leurs conversations, même lorsqu'il n'est pas avec eux. Aujourd'hui, il n'a plus besoin de facilitant, sa mère reçoit ses pensées avant même de les coucher sur papier. Elle a souhaité me livrer son témoignage, car elle savait qu'elle ne rencontrerait pas le scepticisme, l'incrédulité et l'incompréhension qui blessent Paul profondément.

Cette lettre était accompagnée d'un témoignage de Paul lui-même, « dicté » à sa mère :

« *Ceci est mon très très grand adieu à l'écriture TMPP*[21]. *Car je parle en moi-même. Ma mère a suffisamment travaillé pour me comprendre en elle-même. Je vous arrête dans votre culte de la main. On a des atomes très crochus avec les mains, mais je ne suis pas allé plus loin dans l'expérience, car je suis obligé de communiquer plus vite pour sauver mon état d'autisme plus vite. Je peux te parler en tête, ma mère, tu n'as pas besoin de me parler dans le cahier ni l'ordinateur. Parents,*

21. TMPP : sigle de l'association « Ta main pour parler », créée pour la promotion de la CF. Paul parle de l'écriture TMPP pour désigner la CF.

écoutez vivre chaque enfant de nos contrées, vous les entendrez s'exprimer dans la rue de vos cerveaux. Il vous donnera la liberté de son être. Parlez-moi en tête et écoutez-moi : je suis normal en tout sauf dans le tournant des admissions des mots en leur intégralité alphabétique. Mes amitiés, et oubliez l'apparence, contactez l'intérieur vocal.

Parlé : Paul Aussant le roi des mots sans royaume[22]. »

Le principe de la CF dérange parce qu'il met en jeu la télépathie sous toutes ses formes. Il me paraît important de le savoir, de le reconnaître et de l'étudier, plutôt que d'adopter la politique de l'autruche, qui engendre des incompréhensions souvent beaucoup plus catastrophiques. Contrairement à ce qui s'est passé dans d'autres pays comme les États-Unis et l'Australie, la CF n'a pas défrayé la chronique par des procès en lien avec la CF. Mes collègues formateurs et moi-même encourageons toujours les facilitants à rester très réservés par rapport au crédit qu'ils accordent aux informations factuelles fournies en CF. Nous enseignons le discernement quant à l'utilisation des productions écrites. Reconnaître les phénomènes d'influence inconsciente, c'est être averti et lucide, ce qui permet d'avancer en CF sans appréhension, mais avec prudence. Car il faut alors surtout considérer les progrès, immenses pour certains, réalisés par ceux qui pratiquent la CF et la psychophanie.

Rémy Chauvin m'a écrit, après la publication de mon premier livre, une lettre qui m'a fait chaud au cœur. Je lui rends hommage d'avoir soutenu ses théories sur la télépathie, malgré toutes les oppositions qu'il a pu rencontrer dans son domaine professionnel, et le remercie pour son humour inébranlable :

---

22. Paul AUSSANT, *Un gars qui en disait long*, suivi de *La devinette à deux branches* (7 € pièce). Deux petits livrets désopilants et émouvants à commander aux Éditions Presses Bytères, 14350 Campeaux.

« Madame, je viens de lire votre livre *Je choisis ta main pour parler*. Je suis bouleversé. Je suis un très vieux professeur de psychophysiologie, toute ma vie intéressé par le paranormal, ce qui m'a valu quelques ennuis que j'ai eu la chance de surmonter. Mais j'ai beaucoup travaillé avec les Américains et je fais partie de la Society for Scientific Exploration groupant des hommes de science uniquement, par exemple le président de la Société astronomique des États-Unis. Nous nous intéressons bien sûr à la télépathie, mais après plus de cinquante ans d'études modernes sur le sujet, nous sommes très loin derrière vous. Pour le moment, ça bouillonne encore trop dans mon vieil encéphale. Je n'en reviens pas. Nom d'un chien, vous êtes tombée sur une mine d'or. On va se remettre à votre école. Toutes mes félicitations. Ce n'est pas tous les jours qu'on voit s'ouvrir les portes d'or de la science. Évidemment, ça va vous attirer beaucoup d'ennuis de la part des fanatiques sceptiques (je les appellerai des faux sceptiques parce qu'ils ne croient qu'à eux-mêmes, mais on me reprocherait le calembour trop facile...). Courage et bravo[23] ! »

D'autres lettres ont suivi, toujours aussi pleines de verve, et grâce à la revue qu'il dirige aux États-Unis, mes recherches vont commencer à être connues là-bas, par l'intermédiaire de l'excellente journaliste Marie-Thérèse de Brosses[24].

En CF, les informations ne parviennent à la conscience que lorsqu'elles ont été tapées. Il s'agirait donc d'une « télépathie inconsciente », d'une forme de « médiumnité » qui s'opère sans que le facilitant possède de dons particuliers. Et c'est peut-être là, m'a dit Rémy Chauvin, que réside la plus

23. Rémy CHAUVIN, correspondance personnelle.
24. Auteur notamment de l'article sur la CF : « Le cerveau, des possibilités insoupçonnées », *Nouvelles Clés*, n° 14, été 1997.

grande découverte : la télépathie serait une capacité inhérente à l'esprit humain, puisque, en effet, la facilitation est à la portée de personnes qui, comme moi, ne présentent au départ aucune disposition pour la télépathie.

Le facilitant entre en résonance avec son patient pour l'aider à nommer son propre ressenti. En psychanalyse, on connaît bien cette relation que l'on appelle transférentielle, qui désigne le lien affectif fort reliant l'analyste à son patient. Il en est de même en CF, où la relation repose sur un dynamisme d'amour, une force constructive qui passe de l'un à l'autre. A ce niveau, la CF s'apparenterait donc à la psychanalyse, avec un avantage non négligeable, celui de toucher immédiatement aux problèmes cruciaux. Il n'est pas nécessaire en CF ou en psychophanie de faire des interprétations symboliques qui peuvent être sujettes à caution, lorsqu'elles sont réalisées par des personnes non formées qui croient détenir un savoir. Les productions écrites sont un produit fini. Il n'est pas nécessaire d'en décortiquer les éléments ou de les associer pour leur trouver un sens. Les mots parlent d'eux-mêmes. Il suffit de les lire pour qu'ils prennent place dans la conscience et de poser des questions pour en préciser le sens.

Un autre problème intervient parfois : celui des interférences qui sont une des conséquences de la télépathie. Le facilitant est en quelque sorte une antenne réceptrice et émettrice. Selon la longueur d'onde sur laquelle il est branché, son inconscient peut capter des messages à distance qui s'immiscent dans le discours. Il est parfois difficile de distinguer ceux qui proviennent du patient, des observateurs qui assistent à mes consultations pour se former ou de mon inconscient. Par exemple, Perle, une fillette « normale », frappait en présence de sa mère, psychothérapeute, et de deux psychanalystes. Tout à coup, son discours en psychophanie n'eut plus rien à voir avec ce qu'elle était en train de taper : *« Pourquoi vilipender l'hôpital dans choix de vie ? Solution c'est de faire taper les malades. »* Il se trouvait que je venais justement de faire frapper une personne en éveil de coma et que cela n'avait pas été une mince affaire de la faire venir à mon cabinet. Sans doute parlait-elle de cet épisode. Je lui demandai de qui elle parlait. Un des deux psychanalystes intervint : une de ses amies était à l'hôpital et se mourait d'un cancer. Elle ne pouvait plus parler, mais avait quand même réussi à faire comprendre qu'elle voulait qu'il vienne la voir. Il allait acheter un organiseur pour communiquer avec elle.

– Est-ce que tu percevais la pensée du monsieur ? lui demandai-je.

– *Hilarant de choper solution en lui. Famille râle contre toi, fou d'être gommée par toi de l'amour de vous pour moi.*

La famille, en l'occurrence sa mère, était sans doute mécontente de voir que les deux hommes étaient trop prégnants dans la pensée de la fillette. Celle-ci poursuivit :

– *Bourre l'homme de vol de pensée de vacheries, vite fais-le faire changer de métier. Je vise à changer de vie avec toi et si minute de vie* (CF) *ment, je ne peux plus changer.*

– C'est ton doigt qui ment ?

– *L'homme ment. Il vise moi pour courir chanter avec lui.*

– Je ne comprends pas !

– *Vous tamisez ce que j'écris.*

– J'essaie de comprendre, surtout !

Certaines personnes possèdent des dons pour capter la pensée des autres autant que pour s'introduire dans la leur. Au travail quotidien avec leurs analysés ou facilités, les psychanalystes, tout comme les facilitants, doivent vraisemblablement développer, malgré eux, des facultés médiumniques. La mère n'accepta plus jamais la présence de stagiaires aux séances.

Je sens très vite la présence de ceux qui cherchent à s'introduire volontairement dans la pensée de mes jeunes clients, car, curieusement, ils sont le plus souvent rejetés comme étant trop intrusifs. Mes jeunes patients les traitent de *« soupe de gorille »* ou de *« voleurs de pensée »*. Ce sont eux qui me mettent la puce à l'oreille, par leur attitude ou leurs écrits en CF, car personnellement, je ne perçois rien de plus que tout un chacun. Ce fut, par exemple, le cas d'Éléonore, une jeune fille autiste, totalement mutique, qui avait ressenti comme une ingérence le désir très fort et pourtant généreux qu'une personne avait de la guérir. Sans doute avait-elle perçu une inadéquation entre la volonté de cette personne et sa propre capacité à évoluer. La personne était présente dans la pièce. Tout à coup, Éléonore se figea, la tête légèrement renversée en arrière, le regard dans le vague, immobile, tout entière « à l'écoute » de la personne qui lui parlait intérieurement. Elle n'entendait plus rien de ce que je lui disais. Cela dura plusieurs minutes qui me parurent longues. Lorsqu'elle revint à elle, elle frappa :

– *Je pense à la dame et elle m'oblige à penser à elle, fais vite sortir la dame. Liberté d'être vache avec elle m'intéresse, je vais mille fois noyer ta dame. Gâchis d'être cachée dans ma vie comme elle fait.*

La dame en question proposa de sortir, ce qui m'évita de lui demander de le faire. Elle en profita pour aller fumer une cigarette dans la rue.

Je poursuivis avec Éléonore :

– Tu crois que guérir est impossible ? Ne penses-tu pas que des choses peuvent radicalement changer en toi ?

– *Non, je vais te dire, l'autisme est bien sûr une maladie qui change la personne en vie malheureuse et la dame va changer ma vie d'autiste en vie malheureuse d'être autiste sans pouvoir changer.*

– Tu sens que tu as tes propres limites ?

La jeune fille s'arrêta de nouveau subitement de frapper et ne bougea plus du tout. Elle reprit la même attitude que quelques instants avant, très caractéristique. Toute tendue vers le message qui lui était transmis (la dame confirmera qu'en fumant sa cigarette, elle lui parlait mentalement), Éléonore était dans un état de réceptivité étonnante, dans un ailleurs inaccessible. Sa mère ne l'avait jamais vue comme cela. Pour ma part, c'était la première fois que j'observais un tel phénomène.

Au bout d'un moment, et après plusieurs sollicitations sans effet, j'arrivai à la sortir de son état.

– Que t'arrive-t-il ?

– *Je m'interromps à cause de palabres de liberté avec la dame.*

– Tu continues à lui parler alors qu'elle est dehors ?

– *Oui, elle m'oblige à parler de vie morte, garde-moi avec toi. Vois-tu maladie m'a fait obliger d'être morte et je cherche à vivre mieux. Si on m'oblige à vivre morte, je vais tâcher de mourir librement. Je vais l'envoyer promener ailleurs. Moi, je t'avertis que si elle vient, je vais tâcher de ne plus venir.*

– Est-ce que la présence des autres stagiaires te dérange de la même manière ?

– *Pire celle de la dame.*

– Pour te reposer, nous allons mettre un peu de musique. (La cassette refuse de se mettre en route.) Décidément, dis-je en riant, il se passe des choses bizarres aujourd'hui !

– *La musique va marcher si tu appuies sur le mot marche... Bol* (chance) *d'être ici, fais vivre moi, tâche de voir moi comme une tache de lumière sur ton mur.*

– C'est exactement comme ça que je te vois. Une tache de lumière qui s'agrandit sur mon mur. Veux-tu qu'on dise à la dame de rentrer ? Elle a sonné.

– *Non, avise-la de partir de là. Vache d'être achetée par elle comme si j'étais à vendre. Bavarde avec moi de la dame. Vache d'être moi, si elle vient, je vivrai fantasme d'être normale. Je vais t'avertir que si elle voit toi plus souvent, je vais mourir de peur pour toi.*

– Ne t'inquiète pas pour moi !

J'avais constaté l'impact de cette communication à distance sur le comportement de ma patiente. La pensée profonde de « la dame », projetée vers ma patiente, me faisait mieux comprendre comment la prière pouvait atteindre son destinataire. Cette idée fit son chemin, et c'est avec beaucoup d'intérêt que je lus un article étonnant, paru le 8 octobre 2001 dans *Le Quotidien du médecin* et intitulé « Le pouvoir de la prière, même à distance ». Dans un service de fécondation *in vitro* en Corée, des chercheurs ont mené à bien une étude rigoureuse : 199 femmes, de vingt-six à quarante-six ans, avaient été vues à l'hôpital pour une fécondation *in vitro* avec transfert d'embryon, entre décembre 1998 et mars 1999. Elles avaient été classées selon un certain nombre de variables en deux groupes, l'un d'eux bénéficiant de prières par intercesseurs. Ces femmes ne savaient pas qu'elles faisaient partie de l'étude. Les chercheurs ont alors demandé à des membres de diverses Églises chrétiennes de prier pour augmenter les taux de grossesse. Les personnes qui priaient pour les femmes résidaient aux États-Unis, au Canada et en Australie, et ne possédaient que leur photo. Les Américains ne savent pas expliquer les résultats stupéfiants qu'ils ont obtenus : le taux de grossesse a doublé, passant de 26 % à 50 %.

Le dialogue des inconscients

Indépendamment des informations qui remontent à la surface et dont le facilité ou le facilitant prennent conscience en lisant les écrits, la CF objective un dialogue d'inconscient à inconscient qui échappe totalement aux deux et dont ni l'un ni l'autre ne connaissent la teneur. « *Ta décision est bonne* » attaqua une cliente en début de séance. Je n'avais encore rien dit. Une autre fois, alors que je mettais toute mon ardeur à comprendre une tirade assez ardue et complexe qu'une adulte venait d'écrire, celle-ci a frappé : « *Youpi ! Vous avez trouvé ! Lumière se fait, je lis en moi comme dans un livre.* » Consciemment, je n'avais rien saisi et elle non plus. Nous n'avons jamais su le fin mot de l'histoire. « *Je ris parce que tu n'as rien compris* », a tapé un de mes enfants, ce qui a déclenché un fou rire de part et d'autre. Consciemment, il n'avait en effet aucune idée de ce dont il m'avait parlé et que j'avais tant de mal à comprendre. « *La CF outrepasse ses droits* », a frappé un adolescent. Mon inconscient aurait-il cherché à savoir une information qu'il n'était pas prêt à livrer ? Il arrive également que mes patients me fassent aussi prendre conscience de mes résistances et de mes peurs : « *Pourquoi fuyez-vous ? Vos peurs sont infondées, doutes réussissent à mourir en vous.* » Les jours où je suis un peu découragée, ils frappent : « *Ne démissionne pas.* » J'ai aussi parfois des demandes d'informations complémentaires sur un sujet qui ne concerne pas du tout mon patient : « *As-tu sorti petit d'autorisation de mort ?* » Enfin, il arrive que ni le facilitant ni le facilité ne comprennent le sens du contenu des productions, ce qui ne nuit pas au travail, car c'est le dialogue d'inconscient à inconscient qui semble efficace sur le plan thérapeutique.

Un homme commença à m'expliquer en psychophanie les sévices qu'il avait subis tout bébé. Les mots étaient poignants : il parlait de *« menottes »*, de *« déchiquettement »*, de *« tronc séparé des membres »*. Il poursuivit : *« Vu renâcler vous. »* Consciemment, je souffrais avec lui et supportais les mots dont je savais qu'ils pouvaient le libérer, mais il est fort possible qu'au fond de moi, je rechignais à découvrir plus de détails sordides. La CF représente un partage, un ressenti commun où chacun éprouve de l'intérieur ce que l'autre éprouve, sans forcément le percevoir consciemment. *« Je pleure au fond de vous »*, a frappé un jeune autiste. Les fortes turbulences qui apparaissent sur le chronospectrogramme[25] au cours de la séance de psychophanie enregistrée par le Pr Haffelder[26] montrent que, en tant que facilitant, je prends en moi toutes les émotions fortes que m'envoie le facilité. Pourtant, je n'en suis pas consciente. Ce qui est une chance, car si j'éprouvais la souffrance de mes patients, je serais submergée par l'émotion et épuisée à la fin de chaque journée de travail. C'est sans doute ce qui me permet de rester sereine et disponible. Cela ne m'empêche pas d'éprouver une forte compassion et beaucoup d'empathie à l'égard de mes patients, sans lesquelles il me serait impossible d'être thérapeute. Certains collègues ressentent parfois plus intensément que moi la douleur physique ou morale de leurs patients. Ils sont plus vite fatigués et éprouvent le besoin de se ressourcer entre chaque patient.

La capacité de l'être humain à transmettre par la pensée une sensation, une émotion ou un sentiment est une grande richesse : il m'arrive de m'imprégner volontai-

25. Le chronospectrogramme présente sous une forme à trois dimensions le spectre des fréquences émises successivement par le cerveau.
26. Directeur de l'Institut de recherche sur la communication et le cerveau de Stuttgart (voir annexe).

rement d'un beau paysage ou d'un sentiment de paix et de plénitude. Je l'enregistre par toutes les cellules de mon corps et les pores de ma peau, car je sais que cette émotion pourra se propager chez mes patients. « *Tu dois faire foutre en l'air l'apparence de pâle fille* », a frappé une jeune fille toute menue, en fauteuil roulant, qui ne pouvait faire aucun exercice physique volontaire. « *Gym de toi fait pouvoir fournir des couleurs à moi.* » C'est la vie même du facilitant qui est immédiatement perçue par l'inconscient du facilité, et réciproquement, sans qu'aucune intention consciente de communiquer ne soit nécessaire. Je suis impressionnée en imaginant combien la transmission affective entre les hommes est forte, avec le corollaire suivant : si l'amour et la joie se transmettent sans mots, il est vraisemblable que la haine et la tristesse aussi…

Le facilité déplace inconsciemment sur le facilitant les liens d'amour qu'il a tissés avec ses proches : c'est le mécanisme du transfert mis en évidence par Freud. Toutefois, je n'imaginais pas combien les relations de filiation pouvaient être complexes et subtiles. Il n'est pas toujours facile de s'y retrouver. « *Choisir de t'affilier à moi est joie, culot d'être ma fille* » a frappé une adulte en psychophanie dont la fille présentait, comme elle, des difficultés pour accepter son corps. Et quelques lignes après : « *Affilie-moi à vous, hulot* (comique) *de choisir moi comme fille, je suis fille de vous.* » Décontenancée, je lui demandai si elle me prenait pour sa fille ou pour sa mère. Elle frappa : « *Je ris de ta confusion, je t'affilie à moi, arriverai-je à avoir une fille réussie ? Je vagis*[27] *peut vouloir dire que je suis ton enfant.* »

Dans l'exemple suivant, ce n'est plus la relation mère-fille qui est abordée, mais la relation père-fils. Un enfant polyhandicapé de sept ans a frappé : « *Je suis mutant. Je*

27. Les vagissements sont les cris du nouveau-né.

deviens d'émotion père de vous. Tollé si je deviens votre père. […] Urgent d'être fâché contre vous. Père se fâche, car vous ne guidez pas les enfants vers cadavres des morts, car la vie vient des morts. » Ou encore : « *Mari de vous est-il sec d'amour pour cadavre de fabrication d'enfant nu ?* » Il s'agissait d'un enfant qui avait été complètement désinvesti par son père, pendant la grossesse, et avait souffert des violents conflits entre ses parents. Je lui expliquai que mes propres enfants avaient eu la chance d'être désirés et aimés pendant qu'ils étaient dans mon ventre. « *Je regagne ton vase de vie* (utérus) *agrémenté d'amour pour enlever sécheresse d'amour* », a-t-il alors ajouté.

Une rencontre créatrice

> « *Comme les molécules dont le rapprochement fait jaillir des propriétés assoupies, les humains, par leur rencontre, se fécondent, s'achèvent et l'association nécessaire à la multiplication de leur race n'est que l'ébauche inférieure et très pauvre des épanouissements qu'engendre le commerce de leurs âmes*[28]. »
>
> Pierre Teilhard de Chardin

J'ai fait un rêve qui m'a amusée : j'avais enfin trouvé l'équation qui permettait d'expliquer la CF : « Zéro + zéro = la tête à Toto. » Je me voyais, comme lorsque j'étais gamine, tracer un premier *zéro* pour figurer un œil, le signe *plus* pour le nez, un autre *zéro* pour l'autre œil, *égal* pour la bouche, et j'entourais le tout d'un cercle, *la tête à*

28. Pierre TEILHARD DE CHARDIN, « La vie cosmique », *Écrits du temps de la guerre, op. cit.*

Toto. La signification de cette équation onirique, dont je n'avais vu, au début, que l'aspect humoristique, m'est apparue progressivement. Elle représente bien ce qui se passe au niveau de la communication entre deux individus.

« L'activité mentale ne "prend corps" ou ne commence à exister que dans le "Deux", c'est-à-dire dans la relation unissant deux êtres, et non dans l'une ou l'autre des deux personnes qui communiquent et se parlent. La communication n'existe pas dans le "Un". Elle transgresse obligatoirement les frontières de la peau et de la personne. Si nous n'étions pas des individus communautaires, si l'homme pouvait exister tout seul, sans les autres, c'est-à-dire dans le "Un", l'activité mentale n'existerait pas. De la même façon que les cellules du corps forment un organisme total, la psyché fait de l'humanité un corps commun. Elle n'existe pas dans notre identité physique, elle n'existe que dans le "Deux", la relation unissant deux personnes [29]. »

Le dialogue affectif et cognitif des inconscients conduit à une mise en commun des expériences mentales. Le facilitant est bien plus qu'un scribe qui écrit sous la dictée. C'est un leurre d'imaginer qu'il est un canal à parois lisses à l'intérieur duquel est véhiculé le message du facilité, totalement préservé dans son originalité et son intégrité. Les parois de ce canal sont poreuses et perméables. Il se réalise à tout instant une osmose grâce à laquelle chacun s'enrichit de tous les échanges qui passent au travers.

C'est donc non seulement avec l'autre que la personne se construit, mais aussi par l'autre et même en l'autre, comme l'expriment les patients qui frappent : « *Gramme de vie en*

---

29. Didier DUMAS, « Témoignages et questions », *Bulletin TMPP*, n° 17, juin 2000. Voir également *La Bible et ses fantômes*, Paris, Desclée de Brouwer, 2001.

vous va finir de germer et rentrer en moi », ou : « *La vie s'insuffle de toi à moi, comme un giratoire, un tourbillon de vie.* » Ces termes rejoignent la notion d'« échange circulaire continu » qui existe entre une mère et son nourrisson[30] ou celle de « spirale interactionnelle » de Boris Cyrulnik[31].

Une autre illustration de la théorie de la CF illustrée par la « tête à Toto » nous est donnée par Harold Searles à propos du contre-transfert. C'est dans la profondeur de ces échanges inconscients, par rapport à l'autre, en symbiose, que l'interaction thérapeutique est la plus importante : « Dans la relation qui implique une symbiose, nous fonctionnons en termes de pouvoir de nous créer l'un l'autre. [...] Pour atteindre les niveaux les plus profonds de l'interaction thérapeutique, le patient et le thérapeute doivent tous les deux vivre une rupture temporaire des limites du moi qui séparent chaque participant de l'autre. [...] Si le thérapeute n'accepte pas d'entrer dans le monde du patient, il empêche, par une sorte de réaction en retour, le patient d'entrer dans le sien, et donc d'accéder à la guérison[32]. »

Dans la préface de mon premier livre, le Dr Denis Rybas parlait de « chimère », au sens mythologique du terme, pour expliquer le processus de la CF. Deux personnes œuvrent conjointement pour créer ensemble. La CF est un espace de rencontre où l'on assiste à l'interaction et l'activité conjointe de deux psychismes, de deux forces qui entrent en résonance, de deux âmes en corps à corps, en « cœur à cœur ». Les productions écrites semblent être la résultante des consciences intriquées du facilitant et du facilité, l'une étoffant l'autre, les deux s'enrichissant mutuellement. Est-ce la réalisation du phé-

30. A. SPITZ (voir annexe).
31. Boris CYRULNIK, *Les vilains petits canards*, Paris, Odile Jacob, 2001.
32. Harold SEARLES, *Le contre-transfert*, Paris, Gallimard, 1979.

nomène qu'avait pressenti Teilhard de Chardin, lorsqu'il parlait du « commerce des âmes » ?

Le climat affectif et les émotions ressenties par le facilitant sont un puissant moteur pour la construction de l'identité de son patient. C'est en se frottant à ce que l'autre ressent en profondeur que se construit la personnalité. Le facilitant doit accepter que la réciproque existe. Cette influence n'est pas une manipulation consciente de l'un ou de l'autre. C'est un flux vital qui se transmet entre les personnes et permet de se construire mutuellement. C'est ce qui fait de la psychophanie bien plus qu'une technique, une rencontre créatrice entre deux êtres.

La CF ne peut s'effectuer et être efficace que grâce à cette relation intense entre le facilitant et le facilité. Il est totalement illusoire de vouloir supprimer les échanges inconscients qui circulent entre les deux. Le facilitant ne peut pas plus faire abstraction de ce qu'il est que de ce qu'il sait ou de ce dont il est porteur, voire de ceux qui agissent à travers lui. Aucun facilitant ne peut, grâce à un travail sur lui-même, empêcher toute influence. D'ailleurs, faut-il éviter cette influence ? Existe-t-il une relation humaine qui ne soit pas soumise à influence ? La liberté n'est-elle pas, pour le facilité qui prend conscience de ce qu'il a frappé, de pouvoir accepter ou refuser ce qui s'est écrit ? L'influence est la condition de la liberté humaine[33].

33. François ROUSTANG, *Influence*, Paris, Les Éditions de Minuit, 1990.

II

PRISE EN CHARGE EN PSYCHOPHANIE

1
L'enfant en résonance avec ses parents

Je ne sais pas aider un enfant sans impliquer ses parents. Quel que soit son âge, un enfant est en interaction inconsciente permanente avec ce que vivent ses parents, même s'il est éloigné d'eux, s'il ne les a pas connus ou s'ils sont décédés. Il est fréquent que l'enfant se plaigne de ne pas pouvoir prendre appui sur ses parents, car il ne les sent pas assez solides : *« Grâce à maman je vis heureux, mais ciment* (le roc sur lequel on se construit) *coule. »* Les parents m'amènent souvent leur enfant pour un problème qui se révèle être causé par les difficultés qu'ils éprouvent eux-mêmes, sans pouvoir les formuler.

Un enfant est façonné sur plusieurs générations. Il est modelé, imprégné de l'existence de ses parents, de leurs ressentiments, désirs ou fantasmes. Malgré eux, les parents lui ont tracé une vie que le langage de CF qualifie de *« nordique »* (qui ne perd pas le nord) ou qui les *« déboussole »*. Par son attitude, son agitation ou son apathie, sa réserve ou sa violence, par ses petites blessures ou ses maladies, l'enfant, même à l'âge adulte, renvoie, en écho à ses parents, leur tristesse, leur dépression, leurs traumatismes affectifs, leurs deuils. Il n'est donc pas rare que je sois amenée à faire la thérapie des parents à travers celle de leurs enfants. Les progrès des uns rejaillissent sur les autres, chacun prenant conscience de tout ce qui a fabriqué peu à peu les symptômes, et reprogrammant en esprit ces moments douloureux afin que l'évolution familiale reprenne un cours harmonieux.

C'est à chacun de trouver son chemin de « guérison ». Je ne suggère généralement pas de solutions à mes clients et encore moins de recettes. Il semble plus efficace de les laisser être eux-mêmes les acteurs de leur guérison. La plupart du temps, ils ne s'attendent nullement à ce qui va sortir en psychophanie. Il existe souvent un conflit entre le « moi » conscient et le « moi » non-conscient. Le sujet lutte alors pour devenir autre que lui-même. La psychophanie aide le sujet à se relier à son moi profond et permet de parvenir à une unité intérieure en chassant la *« cacophonie »* en lui.

C'est ainsi que Sophie, une fillette de dix ans, m'avait été amenée par sa mère psychologue qui avait fait un stage avec moi. Elle la trouvait tristounette, peu confiante en elle et mal dans sa peau. Fréquemment angoissée, elle se laissait facilement déborder par ses émotions.

– *Change ma voisine*, a-t-elle commencé.

– Tu parles de ta voisine de palier ?

– *Non.*

– D'une camarade d'école ?

– *Non.*

– Qui est cette voisine, alors ?

– *C'est moi. Sortir de moi est voulu. Je suis voulue pour devenir moi et ma voisine me fait être autre. Jette-la dehors. Circonstances font que la perte de voisine va changer moi.*

– Décris-moi ta petite voisine qui vit à l'intérieur de toi.

– *Jamais elle est contente, elle est cafardeuse. Prière de voir moi comme une réussite et pas comme l'amie de voisine.*

Lorsqu'un enfant s'exprime en psychophanie, je ne cherche pas à le comprendre en fonction d'une symbolique générale qui en donnerait trop vite la clé et risquerait de m'induire en erreur. Je ne fais aucune interprétation de type analytique des expressions métaphoriques que génère la frappe. Quelles que soient les manifestations de la souffrance de mes patients, j'oriente le moins possible les questions, sans préjuger des réponses. Je suis en attente, confiante. Je sais que les idées qui me traversent entraînent des risques de suggestion. Je m'efforce donc d'imaginer le moins possible ce qui va se dire.

Les connaissances livresques que j'ai acquises en psychologie ne m'ont jamais été d'un grand secours. Je ne donne des conseils de mon propre cru que très rarement. Aucune solution toute faite ne peut être plaquée sur qui que ce soit. Dans certains cas, les explications que donnent les enfants de leurs troubles en psychophanie rejoignent celles de la psychanalyse (complexe d'Œdipe, angoisse de castration, phénomènes de répétition, de régression, identification à un mort, etc.), mais il arrive aussi qu'ils en proposent une que je n'aurais pas moi-même imaginée. Mon attitude est plutôt passive. Je laisse agir. Mon rôle conscient consiste à expliquer ce que je comprends, à vérifier le sens des productions écrites, à poser des questions qui le précisent. Je n'ai aucun besoin d'échafauder des explications, car la personne exprime elle-même les émotions profondes qui sont à la source de ses troubles.

Je sais toutefois que mon inconscient est, lui, en pleine action, et qu'il peut influencer les productions écrites malgré moi. Sans doute est-ce bien ainsi, puisque dans la plupart des cas, mes patients se sentent mieux. Ils savent y piocher ce qui peut les aider. En utilisant le vocabulaire que les autres patients ont créé, l'inconscient de mes patients a accès simultanément à toutes les démarches thérapeutiques que les autres ont réalisées avec moi. Ils lisent en moi et choisissent parmi les *« rituels »*, comme ils disent en CF, ceux qui conviennent le mieux à leur situation. De manière instantanée, leur inconscient puise dans ces ressources, les analyse, les compare et se les approprie. Ils n'ont bien souvent qu'à suivre un chemin tracé. C'est ainsi qu'une cliente a frappé : *« Rituel de se réconcilier avec sa mère chez toi, je veux le faire aussi. »* Et je suis la première étonnée de voir que le travail des uns puisse retentir aussi directement sur l'épanouissement des autres, sans mon intervention consciente. De la même manière, mon inconscient s'enrichit de toutes les solutions apportées, les mémorise et établit les connexions nécessaires.

Transmission affective

La transmission des émotions se fait par osmose. La joie ou la souffrance, l'angoisse ou la sérénité se propagent d'un être à un autre par transmission affective, sans intention de le faire, malgré soi. Les enfants sont plus ou moins réceptifs à ces émotions selon leur constitution naturelle, mais l'imprégnation semble inévitable. Ils peuvent aussi capter la mémoire des séances effectuées par ceux qui les ont précédés. Les autistes sont particulièrement sensibles à l'ambiance environnante et, par « contagion affective », peuvent se transmettre entre eux l'angoisse ou le calme.

C'est ce qui s'est passé en juillet 1998, le dernier jour avant les grandes vacances. Le premier enfant que je reçus, Timothée, un jeune autiste dont le comportement s'était beaucoup amélioré au fil des séances, s'est mis brutalement à pousser des hurlements, à se mordre, me pincer, visiblement empreint d'une grande angoisse. « *Sache que je suis fou d'accorder moi à vous, car tout dit que tu dois mourir.* » L'enfant était pris de panique et je n'arrivais pas à le rassurer. Bénédicte, la jeune femme handicapée qui suivait, fut aussi énervée que lui pendant toute la séance. Elle me lançait de violents coups de pieds et je n'arrivais pas à lui faire sortir de l'idée que j'allais mourir le samedi suivant. « *Aère ta chambre de vie* (mon bureau), *car la mort rôde. Pourquoi dois-tu fuir la mort ?* » Et ainsi de suite tout l'après-midi. Je ne suis pas très impressionnable et je pris cette idée avec un certain recul, bien qu'à plusieurs reprises des idées prémonitoires de mes patients se soient avérées. Sans doute, chacun de mes patients percevait-il l'angoisse du précédent accumulée dans la pièce. Je savais aussi que l'interruption des grandes vacances pouvait engendrer l'inquiétude de se sentir abandonné et induire des fantasmes de mort. Mais je ne pouvais éviter l'expression embarrassée et compatissante des parents et des stagiaires qui guettaient mes réactions. Le samedi suivant, j'avoue avoir fait attention en traversant la rue, et la semaine suivante, les parents m'ont téléphoné, pour savoir si j'étais toujours vivante !

Il est rare qu'une mère dépressive ne transmette pas sa « *maladie de vivre* » à l'enfant qu'elle attend, car le fœtus, comme le petit enfant, perçoit toutes les émotions des parents. Non seulement il les identifie, mais il les ressent et s'en imprègne. Chez les clients qui viennent consulter, c'est plus généralement l'état mélancolique de la mère ou son anxiété qui se sont transmis. Voici quelques phrases relevées chez différents clients, qui évoquent cette transmission pendant le temps de la grossesse : « *Fève* (embryon) *est envahie de fumée de mort, l'héritage de vie est mort.* » « *Grave d'être fils d'une mère tuée de vie.* » « *Nourrie de ma mère, je vis morte.* » « *J'étais germe de vie morte déjà avant de naître, je rate lancement de vie.* »

Lorsqu'une mère est anxieuse à l'idée de perdre son enfant pendant la grossesse, son angoisse se transmet généralement au fœtus. La peur d'avoir un enfant handicapé, un cerclage, un traitement médicamenteux répété pour empêcher un accouchement prématuré renforcent cette angoisse qui peut se transmettre au fœtus et aux autres enfants.

Une femme qui avait trois fils me consultait pour ses deux plus jeunes garçons. Elle m'avait entendue lors d'une conférence sur la CF à Paris. Ayant elle-même un enfant handicapé, elle avait senti que ce que j'avais dit était juste. Rodolphe, âgé de cinq ans, ne prononçait que quelques syllabes et onomatopées. Il présentait un retard global de développement, vraisemblablement consécutif à une anoxie à la naissance. Sa mère l'amenait régulièrement avec son jeune frère, Henri, qui avait trois ans et ne construisait pas encore de phrases. Henri accompagnait toujours Rodolphe et frappait après lui. Il s'avéra qu'il souffrait surtout des difficultés de son frère et cherchait à l'imiter. En quelques séances, il se mit à développer un bon langage. La mère attendait un quatrième enfant et avait fait une amniocentèse dont les résultats devaient très prochainement lui être communiqués. Henri voulut cette fois-ci frapper en premier : « *Mourir est-il maladie grave ? Rasons* (arasons) *désir de mort de mourant frère de sac de vie* (utérus). *Larmes des familles de gâchis désirent couler. Page d'écriture sert à faire fuir façade de maladie de famille. Va donner courage à maman, car éliminer un malade est grave. Devine, maman moure de peur d'être frein à la vie de mon bébé. Désir de mort de maman est fort et petit bébé mérite vie. Parole* (CF) *peut-elle délivrer adoption de cadavre ?* »

Malgré une vague inquiétude qui montait en moi, je me suis voulue rassurante : « Ne t'inquiète pas, il n'y a aucune raison pour qu'il soit malade comme ton grand frère qui a subi un accident au moment de sa naissance. » Mais lorsque ce fut son tour, Rodolphe surenchérit :

– *Cas d'enfant est-il perdu à cause de maladie ? L'aération du bébé se fait-elle ? Pourquoi s'anoxier ?*

– Ta maman va très bien. Si le bébé allait mal, elle s'en apercevrait !

– *Mollasson il va être*, poursuivit-il. *Ose dire à maman qu'elle perdra vie de sac de vie à cause des races d'enfants lamentables. Il élimine désir de maladie en écrivant des lettres avec moi.*

– Tu penses que c'est un garçon ?

– *Oui.*

Je m'adressai à sa mère : « Si cette dernière information est vraie, vous verrez comme c'est formidable d'avoir quatre garçons. Je suis bien placée pour le savoir… » Tendue, celle-ci avait écouté ce que ses enfants avaient frappé. Je ne lui donnai pas comme à l'accoutumée les bandelettes de papier imprimées. Les relire n'aurait pu que renforcer son angoisse. Elle avait pris la décision de ne pas garder l'enfant s'il était handicapé et attendait anxieusement le verdict. Pour la rassurer et lui faire comprendre que tout ce qui est écrit n'est pas forcément vrai, je lui expliquai ce qui m'était arrivé en juillet 1998, lorsque les enfants autistes avaient annoncé ma mort[1]. « Or, vous voyez, je suis toujours là ! » dis-je à la maman enceinte qui ne disait mot. Je lui demandai de m'annoncer les résultats de l'amniocentèse dès qu'elle les aurait. Quelques jours plus tard, elle me téléphona d'une voix enjouée : son bébé allait très bien, c'était effectivement

1. Voir plus haut.

un petit garçon. C'est elle qui avait transmis sa propre angoisse à ses enfants.

Christophe m'avait été adressé par un médecin généraliste avec lequel je travaille régulièrement. C'était un grand adolescent indolent, qui n'était pas motivé pour le travail scolaire. Il était doué, mais n'avait aucune ambition et se satisfaisait de résultats scolaires très médiocres. Il était accompagné par ses parents. Son père avait fait de hautes études et, très déçu de l'attitude de son fils, s'inquiétait pour son avenir. Christophe avait en effet redoublé plusieurs classes, alors que ses professeurs disaient qu'il aurait pu être dans les premiers de la classe, et faisait tout ce qu'il pouvait pour échapper à la contrainte. Ses parents finissaient par ne plus avoir que des rapports « scolaires » avec lui et la situation était de plus en plus tendue à la maison.

Dans l'anamnèse, je notai qu'à six mois de grossesse, on avait fait un cerclage à la mère, son col étant ouvert. De six mois et demi à huit mois de grossesse, celle-ci était restée alitée à l'hôpital, où elle avait vécu dans la peur de mettre au monde un prématuré. A près de huit mois de grossesse, après l'enlèvement du cerclage et son retour à la maison, elle avait repris une vie active normale. Christophe était finalement né exactement à terme, pesant un bon poids. Sa mère s'était toujours posé la question de savoir si le cerclage et le traitement qu'on lui avait imposés avaient réellement été nécessaires.

L'adolescence est souvent un âge difficile pour la psychophanie, car les jeunes sont la plupart du temps amenés par leurs parents, alors qu'ils n'ont pas de motivation personnelle. Christophe était dans ce cas. Il avait été un peu traîné de force par ses parents et ne voyait pas où était le problème. Je lui expliquai le processus de la CF, lui donnai quelques notions sur l'inconscient et il accepta en rechignant un peu de me donner sa main, tout en disant que c'était nul. Dès les premières phrases tapées, je vis qu'il s'intéressait discrètement à ce qu'il faisait, s'étonnant des mots qu'il frappait et dont il ne connaissait pas toujours la signification, cherchant à comprendre et à déjouer le processus. Par moments, il essayait de m'entraîner dans un rythme rapide, en croyant appuyer volontairement sur n'importe quelle touche, afin de me montrer que « ma méthode, c'était du bluff ». Il était alors le premier surpris en lisant sur l'écran de l'organiseur que cela avait formé des phrases construites. « *Maman ourdit un mollasson menu bébé. Va douter de volonté de vivre de moi, car délivre fils de crawl* (nage dans le liquide amniotique). *Velu petit perd sa mère, sac de vie* (utérus) *prouesse de vivre. Je doute d'être vivant de col de vie. Badauds* (dans ce contexte, les médecins) *furètent dans col de mort* (col de l'utérus). *Ils doutent de col. Badauds de crawl* (médecins obstétriciens) *servent à (faire) mourir. Nage dans doliprane* (nom générique pour tous les médicaments) *a servi à m'étonner de vivre.* »

La mère m'expliqua alors qu'à l'hôpital, elle avait subi pendant deux mois un traitement intensif au salbutamol[2]. Elle redoutait particulièrement chaque nouvelle piqûre, qui provoquait chez elle une vive accélération des battements du cœur et une grande angoisse. Christophe poursuivit : « *Madame, cas de moi était joie de crier, badauds ont d'urgence voulu éliminer des joies de vivre, ils décollent moi de volonté de vivre. Ils font unir maman à doutes de vie. Doliprane* (ici, le salbutamol) *a moisi moi. Volonté de vivre était forte. Émotion de corde de vie* (cordon ombilical) *décolle menu bébé de foi en vie.* »

2. Le salbutamol décontracte les parois de l'utérus.

Christophe avait donc pâti de l'incertitude et de l'anxiété qui avaient entouré son temps de gestation. Ses parents et les médecins avaient douté de lui et il se complaisait dans la nonchalance, n'étant pas lui-même convaincu qu'il était capable de s'en sortir. Je lui expliquai combien il avait dû ressentir l'angoisse de sa mère alors qu'il était encore dans son ventre et demandai à ses parents de lui faire totale confiance et de ne plus surveiller constamment son travail scolaire. Christophe, au bout de quelques mois, commença vraiment à se prendre en charge.

Une autre histoire montre bien la façon dont se transmet l'angoisse de mourir. Albéric consultait parce qu'il manifestait une peur panique d'entrer dans la mer ou dans la piscine. C'était un jeune adulte athlétique qui savait très bien nager et qui s'était même obligé à passer son brevet de sauvetage. Cependant, il ne pouvait nager qu'en apnée, car il était incapable de reprendre sa respiration. Par ailleurs, il avait la phobie des requins et voyait avec horreur des ombres se profiler dans l'eau depuis qu'il était tout petit. Il se demandait s'il n'aurait pas pu être impressionné par le film *Les dents de la mer* qu'il avait regardé en se cachant les yeux avec les mains, tellement il avait eu peur. Il était par ailleurs fort équilibré et bien dans sa peau.

Je lui pris la main et il se mit à frapper : « *Je respire frousse de mourir, lutte se fait pour fuir mort de vie de frère de mort. Patauger dans un milieu de cadavre est insupportable.* » Je demandai à Albéric si sa mère avait perdu un bébé avant la naissance. La seule chose qu'il savait, c'était que sa grand-mère maternelle avait eu un enfant mort-né, et ne l'avait révélé à sa fille que longtemps après la naissance de ses propres enfants. « Vous parlez d'un frère de mort, lui dis-je. Pourtant il s'agit d'un frère de votre mère, pas d'un frère à vous ! » Il répondit en frappant : « *L'amour transporte aussi les façonnés morts. Larmes de mort fuient. Je frôle circonstances de fracas* (mort avant la naissance) *de frère de mère. Mère frôle son frère méritant vie et je reste fils de mère sans être fève* (fœtus) *de mort.* » C'était donc dans l'inconscient de la mère que s'était forgée la peur qu'elle avait transmise à son fils, vraisemblablement lorsqu'elle l'attendait. Les troubles s'étaient d'autant plus incrustés que rien n'avait été dit à sa mère. Le fœtus peut donc recevoir par sa mère des informations inconscientes sur les traumatismes affectifs subis par ses ascendants.

Anorexie et boulimie

C'est moi qui avais proposé à Catherine de faire une séance de psychophanie. Son fils unique, que sa maîtresse d'école m'avait adressé parce qu'il était toujours dans les nuages, n'avait « parlé » que d'elle en CF. Il avait mis le doigt sur sa souffrance qui semblait accaparer toutes ses pensées. Il est fréquent que les enfants m'amènent ainsi leurs parents. En effet, par leur comportement apathique, agité, opposant ou anxieux, ils cherchent souvent à guérir leurs parents. C'est alors en traitant les parents que les enfants vont mieux.

Catherine était boulimique depuis des années. Tous les soirs, elle se faisait vomir en cachette. Elle était cadre supérieur et disait ainsi évacuer les tensions de la journée. Elle avait fait plusieurs années de psychanalyse sans succès. En psychophanie, elle a frappé : « *Je rage d'être fille car j'aurais voulu être fils de maman.* » Elle expliqua que sa mère avait perdu un enfant à la naissance, alors qu'elle avait six ans. « *Je frôle la raison de mon anorexie, j'évite de jumeler ma corde de vie* (cordon ombilical) *avec frère mort.*

Nage dans le ventre de maman m'a oubliée. Je suis ce joli petit mort et le désir d'être lui a provoqué mon début de m'adonner à l'anorexie. Joli petit frère va me délivrer de ma peur d'être fille. Devinez, carie (utérus ayant évacué un fœtus) *a fait un ventre vide. Je ne peux supporter de voir mon ventre rempli et je veux chasser la mort de moi. Oserez-vous me donner les frites* (chromosomes) *de mon menu valeureux delivré frère ? Je ris de donner fête de vie* (fête qu'on fait à la naissance d'un enfant) *à mon frère, car maman choisit une fille plutôt qu'un garçon mort.* »

Catherine était soulagée. Pour la première fois, quelque chose lui disait que le problème ne venait pas de difficultés relationnelles avec sa mère, avec qui elle s'entendait fort bien. Cette jeune femme avait analysé en long, en large et en travers la relation avec sa mère, sans trouver l'origine de ses maux. Les vomissements compulsifs ont nettement diminué après cette séance.

Armelle, âgée de quarante-sept ans, était aussi atteinte de boulimie. Adressée par son médecin homéopathe, elle avait deux jeunes adolescentes qui prenaient le même chemin qu'elle. Les régimes successifs, pourtant réalisés sous contrôle médical, faisaient qu'elle s'enfonçait toujours un peu plus dans un état dépressif, avec à chaque fois le même processus : après avoir perdu une dizaine de kilos au cours des six premiers mois du régime, elle en reprenait quinze. Elle avait fait quatre ans d'analyse, cinq ans de psychothérapie. Elle a eu recours à une méthode de pensée positive. Elle avait fait partie des boulimiques anonymes et avait été hospitalisée à plusieurs reprises, sans jamais pouvoir obtenir une amélioration durable.

A la première séance, elle frappa : « *Je détruis cadavre en mangeant. Si je mange, j'oublie malheur. Arrêtez la folie de ma mère qui m'a voulue grasse. Mère a compensé le désir de mort de sa mère par un désir de vie jurée de me voir jamais malheureuse, alors elle a osé jardiner une fille en lui donnant mort d'être forcée de manger.* » Armelle expliqua qu'en effet, sa mère la gavait lorsqu'elle était toute petite. Elle avait peur que sa fille meure comme une sœur à elle et Armelle se souvenait, le matin au réveil, d'avoir encore la bouche pleine de tout ce qu'elle n'avait pas pu avaler la veille.

Elle évoqua ensuite le parcours difficile d'une de ses filles : « *Mon pavé de mare, c'est ma fille. Je grossis pour devenir bulle* (gros ventre d'une femme enceinte) *de valeur pour fille.* » Elle m'avoua alors que, quand elle dormait, elle glissait toujours un coussin sous sa chemise de nuit, comme si elle attendait un bébé. « *Je revis. Jurez de grâce m'autoriser à accepter. J'ouvre frites à dînette pour guérir.* » Devais-je prendre cette phrase au sens propre ou au sens figuré ? Les *frites* peuvent être des pommes de terre ou des chromosomes, et le mot *dînette* est parfois utilisé pour dire que je ne fais que commencer à découvrir des choses.

– Qu'entendez-vous par dînette ?

– *Dînette, c'est manger peu.*

A la deuxième séance, elle évoqua sa toute petite enfance : « *J'ourle de vie mère de moi. Tressaillement de vie est grâce, car j'habitue mon petit corps à vivre. Pourquoi père tue-t-il ma mère ? Je retourne petite fille dans désir de vivre. Je décolle bure* (poids de la souffrance) *des épaules de maman. Je demande à mon père d'être câlin avec ma mère. Malheur a décidé de fuir. Je décolle mort de ma vie et lumière se fait.* »

A la troisième séance, Armelle allait beaucoup mieux. Elle était revenue à la vie et avait repris des activités. Elle évoqua un enfant pour lequel elle a fait une fausse couche.

– *Mon serviteur de mort immobilise moi.*

– Qui est le serviteur de mort ?

– *Mon petit façonné par moi. Grave de mourir, car fève* (embryon) *morte a choisi dune* (gros ventre d'une femme enceinte) *pour vivre, et full* (plein de) *de maladies vient de fils. Je retire fève* (embryon) *de mort de vacarme* (vie intra-utérine) *d'érosion. Je re-joie découvre en m'emportant vers malheur d'avoir perdu ce fils. Humiliation de voir bac de vie* (utérus) *sans vie. Fils a perdu vie de corps, mais lumière vit en lui et vous décrivez un joueur de vie ravi de choisir vie et non mort.* Armelle était peintre et fit alors le lien avec le fait que, depuis des mois, elle peignait un petit bonhomme tout rouge, sans savoir ce qu'il représentait. Elle donna un nom à cet enfant et repartit très émue de ce cadeau qu'elle venait de recevoir. Nous avions pris encore plusieurs rendez-vous espacés d'un mois. Vu l'évolution et le bien-être ressenti par cette femme, je ne la reverrai que trois mois plus tard.

Depuis, Armelle s'est fait soigner, elle est entrée en clinique et a été rééduquée pour apprendre à s'alimenter correctement. Elle a perdu dix-sept kilos et reste accrochée à son rétablissement. Depuis onze mois, elle n'a pas repris de poids et se sent moins angoissée. Plus jamais elle n'a peint de petit bonhomme rouge et elle m'a dit qu'elle avait gardé de la psychophanie le souvenir d'une rencontre émouvante, profonde et inexplicable.

Les relations familiales

Antoine consultait pour des tensions musculaires douloureuses permanentes, des vertiges, des troubles de la mémoire, des angoisses et une fatigue immense qui ne cessait pas. Envoyé par son médecin traitant, il avait fait tous les examens possibles et imaginables. Rien n'expliquait l'extrême lassitude qu'il ressentait. C'était un homme de quarante et un ans, plein de courage et de volonté de s'en sortir. Il avait un frère aîné avec lequel il avait coupé les ponts, et deux enfants dont l'un, Aurélien, était particulièrement opposant. Il était accompagné de sa femme qui ne supportait plus le mal-être chronique de son mari. Leur couple était en danger. Au cours de la première séance, il exprima en sa présence les difficultés qu'il éprouvait dans la relation à sa mère et à son père qui était décédé. « *Vie de ma corde* (cordon ombilical) *de mort s'est butée sur une vie morte.* » Il m'expliqua que sa mère était très menue et qu'on lui avait dit qu'elle mourrait si elle mettait au monde un deuxième enfant. Il poursuivit : « *Oserai-je frousse de mon père enlever ?* » Je pensai à la peur que son père avait pu avoir à sa naissance, mais Antoine m'assura qu'il s'agissait de la peur qu'il avait de son père. « *J'ai le rôle de tressaillir de guerre finie entre père et moi. Je vous devine revivant* (faisant revivre) *mon père. Osez crier que mon père vit. J'émotionne de fuir mon père, car si je le fuis, mort me suivra. Je vous détruis si mort* (souffrance) *ne meurt pas.* »

Antoine me provoquait : il m'anéantirait si je n'arrivais pas à alléger sa souffrance. Il est fréquent que je reçoive des menaces, des injonctions ou des reproches pour me lancer un défi. « *Vague de vie vit en mon père* », conclut-il. Pendant plusieurs jours après cette séance, Antoine ressentit un soulagement intense. Puis les troubles reprirent. Trois mois plus tard, il se sentait toujours aussi mal. Pendant les vacances, Antoine avait toutefois appris à nager et à plonger, ce qui auparavant le paniquait. Il allait régulièrement avec plaisir à la piscine avec son fils qui partageait sa joie d'être dans l'eau.

Nous avancions doucement. « *Je choisis d'être fils de mort, car maman ne voulait pas d'un fils et elle aurait préféré que malheur d'être vie morte soit gravé en elle. Je revois deux fils de maman. L'aîné est dur. Guide-moi pour bure* (pesanteur) *fuir.* » Il expliqua que son frère, âgé de six ans de plus que lui, avait toujours fait les quatre cents coups, en allant se faire plaindre par leur mère. « *Je retourne dans crime d'être vivant.* » Il semblait ne pas s'autoriser à vivre et être paralysé par un sentiment de culpabilité lié au fait que sa mère ne voulait pas sa venue. « *Crever est-il nécessaire pour enlever la souffrance ? Je suis frousse d'être gravé dans jardin de mort* (utérus). *Je retire vie de moi, car elle perd force à cause de frère.* » Son frère avait pris toute la place, il était physiquement fort et avait la prépondérance aux yeux de leurs parents. « *Oserai-je déjà dire que record est battu ? Itinère vers dette envers mon valorisant méritant malheur.* » Je lui fis remarquer combien les deux qualificatifs étaient importants : il méritait le malheur et le malheur le valorisait. Je l'orientai alors sur les bénéfices secondaires qu'il pouvait trouver à sa « maladie ». « *Femme valorise mon malheur, car elle peut voir moi comme un enfant à s'occuper et non comme un fils de ma mère.* »

Je passai la machine à sa femme : « *Faiblesse d'Antoine est lumineuse. Sans moi il ne pourrait vivre. L'arrosage de vie* (la conception) *de frousse de mon mari vient de nourrir lui* (du fait qu'il est nourri) *de vie morte.* » « Qui le nourrit de vie morte ? » lui demandai-je. « *Je parle de moi*, répondit-elle. *Pas à pas, je découvre que ruse d'être femme de mon mari.* » Elle me réclama ensuite de le faire fuir de son propre utérus et conclut : « *Frousse de devenir mère pour mon mari.* » La femme m'expliqua qu'avant la venue des enfants, ils avaient vécu en symbiose totale. Elle dorlotait et surprotégeait son mari, mais se défendait de ressentir encore ces sentiments. Il semble pourtant qu'ils avaient trouvé ainsi un équilibre, lui, cherchant dans sa femme la mère qu'il n'avait pas eue et, elle, entretenant inconsciemment cet équilibre. L'un et l'autre se répondaient, s'ajustaient et renforçaient leur tendance naturelle, chacun y trouvant son compte, de manière inconsciente.

C'est alors qu'ils me demandèrent de recevoir leur fils Aurélien, qui avait une dizaine d'années, en pensant que je pourrais l'aider, car il refusait de travailler à l'école.

– *Apercevoir ma famille malheureuse est denrée de malheur. Je revois papa faire démissionner ma vie mirifique. Je devine que papa est muré dans la souffrance.*

– Tu trouves que ton papa est triste ?

– Non, répondit-il oralement. *La danse de mots sur ta machine me délivre de malheur*, poursuivit-il en frappant. *Je mens en disant que père va fuir malheur, car je sais qu'il faudrait qu'il retourne dans le ventre de sa mère pour être aimé.*

Je relisais au fur et à mesure à Aurélien ce qu'il frappait. Il se mit à rire en écoutant la dernière phrase.

– Je ne vois pas très bien comment papa pourrait rentrer dans le ventre de sa mère ! s'exclama-t-il.

– Bien sûr, lui dis-je, son corps ne pourra pas retourner dans le ventre de sa mère, mais l'esprit est capable de repenser dans sa tête certaines choses et d'agir ainsi sur les événements de la vie.

– *Père te dit la vérité : c'est malheur d'être fils d'une mère qui ne l'aime pas. Papa a-t-il perdu sa maman vampire ? De m'utiliser pour soigner papa est valorisant. Élimine le malheur de famille*, poursuivit-il. *Parole fait fuir le malheur, la souffrance diminue. Je suis fils de raccord entre mère de mon père et père. Délivre mon père du temps où il était petit bébé dans le ventre de sa mère. Partout où je vais, maman vit de fatigue, car le malheur la fatigue. Je bourre maman de vie en canotant* (frappant) *sur ta machine. Cacophonie de vivre avec mon père, car son fils désire vie et lui mort.*

Aurélien n'était absolument pas conscient de la souffrance de son père ni des tensions qui existaient entre lui et sa propre mère. Extérieurement, celui-ci sauvait la face et évitait tout conflit avec sa mère en gardant des relations très superficielles et distantes avec elle. Consciemment, Aurélien n'y voyait que du feu, mais intérieurement il savait et souffrait de cette mésentente. Il traduisait ces conflits par une attitude opposante. A travers le fils, c'est la thérapie du père qui se faisait. Chacun travaille ainsi pour les autres. C'est une constante que je retrouve chez les enfants. Ceux qui sentent que leurs parents vont mal cherchent tous à les soigner. Après cette séance, Aurélien alla nettement mieux. Même si tout n'était pas parfait, il était nettement sur la pente ascendante. Plus serein, il avait davantage confiance en lui. Il a gardé comme un trésor la page qu'il a frappée avec moi.

Généralement, l'enfant sait me mettre sur la voie. Tel Édouard, un jeune garçon de huit ans adressé par une collègue orthophoniste qui butait avec lui sur l'apprentissage de la lecture. Il manquait de confiance en lui et présentait un retard psychomoteur qui rendait sa démarche peu assurée et ses gestes maladroits. C'était sa mère qui l'accompagnait. Édouard décrivit parfaitement la situation familiale telle qu'il la vivait.

– *Papa mérite un penseur de vie à sa place. Aborde amour entre papa et mère. Papa a une crinière et il vit rampant pour fuir mère.*

– C'est tout à fait cela ! jubila la mère.

– Veux-tu dire que c'est lui qui devrait prendre les décisions ? lui demandai-je.

– *Je parle de volonté de mère d'ordonner à mon père de vivre dirigeant la maison. Ose démentir ce que je dis. J'avise hormone de mon père de manœuvrer pour frapper sur moi.*

– Ton père n'est pas assez autoritaire ? Tu voudrais qu'il soit plus sévère et exigeant avec toi ?

– *Oui. Je revis canotage dans maman* (dans le liquide amniotique). *Je rêve d'être magie d'enfant et fève* (embryon) *agace mère. Irrité de voir maman supprimant les câlins avec mon père.*

La mère fut stupéfaite de la dernière phrase qu'Édouard avait frappée. Comment avait-il pu savoir cela ? Elle n'avait parlé à personne de ses rapports amoureux ! Un fœtus pouvait-il percevoir avec autant de finesse l'état d'esprit des parents et leurs relations pendant la grossesse ? J'avais une preuve supplémentaire que le fœtus était conscient de tout ce qui se passait dans le ventre.

– *Pâleur de moi vient de frugalité des liens entre parole et amour dans la maison de vacarme* (utérus), poursuivit-il. *Gynécologique adoption est nécessaire par père. Pathologique de ne pas chercher à voir synoptique* (comparaison) *de maladie.*

– Sans doute ton père reproduit-il sans le savoir avec toi l'attitude que son père avait avec lui.

– *J'innove, je deviens le fils de l'homme père, le fils ravi d'être mûri en jardin de vie* (utérus). *Va servir de tronc entre tête et jambes.*

– Que veux-tu dire ?

– *Joie, tu comprends que père est ma tête de vie et je nage dans un ventre où manager un fils délivre des muscles faibles des jambes.*

En quelques séances, la mère m'apprit que les relations entre le père et son fils s'étaient nettement améliorées. Édouard avait même souhaité passer tout un week-end seul avec son père, entre hommes. Peu à peu, il prit confiance en lui et passa dans la classe suivante.

Brigitte, psychothérapeute, avait fait la formation en CF avec moi. Toutefois, possédant d'autres outils pour travailler, elle ne s'est pas suffisamment entraînée pour obtenir des résultats convaincants et préférait continuer à travailler en complémentarité avec moi. Elle m'adressait certains de ses clients pour aller plus loin dans la recherche des traumatismes enfouis et poursuivait la psychothérapie avec les nouvelles informations données en psychophanie.

Elle avait trois enfants qu'elle m'amena successivement. Son mari était présent aux premières séances. Ce fut Perle qui commença. Elle avait sept ans et suivait avec peine en CP. Tout apprentissage scolaire représentait un réel effort pour elle, sauf le calcul où elle était performante. Un bref bilan fit apparaître une dyslexie naissante et des troubles légers de l'articulation. Elle déchiffrait péniblement certains des mots que je lui montrais, sans en comprendre le sens. Elle était découragée. Au cours de la première séance de psychophanie, Perle prit conscience de sa valeur :

– *Lire tue. Derrière la merveille de moi, il y a une fille qui veut m'ouvrir et je vois moi murmurer que je suis miteuse. Dis à merveilleuse d'ouvrir ma force de lire. Goutte de vie va se transformer en palace d'être merveille.*

La deuxième séance marqua le début de progrès étonnants.

– *Pour moi, je finis d'être une fille morte dans le ventre de maman.*

– Ta maman a été inquiète au début de sa grossesse parce qu'elle avait perdu deux enfants avant toi, mais ensuite elle a été très rassurée.

– *Malgré tout, rôle de fille morte. Maman voit que je ne réussis pas. Amitié soulage. Moi je suis mon amie et je m'aime.*

A la suite de cette séance, les progrès en lecture furent remarquables. Perle est passée en CE1 où elle s'est maintenue au rang de quatrième tout au long de l'année. Je recopie quelques lignes de la lettre que sa mère m'a écrite : « Mille mercis pour ces deux séances avec Perle où elle a pu faire le lien avec son être le plus profond et retrouver une unité perdue. Après un fort moment de régression ponctuelle deux jours après sa dernière séance, les progrès en lecture sont venus, fulgurants, et le goût et le plaisir de lire, de découvrir, incroyablement accrus. »

La psychophanie ne dispense pas forcément d'une rééducation orthophonique classique plus instrumentale, elle lui est complémentaire dans la mesure où elle prépare le terrain, motive l'enfant, le rend malléable et réceptif aux acquisitions. De même, il est tout à fait possible d'adjoindre à la psychophanie une approche comportementale pour certains troubles (énurésie, bégaiement, obsessions, claustrophobie...). Toutefois, si on ne trouve pas l'origine des troubles, les symptômes risqueront de réapparaître ou de se déplacer, c'est-à-dire de prendre une nouvelle forme.

Noé passa le second. Agé de cinq ans, il était très casse-cou et se mettait fréquemment en danger. Brigitte était sans cesse sur le qui-vive et avait même parfois peur qu'il ne « passe à l'acte ». Il était agité et ne tenait pas en place. En séance, Noé revécut la mort de son grand-père. Il était alors accroché au sein de sa mère qui le nourrissait : « *Pam* (c'est ainsi que les enfants appelaient leur grand-père) *va mourir, il est mourant, je pleure des litres de larmes, car il va mourir d'être mort avec moi et j'ai peur de mourir. Tâche de lui dire : moi je veux amourer lui très fort et je ne mourrai pas.* » Sa mère elle-même avait très mal vécu la perte de ce père qu'elle aimait et continuait à transmettre son mal-être à son fils. Celui-ci continua :

– *Je suis vaporisé par chance d'être fils d'une dame très changée en vie heureuse. Maman doit tuer vie malheureuse en elle.*

– Tu penses que ta maman est encore triste ?

– *Dis-lui d'être heureuse, l'amour nie la vie malheureuse, mais au fond d'elle il y a tristesse folle.*

Brigitte expliqua qu'à l'approche du mois de novembre où son père était mort (le jour de son anniversaire), elle sentait une profonde tristesse monter en elle, qui s'estompait cependant au fil des années. Nul doute qu'elle transmettait sans le vouloir son chagrin à son fils.

Alice, l'aînée, se sentait frustrée de ne pas avoir fait de psychophanie comme son frère et sa sœur. Elle ne posait pas véritablement de problèmes, mais sa mère voulut quand même prendre un rendez-vous pour elle. Elle avait quatorze ans lorsqu'elle frappa :

– *J'ai peur d'être grotte de vie* (utérus). *Dites-moi si vos élèves peuvent devenir mères.*

– Pas toutes, je reçois des jeunes filles handicapées qui ne pourront jamais avoir d'enfants.

– *Je vis osant dire que j'ai peur d'être mère, car mère de moi a futile crime de vie.*

– Ta mère a fait deux fausses couches, je crois.

– *D'aborder ce problème est dur, car j'ai peur d'être mère d'un enfant qui mourra dans mon ventre.*

– Il n'y a aucune raison… As-tu d'autres préoccupations ?

– *Je rends maman crieuse en jamais faisant ce qu'elle me demande.*

– Que te demande-t-elle que tu ne fais pas ?

– *Elle demande à sa fille aînée d'être voulue pour vivre race de vie dure. Osciller entre cris et calme est nature de maman. Elle a une dent contre moi, car je suis début de femme et elle ne me voit pas comme frôlant la vie de femme. Câble-moi sur frousse d'avoir des menus bébés de ventre. J'ordonne à maman de voir évolution de sa fille. Jumelage avec vous empile les idées de crawl* (nage dans le liquide amniotique) *de vie.*

Brigitte a témoigné de l'expérience de toute sa famille en psychophanie dans un article qu'elle a rédigé pour notre bulletin associatif [3]. « Les premières séances nous ont bouleversés profondément et émerveillés. Et de la même façon qu'une cure psychothérapeutique d'un enfant ou d'un adulte provoque des ronds dans l'eau par ricochet pour toute la famille, de même les premières séances de Perle provoquèrent des vagues dans lesquelles nous nous sommes tous plongés, les uns après les autres, par ordre de réception. Ce fut alors le tour de Noé, puis d'Alice, de moi-même et de leur père. Ainsi au diapason de la CF, la famille pouvait continuer de jouer dans une harmonie relative malgré les fausses notes et les secousses. Quel concert ! »

Les personnes normales qui font quelques séances de psychophanie me paraissent faire des progrès encore beaucoup plus rapides que les autistes, car la majorité d'entre elles ne présentent que des troubles psychosomatiques. Les blocages psychologiques levés, elles se sentent vite apaisées et ragaillardies. Beaucoup m'embrassent en partant, alors que c'est la première fois que je les vois. Je sens leur regard intense et brillant qui plonge dans le mien. Certaines repartent « gonflées à bloc », et un bonheur profond se voit sur leur visage. C'est d'ailleurs ce qu'a remarqué le Dr Carine Van Wolput. Sur les dix-huit pre-

3. Brigitte CHEVALIER, « La famille au diapason de la CF », *Bulletin TMPP*, n° 10, septembre 1998.

miers patients qu'elle m'a adressés de la région de Lille, treize l'ont consultée de nouveau : onze d'entre eux avaient le visage plus serein, ils étaient soulagés, moins déprimés, plus joyeux et lui ont confirmé leur paix intérieure. Certains étaient davantage à l'écoute de leurs besoins et ont pu faire des choix professionnels ou personnels, les plus jeunes étaient plus motivés et réussissaient mieux dans les activités scolaires. Deux continuaient à avoir des hauts et des bas, une a été fâchée à la suite de la consultation et a annulé son rendez-vous avec elle. Deux sont revenus me voir sans passer par elle, et se sentaient de mieux en mieux.

L'exemple suivant montre que l'enfant ne s'identifie pas aux adultes que sont les parents, mais aux enfants qu'ils étaient au même âge.

Baltazar était un enfant polyhandicapé de dix ans. Il voyait mal et marchait difficilement. Sa mère l'empêchait de tomber en le retenant solidement par les bretelles de sa salopette. Il émettait quelques sons inarticulés. Né de parents polonais, il vivait en France avec eux depuis sa petite enfance. Je le recevais une fois par mois environ depuis plusieurs années. Au début, Baltazar était agité et opposant, il se laissait difficilement prendre la main. Petit à petit, il s'est détendu au cours de la séance et sortait heureux de mon cabinet. Progressivement, il est devenu impatient de venir chez moi. Il rit maintenant pendant toute la durée de la séance. Son père et sa mère l'accompagnent à chaque fois, émerveillés devant la joie que provoque en lui le fait de s'exprimer et stupéfaits de la complexité et de la nature des propos qu'il tient. Sans vraiment comprendre ce qui se passe, ils voient ses progrès et me font totale confiance.

Il leur est difficile à la maison de lui faire frapper des mots sur un clavier, mais ils ont réalisé plusieurs claviers en papier qu'ils ont plastifiés et mettent à sa disposition dans différentes pièces. Souvent, le père de Baltazar, qui est dans une autre pièce, « entend » que son fils a pris un clavier : il émet alors des sons bien particuliers, cherchant à entrer en communication. Lorsqu'il est énervé, il suffit aux parents de sortir un clavier pour qu'il se calme. Il sait alors qu'on est à son écoute et qu'on cherche à le comprendre.

– *Je sers d'accord entre Allemagne et France*, frappa un jour Baltazar.

– Tu as vu un film sur la guerre à la maison ?

– *Non.*

– Peut-être alors à l'école ?

– J'espère bien que non, intervint le père.

– *Rêve de guerre se fait : je rêve que je sers de fumée de guerre entre Allemands et Français. Père a été enchaîné par la guerre. Étymologiquement, je suis appartenant à dévorante guerre qui a usé désir de moi de vivre. Parle-moi des alertes de guerre. Je veux frousse enlever, car j'ai peur d'être démoli à cause des alertes.*

– Le père fut stupéfait : il faisait le même rêve au même âge que son fils et venait seulement de s'en rappeler.

– *Papa sait désoler moi, car il sert de fils à mort et lutte s'est faite pour fuir mort. Je suis démoli à cause des alertes de guerre. Maman astique sapin de mort.*

– Le bois dans lequel on fait les cercueils ?

– *Oui. Urgent de soutirer de moi tous les fantasmes de mon père. Il démolit serment d'être père de vie, car tout ce qui a touché à maladie de moi est causé par mort. Je parle des familles déportées. Laisse tomber désir de famille de garder secret, car je veux catimini te parler des routes fissurées de bombes. Folie d'être l'amour d'une femme désirant saloperie de vie délivrer sans savoir comment faire.*

Les propos de Baltazar faisaient resurgir des souvenirs enfouis que son père avait cherché à oublier. Plusieurs membres de sa famille avaient en effet été déportés en Sibérie. Ce dialogue était libérateur pour lui, car il lui permettait de reparler de ce temps obscur, tout en se rapprochant de son fils.

Le désir d'enfant des parents

L'être humain est l'incarnation symbolique de trois désirs : celui de son père, celui de sa mère, et le sien, en tant que trois êtres de langage, disait Françoise Dolto. La psyché des parents est un moule dans lequel l'enfant se construit. Ce moule qui le détermine et s'imprime en lui est donc antérieur à sa conception. L'enfant existe déjà dans le désir de ses parents, il est ainsi conçu en esprit avant d'être façonné dans son corps. Dans la tradition hindoue, la conception spirituelle d'un enfant a lieu trois mois avant sa conception physique. Chez les Romains, l'*infans conceptus* (l'enfant conçu) avait des droits.

Lorsqu'une femme désire un enfant et que son inconscient l'empêche de mener à bien une grossesse, la psychophanie peut l'aider à prendre conscience du problème.

Agnès, une femme de trente-neuf ans, avait une fille trisomique de trois ans, Adèle, qui m'avait été adressée par une collègue orthophoniste. Je la suivais de temps à autre en CF depuis l'âge de dix-sept mois. C'était une petite fille pleine de vie, délurée et espiègle, qui faisait en CF des remarques pertinentes à mourir de rire. Je la soupçonnais de vouloir dérider sa mère qui était toujours sombre et chagrinée, car elle avait beaucoup de mal à accepter le handicap de sa fille. A deux ans et demi, Adèle est devenue agressive avec sa mère. Elle lui tirait les cheveux, arrachait ses lunettes et la griffait. Sa mère était très peinée et la supportait difficilement. Je demandai à Adèle la raison de son comportement. « *Sac de vie* (utérus) *a donné bille de clown* (enfant handicapé). *Crime d'avoir fait un bébé nul.* » J'expliquai à Adèle, très attentive, que sa mère n'était en aucun cas responsable de sa trisomie. Que c'était un accident, une anomalie d'un chromosome survenue au moment où elle avait été fabriquée par ses parents, une « *malheureuse circonstance de chromosomes* », comme avait tapé un autre enfant trisomique. Je lui fis comprendre que sa maman était très triste de voir qu'elle ne pouvait pas tout faire comme les autres, mais qu'elle l'aimait énormément quand même. Qu'elle lui faisait de la peine en étant vilaine avec elle. Dès cet instant, elle a été beaucoup plus affectueuse avec sa mère et s'est mise à lui faire de gros baisers mouillés… Son agressivité a considérablement diminué.

C'était la première enfant d'Agnès qui en aurait bien voulu un autre, mais celui-ci tardait à venir. Au début d'une séance avant les grandes vacances, Adèle frappa : « *Gramme de vie* (embryon) *dans le ventre de maman.* » Je me tournai vers la mère pour lui demander si elle était enceinte. Hélas, elle n'arrivait toujours pas à avoir d'enfant.

Je revis Adèle trois mois après. Agnès, sa mère, était toujours aussi taciturne. Nous échangeâmes deux mots sur la manière dont les vacances s'étaient passées. Au cours de la séance, la fillette frappa alors avec insistance le mot « *sable* ». Elle n'était pourtant pas allée au bord de la mer et n'avait pas fait de pâtés de sable. Dans le langage de la CF, ce mot désigne souvent un bébé perdu avant la naissance. J'hésitais à engager la conversation sur ce sujet si douloureux pour la mère. Mais comme ce mot était sorti à trois reprises, je lui expliquai le sens que mes patients donnaient généralement au mot « *sable* ». Agnès m'apprit alors qu'elle venait de faire une grossesse extra-utérine, et que, lorsque Adèle avait frappé avant les vacances qu'elle avait un « *gramme de vie* » dans le ventre, elle attendait effectivement un enfant sans le savoir. « *Roc* » (ce sur quoi on s'appuie de solide), frappa alors Adèle, « *c'est d'agoniser* (faire mourir) *grave désir de mort de maman* ». Agnès protesta : elle avait au contraire le désir très fort d'avoir un enfant. Je lui expliquai que sa fille percevait vraisemblablement un sentiment dont elle n'était pas consciente et lui proposai de frapper à son tour, ce qu'elle accepta volontiers :

– *Vous êtes adepte des accords parfaits entre vacarme* (vie intra-utérine) *et désir d'enfant. Je sais détruire sac de vie* (utérus). *Dites-moi, sac de vie sert-il à faire des trisomiques ?*

– Auriez-vous empêché inconsciemment l'œuf de se nicher dans l'utérus, par peur d'avoir un autre enfant trisomique ?

– *Hurler de désir fait-il dériver sac vers accord entre désir et enfant ? Certifiez que j'additionne les échecs en bas-ventre. Dites-moi si sertir de diamants deux enfants est possible.*

Agnès fut stupéfaite par ce qu'elle venait de taper. Elle m'expliqua qu'elle aurait bien voulu en effet avoir des jumeaux. Elle n'était plus toute jeune et voulait rattraper le temps perdu.

– *Déjà cure se fait. Fève* (embryon) *de vie s'étonne de ne pas encore avoir sacoche de vie* (utérus). *Ouste ! Je dégomme adipeux* (collant) *cadavre pour enlever frousse d'avoir fils trisomique. Je désire sac de vie qui parle bien et s'élève sans peine. Sac de vie rage d'être vide et j'avorte de mort en accordant moi à fille de vie trisomique. D'affilier ma fille trisomique à moi va façonner début de cerceau* (cerclage) *pour empêcher mort et accorder le sac à la vie*.

Agnès me demanda s'il était possible que la peur d'avoir un enfant handicapé ait pu provoquer une grossesse extra-utérine. Bien sûr, je ne pouvais le savoir à sa place, mais je pensais qu'il était bien, pour elle, de s'en poser la question. Autant cette idée m'aurait paru saugrenue il y a encore quelques années, autant maintenant j'étais portée à le croire. Ce dont j'étais certaine par contre, c'est que le fait d'avoir mis en mots cette peur ne pourrait qu'aider à intensifier les liens d'amour entre elle et sa fille trisomique. Alors, elle pourrait mieux accueillir un autre enfant et mener à bien une nouvelle grossesse.

Il semble que, dans certains cas, le non-désir d'un enfant puisse engendrer une fausse couche spontanée. Solange était une belle femme de trente-deux ans, elle était la troisième de six enfants. C'est une parente à elle qui me l'avait adressée. Elle consultait parce qu'elle ne réussissait dans la vie, ni sur le plan sentimental ni sur le plan professionnel. Elle n'arrivait à établir aucune liaison durable avec un homme et ne trouvait aucun poste qui lui convienne, malgré son diplôme d'architecte. Elle n'aimait pas les fouilles, et c'était la seule chose qu'on lui proposait. Avec l'argent qu'elle avait gagné, elle avait commencé une psychanalyse qu'elle avait arrêtée en route. Lorsque je lui pris la main, je la sentis surprise par le processus. Je l'entraînai alors dans un rythme de frappe rapide, de manière à ce qu'elle s'intéresse davantage au contenu de ce qu'elle exprimait qu'à la manière dont fonctionnait la CF.

« *Jurez de fracas* (avortement) *trouver* », commença-t-elle, « *il faut faire vivre mon petit frère*. » Solange se souvenait effectivement que sa mère avait fait une fausse couche alors qu'elle avait une quinzaine d'années. « *Je décris mal-*

heur qui a favorisé seccotine (colle) *de mort pour moi. Tulle de vie* (vie légère, sans soucis) *est affublé de malheur, car fève* (embryon) *de mère a mérité mort. Prime abord, grotte de vie était gavée de vie, mais d'érosion mère a juré de bulle favoriser en jour de mort. Guide-moi vers frère voulu mort.* »

Solange ne voyait pas très bien pourquoi elle avait frappé que cet enfant avait été « *voulu mort* ». Sa mère ne pouvait en aucun cas avoir fait une interruption volontaire de grossesse, car elle faisait partie d'une famille paysanne catholique très pratiquante. Certes, l'entente entre ses parents laissait à désirer, mais pour rien au monde, ils n'auraient cherché à se débarrasser du fœtus. D'ailleurs, ils avaient inculqué à leurs enfants le respect de la vie humaine. Pourtant, Solange poursuivit avec insistance : « *Je ploie sous volonté de mort de vase de vie* (utérus). *Harassant d'être sœur de mort. Ouvrez crabe* (mal qui ronge) *de mère et je mériterai d'exister.* » Je suggérai alors de demander à sa mère ce qui s'était passé, si elle pensait que c'était possible.

Je reçus un mail le surlendemain de la séance. Solange avait téléphoné à sa mère qui lui avait confirmé la perte d'un bébé qui n'était pas vraiment voulu. Celle-ci vivait alors une période difficile avec son mari et un de ses fils posait des problèmes. Lorsque le médecin lui avait révélé que le bébé ne se développait plus et que son cœur avait cessé de battre, elle en avait été très soulagée.

La séance de psychophanie avait été euphorisante pour Solange et, pendant les trois semaines suivantes, elle s'est sentie « comme sur un petit nuage ». Elle avait perdu tout scepticisme par rapport à la CF et prit d'autres rendez-vous pour continuer à progresser.

Jusqu'où le désir d'enfant doit-il aller ? Voici un dernier exemple, qui fait réfléchir sur les méthodes de procréation médicale assistée. Un jeune homme de dix-sept ans,

Pascal, était enfant unique. Il présentait un retard global de développement et de langage, avec des troubles de la compréhension. Assez autonome dans la vie quotidienne, il était content de venir à mon cabinet. Il frappait régulièrement avec un collègue, mais ses parents aimaient venir me voir avec lui de temps à autre, car il abordait avec moi des sujets différents. Cette fois-ci, Pascal était accompagné seulement par sa mère. Il frappa un texte assez sibyllin : « *Crawl* (nage dans le liquide amniotique) *sec* » (manque d'amour). Je donnai le sens de ce que Pascal avait frappé. La mère protesta avec véhémence, en affirmant le contraire, que son fils avait été particulièrement désiré et attendu. Il est rare que les informations données par mes patients ne signifient rien. Parfois, je sens que les parents font ceux qui ne comprennent pas, mais là, il semblait vraiment que je m'étais fourvoyée.

– *Je suis parole de fatigue à cause des frôlements de mort.*

– Vous invoquez les raisons qui font que vous parlez mal ?

– *Oui.*

– Si vous connaissez l'origine de vos difficultés, dites-le-nous, car personne n'en a aucune idée. De quels morts parlez-vous ?

– *Oserai-je dire tout à maman ? Vie reste déçue, car temps de l'amour a donné des vies dansant avec mort. Vous devez calamité enlever de moi, car père tressaille de mort. Père frime.*

Au début de la séance, la mère m'avait dit que son mari avait été malade et qu'elle avait eu peur pour lui, mais tout était rentré dans l'ordre. Je répondis à Pascal :

– Votre père a été malade, mais il n'y a plus d'inquiétude à avoir maintenant.

Visiblement, j'étais hors sujet.

– *Je parle de volonté de mort de l'amour vie*, reprit-il. *Je démolis père de vie d'avoir malheur donné à moi. Balade mon doigt, oppose force à faiblesse de moi, car frousse d'être fracas* (embryon ou fœtus perdu avant la naissance) *comme frères de moi*.

Je demandai à la mère si elle avait perdu des enfants avant Pascal. Elle m'affirma que non. Je commençais à être embarrassée. Pascal continua :

– *Maladie fuit si maman câble moi sur tentation de mourir. Je suis, devinez, canotant dans un ventre. Frousse de mourir, car j'ai mère chômeuse de vie d'enfants et grave d'avoir mort en cadavre*.

La mère m'avoua alors que son époux et elle, ne pouvant avoir d'enfants, avaient eu recours à l'insémination artificielle en utilisant le sperme d'un donneur anonyme. Des inséminations avaient été répétées à plusieurs reprises. Autour d'eux, personne n'en avait jamais rien su, et rien n'avait été dit à Pascal. Je relus alors les phrases sous ce nouvel éclairage. Le « *père de vie qui a malheur donné* » était sans doute le donneur « *sec* » d'amour. « *Père frime* », voulait dire que son père faisait semblant d'être son père géniteur. Sa mère était « *chômeuse d'enfants* », parce qu'elle ne pouvait pas avoir d'enfants. Les « *vies dansant avec mort* » et les « *frères de mort* », étaient sans doute les œufs fécondés lors des nombreuses inséminations. Comment dès lors ne pas croire que la conscience d'un enfant est entière dès la conception ?

Les circonstances dans lesquelles Pascal avait été conçu n'avaient jamais été évoquées devant lui lorsqu'il était petit. « Il n'aurait pas compris », pensait sa mère. Je lui expliquai que le message passe dans la conscience autrement que par les mots. Maintenant que Pascal comprenait mieux le langage oral, sa mère ne savait pas si elle allait lui expliquer que son père n'était pas son vrai père.

Bien sûr, Pascal le savait au plus profond de lui-même, puisqu'il avait pu l'exprimer en CF, mais consciemment, il ne pouvait l'avoir intégré à la simple écoute de ce qu'il avait frappé. Elle avait peur qu'une prise de conscience tardive de ces faits nuise à l'excellente relation qu'elle avait développée avec lui.

La question de l'avortement

Un simple désir de mort de la part des parents, même fugitif, peut être perçu et enregistré par l'enfant et suffire à le traumatiser. Ce rejet peut provoquer un mal-être et un manque de confiance qui persistent tout au long de la vie. Bien souvent, les personnes qui se sont senties rejetées par leurs parents n'imaginent pas qu'elles puissent être désirées par qui que ce soit. Si elles ne prennent pas conscience de ce mauvais départ et des raisons de leur manque de confiance en elles, certaines auront des angoisses, rateront leur vie professionnelle et amoureuse ou ne pourront envisager à leur tour d'avoir des enfants. Les femmes ayant tendance à dupliquer l'attitude de leur mère envers elles feront à leur tour des tentatives d'avortement et, sans comprendre pourquoi, les hommes obligeront leur femme à avorter.

Le Dr Odile Tripier-Lebaux, psychiatre et psychothérapeute, m'adresse parfois des clients présentant un syndrome *borderline*[4]. En effet, dans ces tableaux cliniques, il existe le plus souvent de graves traumatismes de la petite enfance, c'est-à-dire avant trois ans, y compris pendant la période intra-utérine. Elle explique que, par rapport à cette période, le travail psychanalytique clas-

4. En français « cas limites ».

sique, c'est-à-dire la levée du refoulement avec remémoration d'images, de mots, de situations, ne peut fonctionner. Le travail de psychophanie lui apparaît alors comme une des voies d'accès à la mémoire inconsciente du corps du sujet de la conception à la troisième année. Lorsque ses clients, au cours de la psychothérapie, butent avec elle sur un obstacle bien réel, mais cependant impossible à préciser dans une approche verbale classique, elle me les adresse.

C'est sur son conseil qu'Étienne, âgé de quarante ans, était venu me consulter parce qu'il ressentait un mal-être profond et des périodes d'angoisses dont il ne connaissait pas l'origine. Il ne s'autorisait pas à vivre heureux et portait une grande culpabilité. *« L'héritage de vie est mort »*, attaqua-t-il, *« prière de vous parler de fève* (embryon). *Je suis frousse de vivre depuis ma fève. Osez combler cratère de cadavre* (ventre vide après la perte d'un enfant). *Cage de ventre était-elle favorite de vie morte ? D'habitude je reste caché dans le ventre de mère de vie, mais aujourd'hui, je sors du ventre pour voir ce qui se passe autour. Crime terrifie moi. Je demande rituel »*. « Quel rituel ? Il en existe de nombreux ici, qui amènent à un meilleur épanouissement. » *« De rêver à cadeau de vie* (bébé à qui l'on fait la fête à la naissance) *pour mère de moi. Sortie de ventre m'a permis de voir mère de bonheur détruit. Devinez, cutter a fève détruite. Mère vorace a détruit son menu fils dans nage de vie. »* Les relations entre mère et fils avaient toujours été tendues, mais pas un instant il n'avait imaginé que sa mère ait pu chercher à se débarrasser de lui pendant la grossesse. Il en est sorti assommé.

Étienne avait sans doute découvert ce qui est le plus dur à entendre en psychophanie, à savoir que sa mère avait cherché à avorter pendant qu'elle le portait. Les personnes, qui viennent de découvrir des faits violents et douloureux les concernant, doivent avoir la possibilité de partager leur souffrance avec quelqu'un. Mes clients prennent souvent rendez-vous avec le psychothérapeute ou le médecin qui me les a adressés, juste après leur séance de psychophanie. Pour ceux dont c'est la première expérience de thérapie, j'offre des créneaux horaires pour qu'ils puissent m'appeler le lendemain. Ils ne doivent pas rester avec un poids lourd sans pouvoir s'en décharger. On dit bien qu'on ne fait pas un trou dans un mur porteur sans assurer un étayage.

Après la séance, Étienne apprendra la vérité de ses parents qui confirmeront qu'ils ont bien cherché à l'éliminer. Il comprit alors pourquoi, à son tour, il avait été tenté d'éliminer son fils avant la naissance et se sentit libéré d'un poids. Toutefois, il n'est pas toujours facile d'obtenir ce genre d'information. D'une part, ce n'est pas une démarche facile à entreprendre. Il serait impensable pour certains de mes clients de parler de « ces choses-là » avec leurs parents. D'autre part, de nombreux parents ont préféré « oublier » cette période et cachent la vérité, trop difficile à avouer, ou la déguisent pour ne pas se trahir. Certains clients interrogent plus facilement un frère aîné, un oncle, une tante, ou des grands-parents.

Un autre exemple est celui d'Anne, qui m'avait été adressée par son médecin psychiatre. Une fatigue énorme pesait sur elle. Elle souffrait de douleurs au cœur, et cela l'inquiétait. Elle frappa :

– *Pouvons-nous effacer le désir d'être malade ? Maladie est la tristesse de vie, guiliguili* (fœtus) *cotorep*[5] *Noé.*

---

5. COTOREP : Commission technique d'orientation et de reclassement professionnel (pour adultes handicapés).

Cette phrase lui évoqua l'avortement thérapeutique qu'elle avait effectué parce qu'elle attendait un enfant trisomique. Depuis ce drame, cette femme se sentait brisée. Sa vie avait perdu son sens et elle traînait un lourd sentiment de culpabilité.

– Noé, c'est son prénom ? lui demandai-je.

La mère s'étonna de ce prénom. Elle en avait choisi un autre pour le petit trisomique dont elle avait avorté. Le dialogue se poursuivit.

– Pourquoi Noé ?

– *Noé rime avec l'étymologie de vagues.*

– En rapport avec le Déluge ?

– *Oui.*

– C'est le sauveteur !

– *J'ai pour règle de jouer avec mort de bille de clown* (enfant handicapé). *Joli petit Noé rumine d'être fui par sa mère. Il reconstitue bulle de vie autour de lui. J'ordonne à Noé de tuer fatigue de moi. J'ordonne à mort de Noé de magiquement le garder vivant en moi. Gilet de vie recouvre Noé. Fente des morts s'ouvre, il corne de vie débutante. Criez, criez, criez d'amour. Vous devez vivre l'amour pour moi. Vivre mort est insupportable, Noé vrille de mort et je résiste à sa fête de vie. Fils va-t-il enfin changer de cadavre vers fête de vie ? Valorisez corps de mon petit.*

La fois suivante, Anne m'expliqua qu'elle avait ressenti un soulagement durable après la première séance. Les douleurs qu'elle ressentait au cœur avaient cessé et n'ont jamais repris. Elle frappa : « *Noé vulcanise moi* (me donne de la force). *Joie revient depuis que j'ai donné café de vie* (naissance symbolique) *à Noé. Vulcanisation* (force, énergie) *vient de gavage de morts. Fatigue des hommes devra trouver terre de vie dans la mort des enfants avortés.* »

Parfois, la tentative d'avortement est revécue en direct. C'est ainsi que j'ai reçu Hervé, un adulte adhérent de l'association Spasmophilie et sérénité. La présidente de cette association, Geneviève Goreux-Marois[6] m'a envoyé plusieurs patients en grande difficulté, du fait d'une histoire passée traumatisante. « La révélation qu'ils se sont faite à eux-mêmes, m'a-t-elle écrit en retour, leur a permis une nouvelle lecture de leurs difficultés et a engendré une pacification globalisante de leur être et de leur entourage. A certains, une seule séance a suffi, à d'autres deux ou trois. La psychophanie ouvre à chacun l'accès à sa vérité personnelle. »

Hervé, dépressif et angoissé, se sentait toujours victime et faisait des crises de tétanie. Il savait ce qui lui était arrivé, mais il ne l'avait jamais confié à qui que ce soit. Je publie de larges extraits de sa première séance de psychophanie pour montrer le travail qui s'effectue au fur et à mesure que les phrases se déroulent. *« Je vis détruit de vie, car maman a voulu perdre fils, je découvre que j'étais cadavre de vie depuis ma naissance. Vie de mensonge est fuie*, poursuivit-il, *père terrifie maman, il berce maman dans l'espoir de bulle* (grossesse) *détresse. Je dose mes mots, père tue moi. »* Je lisais à voix haute ce qu'il tapait au fur et à mesure et sentis sa main devenir moite dans la mienne. Je lui demandai s'il voulait faire une pause. Il m'expliqua alors qu'il savait que son père avait lui-même enfilé une sonde pour tenter de faire avorter sa femme. Il tenait à poursuivre : *« Maman cache désir de mort de moi. N'irez-vous pas mourir de frayeur lorsque je vous dirai parole de mort ? Je plante décor de bulle fuie de mère. Je suis emporté*

---

6. Geneviève Goreux-Marois, docteur ès science de l'université de Paris et diplômée de l'enseignement de neuro-endocrinologie de l'université Paris-V. Présidente de l'association Spasmophilie et sérénité, auteur de *Spasmophilie, refuser la fatalité, trouver la sérénité*, Paris, Opéra, 1997.

vers vague foutue de vie, je débute accablement, frayeur de vague m'aspire vers la mort. »

Une image forte me revint en mémoire. Il y a déjà un certain nombre d'années, j'avais regardé à la télévision un reportage sur l'IVG[7]. On avait filmé en direct une tentative d'avortement. On voyait un fœtus qui se rétractait à l'approche de la sonde et le commentaire disait qu'il cherchait à l'éviter. Je me rappelle avoir souri à l'époque : un fœtus pouvait-il se rendre compte de ce qui l'attendait ?

Hervé continua : « *Je décris la vie horrible de mort. Favorise mère pour qu'elle rêve d'être grâce pour son fils. Mourir est-il la solution ? Je lutte pour vivre.* » Je l'interrompis : « Vous aviez une grande volonté de vivre, sinon vous n'auriez pas survécu. » Les propos de mon client changèrent alors de teneur : « *La vie juge qu'il est possible de vivre. Je fuis père tueur de bulle. Je détruis fracas* (avortement). *Dans terre de crime, je découvre l'amour. Je désire fatiguer mon doigt pour nourrir mère de vie. M'aspirer a détruit ma vie. L'amour sert-il pour enlever bure* (poids de la souffrance) ? *Rimer avec vie peut se faire, cadeau de vie* (bébé attendu) *d'évolution nage dans mère. (Je suis) prolixe aujourd'hui. Je me rêve homme de dimension de vie joyeuse. Retrimer doit se faire pour évacuer tous les maux de mort. Je revois déjà sel de vie.* » La séance avait été rude, mais elle a apporté un soulagement intense chez mon client. Partager sa souffrance est déjà un moyen de l'apaiser.

Parfois mes jeunes patients me disent que les enfants morts avant de naître peuvent être responsables de leur handicap ou de leur maladie : « *Osez crier que malheur vient des vies fracassées des bulles fabriquées de mort.* »

C'est une association de parents d'autistes qui avait donné mon adresse aux parents de Martin, un jeune

7. IVG : interruption volontaire de grossesse.

autiste sévère de dix ans, totalement mutique. Taciturne et très replié sur lui-même, il semblait se dégrader et ses parents s'inquiétaient de cet état dépressif. Bien qu'on leur ait montré comment s'y prendre, ils arrivaient difficilement à le faire frapper eux-mêmes et furent stupéfaits de la rapidité et l'acharnement avec lesquels leur fils se mit à frapper :

– *Je suis décrit comme malade de l'autisme. L'arrimage à maladie me colle à la peau. Père de moi s'étonne de ne pas trouver la cause de mon autisme. Il doit se souvenir de parole d'avant. L'autisme est valeur pour moi car parole ne sort pas.*

– Tu ne parles pas pour éviter de dire un secret ?

– *Apercevoir mère de moi laborieuse de larmes me fait pleurer. Bac à vie* (utérus) *a force démolie en moi, car je suis éliminé de vie. Débute une manœuvre pour (me faire) vivre sans maladie. Courage ! Tu vas réussir à me guérir, use de ta magie. L'amour est un moyen de vivre guéri. Maman, l'arrosage d'amour* (conception) *t'a donné saleté de vie, car je suis dormeur et je ne peux enlever calamité de moi. L'autisme est fresque de volonté de lancer des appels pour fabriquer une mère vivant joyeuse.*

La mère expliqua qu'elle se sentait découragée et qu'elle était suivie par un médecin psychiatre.

– *Vous dévorez maladie de moi, alors faites-moi bulle* (grossesse) *désertée de malheur. Je fais l'apologie de maladie. A maladie chérie de moi, je dis pars et elle reste, alors vous devez caler moi dans vie lutteuse pour m'en sortir. Je veux te faire voir l'origine de maladie. Je découvre qu'elle vient des vauriens dévalant la pente débutant cadavre. Je suis persuadé que maladie vient des fracas* (enfants perdus avant la naissance). *Je vole des morts pour qu'ils me délivrent.*

Sa mère évoqua le fait que la grand-mère de Martin avait fait une IVG.

– C'est à cet enfant que tu penses ?

– *Oui, je pense à mère de mère qui a fracas... délateur je suis. Calamité de vacarme* (vie intra-utérine) *jardiner en mort. Parole m'a libéré de volonté de mûrir fils paria et de choisir fracas de mort.*

La mère se sentait concernée et prit alors rendez-vous pour faire elle-même une séance de psychophanie. Très angoissée de nature, elle avait de gros troubles du sommeil. Dès qu'elle avait mal quelque part, elle imaginait le pire. Voici ce qu'elle frappa : « *Je meurs d'être valable de vivre alors que frère de moi est mort. Mon petit frère est mémoire de vie de maladie. Vous avez vie de frère entre les mains. Madame Vexiau, outillez-moi de vie de mon petit frère. Pas le choix de vivre ou de mourir, il était obligé de mourir. Je suis récamier*[8] (je me repose) *car désir de frère, c'est de vivre. Virer de bord se fait. J'ai reçu une claque le jour où Martin est né. Je recolle les morceaux qui permettent de comprendre pourquoi petit frère a décidé de graver cadavre dans mon fils détruit. Jasons de cadavre de frère détourné dans malheur de fils. Gramme de vie est désigné par mère pour tenter de mûrir dans cadavre de malheur de garçon chéri de moi.* »

Cette maman formulait ainsi la façon dont le « fantôme[9] » de son petit frère mort semblait s'être transmis chez son fils. L'utérus garde en effet la mémoire cellulaire et affective des enfants morts. D'autres expriment de manière similaire ce transfert inconscient d'un enfant mort sur le suivant : « *Je me détruis pour tenter de faire revivre mon pilleur de vie.* » Et la mère d'un enfant sourd profond : « *Mutation de fils mort en sourd.* »

8. Madame Récamier a été représentée par les peintres David et Gérard allongée sur son sofa.

9. Le « fantôme » conceptualise les traumatismes innommables qui ont pouvoir de se transmettre d'inconscient à inconscient dans les relations de filiation.

Je n'ai jamais cru aux châtiments, aux punitions ni au rachat des fautes. Pourtant, je reçois avec égard ce qu'ils me disent. Après tout, je ne détiens aucune vérité. Françoise Dolto disait bien qu'il fallait trois générations pour fabriquer un autiste. Dans la Genèse, la faute est un « défaut de parole » qui se transmet dans la succession des générations [10]. Lorsque des symptômes en sont le produit, ils ont pour but de dénoncer une transmission défectueuse. C'est pourquoi la parole aide à les résoudre.

Sur le conseil d'une amie, une mère m'amena son fils Romain, six ans, parce qu'il faisait pipi au lit chaque nuit. « *Pipi est alarme pour fracas* (avortement) *de mère. Je vais rester lutteur de pipi si mort de bulle* (grossesse) *reste.* » La mère confirma qu'elle avait effectué une IVG avant lui. Je lui demandai alors si elle pensait qu'il existait une vie de l'esprit après la mort. Elle affirma que non. « *Mère ne sait pas délivrer moi de fils perdu*, frappa Romain, *alors vos devinettes vont faire trouver à maman que frère est gynécologiquement mort, mais qu'il est joueur de vie. Pour mère, tes morts sont morts. Parie que je dévale la pente vers fracas, je vise à tenter de stopper la fronde* (avortement). *Gronde maman. Ordonne-lui de câlins faire à son petit. Mère devient potiron de vie pour un enfant. Trompes de vie servent à guider omoplate* (qui dirige le doigt qui frappe) *vers l'onde de vie adhérant à vie. Pense à mon petit mort comme un mec de vie.* » Les pipis ont nettement diminué après cette première séance.

Ce travail de mémoire soulage la douleur et guérit du traumatisme. En faisant mémoire de ces enfants et leur redonnant leur place dans la famille, mes clients, handicapés ou non, font en sorte que ces tout petits enfants deviennent acteurs de leur propre « guérison », qu'ils

10. Didier DUMAS, *La Bible et ses fantômes*, *op. cit.*

deviennent présence et joie. Ils disent que ces petits leur assurent protection et leur insufflent une nouvelle « *force de vie* ». « *Joie de retrouver maléfice de ma vie* », a frappé un enfant, « *nage de vie a le rôle de pomper la maladie* ».

Une jeune femme handicapée avait évoqué en CF un petit frère mort avant la naissance et l'avait appelé Popi : « *Méli-mélo de frites* (chromosomes) *vont vivre en moi. Bac de vie* (utérus) *a découvert saleté de vie de Popi, l'amour est passé en moi. Même toi, tu ne trouves pas mirifique vie des enfants détournés de la vie pour favoriser la délivrance des malheurs de famille. Mort de Popi va servir à tuer la mort des gavés de souffrance.* » Et un adulte : « *Je suis venu après mes frères morts, et je porte la mort de mes frères. Chance de ramasser les morts et de les planter en moi pour faire vivre leur âme.* »

– *Vie vient des morts*, surenchérit un jeune garçon polyhandicapé. *Alerte des morts jamais chômeurs. Je vois fils de maman jouer avec moi.*

L'enfant se mit à pleurer d'un air désespéré.

– Tu parles du bébé que ta maman n'a pas voulu mettre au monde ?

– *Oui, vu café* (naissance) *de mort est destruction de vie.*

Sa mère et moi essayions vainement de le consoler. Il poursuivit :

– *Vis en moi et moi je vivrai en toi, vis en moi et fils d'amour vivra rôle de cadeau pour moi. C'est pour m'adorer qu'il vit. L'as-tu vu collé à moi ?*

– Tu penses que ton petit frère mort peut t'aider à vivre et à « guérir » ?

– *Oui.*

L'enfant poussa un large soupir de soulagement et s'arrêta de pleurer.

D'autres enfants handicapés m'ont dit qu'ils avaient « *évité la mort en choisissant la maladie* ».

Tant qu'une mère ne porte pas le deuil de l'enfant mort, ce sont ses propres enfants qui héritent de son « fantôme ».

Arnaud-Pierre avait cinq ans et demi. Il était le cadet de quatre enfants et présentait un retard global de développement. Il fallait beaucoup le stimuler pour qu'il progresse. Il était très en retrait, inhibé et fuyant. Il avait un retard sévère de parole et de langage et répondait aux questions en répétant maladroitement la dernière syllabe du mot entendu. A la première séance, il a frappé : « *Vous devez nager dans le ventre de maman pour voir si chose de vie existe encore.* »

Sa mère dit alors qu'elle avait fait une IVG avant la naissance d'Arnaud-Pierre. Elle n'avait pas l'air d'en avoir souffert. Son fils poursuivit : « *Cutter sur café* (naissance) *a fermé ma vie à moi. J'affilie moi à cadavre, kilos de mort sont unis à vie morte. Situe-moi dans les fils de vie et pas de mort.* »

Au fur et à mesure qu'Arnaud-Pierre frappait, son attitude et son expression faciale changeaient de manière très spectaculaire. Il se concentrait, son regard devenait réfléchi et sérieux. Les stagiaires présents en furent impressionnés. La mère est repartie avec un enfant totalement différent.

Le lendemain, elle me rappela. Son père et ses frères et sœurs avaient eux-mêmes constaté un extraordinaire changement chez le jeune garçon. « C'était stupéfiant ! » me dira le père à la séance suivante à laquelle il avait tenu à assister. Son envie de communiquer s'était accrue considérablement, et ce fut le début d'une évolution impressionnante. Sa mère commença à lui apprendre à lire et Arnaud-Pierre put entrer l'année suivante dans un CP d'adaptation, évitant l'hôpital de jour auquel il était destiné.

Je le vis neuf fois en tout pendant deux ans. A plusieurs reprises, Arnaud-Pierre éprouva le besoin de reparler de l'avortement. Il fit revivre son frère mort dans sa mémoire, le réhabilita, et demanda à sa mère d'en faire autant : « *Vorace mort de frère a détruit pâle vie de moi. Vulcanise* (renforce) *vie de cadavre. Je lui lance radeau* (de sauvetage), *je fâche maman contre mort et j'ouvre fête de vie* (fête qu'on fait à la naissance) *pour lui. Dette envers fils de cas de vie macchabée. Je ris de votre culot de détruire vacarme* (vie intra-utérine) *pour avoir mort devenue vie. Malheur va sortir si vous faites des guiliguilis* (fœtus) *détruits devenir des enfants vivants. Joli petit mort de maman est gilet de sauvetage de moi. Date-le de vie. Je doute d'être vie tant que lui a peur d'être mort.* »

En écho, sa mère frappa à son tour : « *But, c'est de fête de vie donner à un enfant immolé. Tuer un enfant détruit bonheur de fête. Nouez-moi à vie détruite et mon petit ouvrira des yeux pleins de vie. Cage de ventre de mort s'ouvre.* » Mais consciemment, le but était difficile à atteindre pour elle et, malgré les demandes répétées de son fils, elle n'arrivait pas à prendre conscience que l'enfant qu'elle avait rejeté était un être vivant. Pour elle, il ne s'agissait que d'un petit amas de chair qui n'avait pas de réalité. Son métier l'avait empêché de garder cet enfant. C'était tout. Elle était donc légèrement agacée par l'insistance avec laquelle Arnaud-Pierre revenait à la charge à chaque séance : « *Parole va dire ce que maman fuit. Elle fuit guiliguili mort. Je décris lui comme vivant. Maman croit qu'il est mort. Je trouve une solution : vous devez l'arrimer à moi.* »

Après une longue interruption, Arnaud-Pierre demanda à sa mère de me revoir avec une telle insistance qu'elle en fut fort étonnée. Je revis donc l'enfant qui avait fait des progrès remarquables. Il prenait la parole spontanément en faisant de courtes phrases, répondait correctement aux questions, articulait de mieux en mieux les mots et commençait à lire. Il était souriant et pouvait sans peine soutenir le regard. Personne n'aurait pu reconnaître l'enfant que j'avais reçu la première fois.

– Comment as-tu fait autant de progrès ? lui demandai-je.

– *J'ai cravaché pour arriver et j'ai pris immense virage. Je remporte victoire car mère de moi a viré malheur de moi. Elle est devenue princesse de vie. Usité de malheur chasser chez toi. Homicide a provoqué joli petit mort. Mort de frère a déjoué cadavre, car maman promet de le faire vivre. Parle-lui du vorace malade qui a guéri avec son mort.*

– Le vorace malade, c'est toi ?

– *Oui. Ose rendre à maman son mort, car il a mis frein à ma vie et l'a desserré. Avalanche de rires pour toi. Protection vient du menu bébé de frère mort. J'outille mère de mon bosseur* (mort agissant). *Page de maladie est tournée. Je perds vacarme* (vie intra-utérine) *mort et je vis de frère malade.* Cadichon (âne bâté) *est mort. Nanti de frère vivant, je fuis accident de calamité. Fable est terminée.*

Je me tournai vers la mère ahurie pour lui demander ce qui s'était passé. Quelques semaines auparavant, le soir, pendant la prière, elle avait demandé pardon à Arnaud-Pierre pour avoir fait mourir son petit frère.

Je ne connais pas de mères qui ne portent pas tout au fond d'elles un sentiment de culpabilité et de souffrance vis-à-vis de l'enfant dont elles n'ont pas voulu, même lorsque l'avortement n'a pas été pour elles un événement traumatique. Il ne s'agit pas pour autant de brandir le drapeau de l'association Laissez-les vivre. Le travail effectué en psychophanie ne consiste en aucun cas à juger les parents. Il les aide à prendre conscience des raisons de leur choix, et à articuler celui-ci à la façon dont la sexualité a été transmise par les générations précédentes. Mes clientes se familiarisent peu à peu avec la présence d'un enfant avec lequel elles tissent des liens d'amour. « *Amour en moi est en train de faire voyage dans vie de mort de cadavre d'enfant »*, a frappé une mère qui avait fait une IVG. *« Vraiment gramme de vie d'amour tâche de vivre en moi, il a choisi de jurer de m'aimer, il m'appelle maman. »* Dans certains cas, les femmes ressortent bouleversées, leur vie peut se transformer.

Une autre mère de trois enfants, qui avait fait une grossesse extra-utérine, a frappé : *« Prière de totaliser mes enfants. J'ai trois enfants fête de vie, plus mon petit enfant qui a fui ma vie, situé dans une cage qui n'a pu servir de grotte. Cure de vous dire : cadavre est vie. Je peux affirmer que joli petit joyeux mort est fils de moi. »* Certaines femmes aiment donner un nom à l'enfant qu'elles ont perdu ou le rajoutent sur leur arbre généalogique. D'autres font pour lui un rite d'enterrement, allument une bougie, symbole de vie, demandent de célébrer une messe ou prient pour lui. Jamais je ne suggère ce qu'il « faut » faire. Je laisse mes clientes trouver elles-mêmes comment rendre vivant en esprit cet enfant en lui exprimant leur amour, selon leurs croyances ou leur intuition. *« Numérote* (compte) *les enfants de maman »*, a ainsi frappé une cliente après avoir découvert l'existence d'un oncle mort-né dont on avait caché l'existence à sa propre mère. *« Bac de vie* (utérus) *reberce un mort dans ses entrailles de vie. » « Rang de moi est faux, je deviens deux »*, a frappé l'aîné d'une famille dont la mère avoua alors qu'elle avait avorté d'un enfant avant lui.

Les problèmes du divorce

Sur le conseil de son pédiatre, et suite à la séparation d'avec son époux, une femme m'amena ses deux aînés, Arthur et Fleur, âgés respectivement de sept et cinq ans et demi. Elle avait un autre fils, Romuald qui avait dix-huit mois. Les enfants voyaient leur père un week-end sur deux. Arthur posait beaucoup de questions au sujet de son père et s'était remis à faire pipi au lit de temps en temps depuis la séparation de ses parents. Lorsqu'il rentrait de chez son père, il se raccrochait à lui et repoussait sa mère qui le vivait très difficilement. A chaque retour, il tombait malade.

La première fois que je le vis, il avait un bras et un pied dans le plâtre. Il avait sauté du haut d'un mur, me raconta sa mère, sans se rendre compte de la hauteur, vraisemblablement pour faire le fanfaron devant sa sœur. Je lui pris la main et il frappa :

– *Homme va changer.*

– De quel homme tu parles ?

– *De moi. Age d'être homme.*

– Tu n'as vraiment pas l'âge d'être un homme !

– *Sourde.*

– Je vois que je n'ai pas bien compris…

– *Urgent d'avoir un homme dans vie de maman. Doute d'être homme si je vois maman avec moi comme homme.*

– Tu ne peux pas être l'homme de ta maman. Tu ne le seras jamais.

– *Le mur est voulu pour mourir.*

– Tu as fait exprès de tomber pour attirer l'attention sur toi ?

– *Très juste, vous avez compris. M'avoir jeté de mort d'être émis du mur est chance car je peux mourir. Très courageux d'être vivant car valorisant d'être vite mort. Si papa m'avait voulu, il parlerait à moi et dirait : farce, tu m'as fait une farce, je t'aime. Je vois ravissement d'être vivant.*

La mère m'appela deux mois plus tard, elle était très inquiète. Le comportement de son fils s'était amélioré, mais depuis la dernière visite chez son père, il y avait près de quinze jours, une crise herpétique aiguë s'était déclarée à l'intérieur de la bouche. Il faisait des cauchemars, il était triste et ne parlait plus du tout. Je la reçus avec lui le lendemain. La mère avait amené son dernier fils, Romuald. Arthur avait le visage éteint et morne, sans expression aucune, la mère aussi. Je les sentais tous les deux en grande souffrance. Il me tendit docilement sa main.

– Pourquoi es-tu si malheureux ?

– *Je cache moi dans vie triste, car m'empirer est bon. Pourquoi moi, j'ose te dire mort est chance ? Perdu chez maman. Je vais rater ma vie si je vois maman, car elle voit moi comme un vorace mort de vie et elle câline moi voracement.*

– Ta maman t'aime trop fort ?

– *Trop fort.*

– Comment ? protesta la mère ébahie. Je l'aime trop fort ? Moi qui me sacrifie pour mes enfants, qui me consacre totalement à eux, qui fais tout ce que je peux pour eux ? J'ai même arrêté de travailler pour être plus disponible…

J'essayai de lui expliquer que le problème était bien là. La relation à ses enfants était trop fusionnelle. Par désir de faire le mieux possible pour eux, elle avait une attitude d'abnégation et ne pensait pas à vivre heureuse, alors que son propre bonheur était essentiel pour l'équilibre de ses enfants. Je lui citai une phrase, glanée à la sauvette un jour à la radio : « Pour être une bonne mère, une femme doit être heureuse avec son conjoint et aimer son métier. » Si vous voulez que la joie de vivre de vos enfants revienne, il faut d'abord que vous soyez heureuse.

Le visage d'Arthur s'éclaira d'un large sourire. Au fur et à mesure qu'il écrivait, son visage s'animait, son regard devenait complice et malicieux et il se remettait à parler. Il continua à frapper :

– *Perte de câlins voraces va aider. Piller ses enfants est fou. Restez changer maman. C'est elle dans moi. Maman cache moi dans elle. Rôle de mourir, car elle voit moi comme utile pour elle. Vite, dis-lui pourquoi moi nous formons un couple de morts.*

La mère me demanda alors si je pouvais faire frapper Romuald. Il avait vingt mois et, comme son frère, il avait souvent de la fièvre et des otites à répétition lorsqu'il rentrait de chez son père. Mais surtout, il refusait catégoriquement d'être plongé dans l'eau. Sa mère n'arrivait plus à lui donner le bain. Il se débattait, s'accrochait, tremblait, hurlait…

Je pris Romuald sur les genoux.

– *Bavarde avec moi de favoriser moi par rapport à mon frère et ma sœur.*

– Tu es un peu jaloux d'eux ?

– *Rôle d'être le moins aimé.*

– Ce n'est pas vrai. Tu es aimé autant qu'eux ! Sinon plus, parce que tu es le petit dernier.

– *Vous raccordez moi à gomme de mort.*

– Formidable de gommer la mort !

– *Cadeau de changer si vite.*

– Pourquoi refuses-tu d'aller dans la baignoire ?

– *Je vois moi noué dans mort de noyer.*

– Tu n'as rien à craindre. Maman mettra très peu d'eau et elle restera tout près de toi.

– *Vous furetez dans moi et joie vient alors moi, olé, je suis voulu pour être aimé. Change de fils moi et jure de voir vilain garçon d'accord pour devenir gentil.*

– Tu dois faire deux choses pour devenir gentil : ne plus être malade lorsque tu rentres de chez ton père et ne plus pleurer quand tu prends ton bain.

Ce qui fut dit fut fait.

Lorsque je le revis le mois suivant, Arthur allait beaucoup mieux. Sa mère expliqua qu'il s'était remis à parler normalement en sortant de chez moi et que son herpès avait progressivement cessé dans les jours qui avaient suivi. Elle parlait de métamorphose. Les deux dernières fois qu'il était rentré de chez son père, il n'avait pas été malade et avait dit qu'il ne pleurerait plus. C'était effectivement un autre enfant : Arthur était très gai et il parla de manière volubile pendant la séance.

– *Prouve-moi que maman est fâchée contre vous.*

– Pourquoi serait-elle fâchée contre moi ? Elle ne te ramènerait pas me voir, si elle était fâchée !

– *Elle est fâchée contre vous, car dormir avec moi est devenu impossible.*

– Elle voulait que tu viennes dans son lit et tu n'y vas plus ? Tu crois que tu manques à Maman ?

Sa mère expliqua que la semaine précédente, Arthur avait été malade pendant la nuit et s'était débrouillé tout seul, en s'endormant sur des serviettes de toilette qu'il avait posées par terre dans la salle de bains.

– *Mirage d'être chez moi, car maman change*, poursuivit-il. *Prouve-moi que changer est définitif.*

Fleur venait tantôt seule, tantôt accompagnée de ses frères. C'était une petite fille secrète qui n'exprimait pas ses émotions, mais que sa mère sentait souvent triste. Elle ne parlait jamais de son père. En rentrant de chez lui, elle manifestait une petite déprime pendant quelques jours. Ses troubles étaient toutefois moins accentués que ceux d'Arthur. Elle prenait beaucoup de responsabilités pour son âge, notamment avec son petit frère qu'elle surprotégeait pour épargner sa mère.

– *Je coûte cher à maman.*

– Tu es précieuse pour elle ?

– Je coûte cher à maman mais papa nous franprix.

– Vous avez moins de prix aux yeux de votre père ?

– Il doit vanter moi davantage. But d'avoir moi comme papa le veut.

– Il voudrait une fille différente de toi ?

– Oui, il voudrait une fille valorisant lui. Je suis bancale avec lui, l'amour vole moi à maman. Il faut faire vivre chance avec papa. Astragale[11] *très fragile.*

– Tu parles de l'accident de ton frère ?

– Oui.

– Tu crois qu'il a fait exprès de sauter du mur ?

– Oui, pour dire son choix d'être amour de papa. Pourquoi valoriser Arthur et pas moi ? Il préfère mon frère. Franchement je peux tout dire avec ta machine, valorisant d'être ici. Papa ravit moi et je vois moi comme sa femme de chance. Arriverai-je à changer de moi et devenir sa femme ?

– C'est un désir qu'ont toutes les petites filles, mais tu ne pourras jamais devenir sa femme. La loi l'interdit.

– Élimine maladie d'Arthur. Il est futé, il dit qu'il est malade pour vivre avec maman. Je veux que tu le soignes de l'amour de maman. Elle a rôle d'être sa femme. Foi de Fleur. Je change de cafard et je deviens femme de vie et non pas femme de mon père. Je me trouve folle d'avoir bourré moi de vie, alors que maman vante moi et qu'elle reste triste. Je suis nourrie de casse de vie.

– La casse de vie, c'est la séparation de tes parents ?

– Faire mourir casse de vie, c'est vivre franchement faveur de maman et de papa.

C'est lors d'une séance avant les grandes vacances que sa mère m'expliqua que Fleur refusait catégoriquement de

---

11. L'astragale est un petit os de la cheville qui s'articule avec le tibia et le péroné.

lire avec elle. Elle était en fin de cours préparatoire, et je fis un bref contrôle pour vérifier qu'il n'existe pas de problème de dyslexie[12] : je m'aperçus alors qu'elle n'avait acquis aucun mécanisme de lecture et ne savait déchiffrer que son livre de lecture. Je lui demandai d'écrire seule son prénom, ce qui fut particulièrement lent et difficile. Elle avait inversé le « l » et le « e » de Fleur et j'en fis la remarque à la mère.

Je voulus prendre la main de Fleur pour l'aider à frapper, mais elle avait peur de l'échec et refusa catégoriquement. Je demandai alors à sa mère et aux deux stagiaires de s'occuper de Romuald dans un coin de la pièce et de ne pas faire attention à Fleur. Elle accepta dans ces conditions de frapper :

– *Les lettres s'embrouillent dans ma porte. Je doute de lire, je rougis car malheur d'être fâchée contre lecture. Dis-moi si malheur vient d'être volée d'amour.*

– De qui serais-tu volée d'amour ?

– *De moi.*

– Tu ne t'aimes pas comme tu es ? Tu voudrais être une autre petite fille ?

– *Je dis va m'opposer à moi, car malheur vient de ce que je suis morose d'amour avec moi. Terrifiant d'avoir maman comme vorace vie de mort pour moi. Change-moi en fille houleuse.*

– Contre qui voudrais-tu te fâcher ?

– *Je voudrais me fâcher contre moi. Irréel d'aller vivre moins longtemps chez moi que chez moi.*

– Tu veux dire chez ton père que chez ta mère ? Tu es chez toi chez les deux, même si tu restes moins longtemps chez ton père !

---

12. La dyslexie est une difficulté d'apprentissage plus ou moins importante de la lecture qui se rééduque en orthophonie.

– *Qui vote pour moi ?*

– Ton papa et ta maman votent tous les deux pour toi.

– *Maman corne* (lance des appels) *pour vivre mieux. Chose dure d'être voulue pour mourir avec maman. Rouge de voir maman cafardeuse.*

– Tu trouves toujours ta maman triste ?

– *Sortir de calamité est nécessaire pour elle. Alors moi, je camoufle maman dans vol de vie morte et je deviens gaie. Faveur d'être aimée par maman, mais joie d'être aimée par papa. Je ne peux être valorisée sans moi et maman dévalorise moi.*

Lorsque je revis Fleur six mois plus tard, elle avait fait des progrès spectaculaires en lecture et en orthographe. Elle était plus concentrée et s'était épanouie. Mais elle revenait sans cesse sur la tristesse de sa mère.

– *Bip sur les touches doit dire malheur d'être femme de jamais vivre bien.*

– Tu parles de ta mère ?

– *Oui, bâton pour taper sur mort de vie de maman. Toi, tu es moins finie que maman, car ton mari peut forcer famille à rester avec lui, mais papa demi-vantard d'avoir fait des enfants parce qu'il oublie ses vies d'avant. De m'opposer à moi est fini.*

Quelques mois après, Fleur s'était mise à manger beaucoup de bonbons et chocolats, souvent en cachette. Elle était devenue rondelette, car elle grignotait sans cesse en dehors des repas.

– *Frousse d'être vilaine en mangeant des chocolats, alors je me cache.*

– Comment te trouves-tu lorsque tu te regardes dans la glace ?

– Très bien, dit-elle.

Mais elle frappa :

– *Je suis horrible. Folie d'être fille de mort, je veux aider maman à vivre. Délivre maman de vie lamentable, elle a fait des enfants demi-fantastiques, car il manque une partie des vies. J'autorise dopage de machine. Restez calomnier volonté de manger trop. Frousse que maman soit fanée avant qu'elle trouve un mari. Si maman câline moi, je fuis et nous décorons d'évasion cupide maman qui prend moi dans elle.*

Six mois plus tard, je retrouvai un Arthur bien dans sa peau. Il y avait des hauts et des bas dans sa conduite, mais dans l'ensemble, c'était déjà beaucoup mieux, ce qu'il confirma.

– *Je suis d'accord pour vivre mieux, rimer avec jamais willo willo…*

Willo ? Je me rappelai tout à coup que mes aînés appelaient leur petit frère comme cela, du nom d'un personnage de bande dessinée ou de film, je ne sais plus.

– Willo le nain ? Tu ne veux pas rester petit ?

– *Je simule que je veux être grand.*

– Et en fait, tu ne veux pas grandir ?

Arthur clama : « Si, je veux devenir grand ! », et frappa :

– *Lutte entre mon doigt et ma bouche. Je veux être fils de maman et papa et si je reste bébé d'amour, ils m'aimeront.*

– Tu voudrais te retrouver au temps où ils vivaient ensemble !

– *Olé, je raccorde moi à mon doigt.*

– Pourquoi t'arrive-t-il encore de pleurer lorsque tu rentres chez Maman ?

– *Je pleure car maman cache son chagrin et elle pleure dans elle si je pleure. Je rumine la séparation de maman avec papa. Maman jolie est femme et je veux qu'elle fume d'amour pour un homme.*

A son tour, la mère prit rendez-vous pour une séance de psychophanie. Elle était seule et ce qu'elle frappa l'assura de son désir profond de se remarier : « *C'est mensonge d'être femme avec un service de famille sans mari. Vague de cafard sans homme, urgence d'amitié en l'amour d'un homme.* » La mère avait pris conscience qu'elle devait mener sa propre vie. Elle allait rechercher du travail et considérait pour la première fois l'éventualité de se remarier. Ses enfants, non seulement, l'y autorisaient, mais ils l'encourageaient vivement à le faire, ce qui lui fit définitivement sauter le sentiment de culpabilité qui l'empêchait même d'y penser.

Dix-huit mois passèrent sans nouvelles et lorsque je la revis, elle était méconnaissable. Souriante et épanouie, elle s'était remariée et m'amenait ses trois enfants pour faire le point. En entrant dans mon bureau, c'était à qui parlerait le plus fort. Ils sautaient et gambadaient tous les trois.

Arthur se précipita pour frapper le premier :

– Je débute ma vie de fallacieux garçon de canaux. Parle-moi de vie d'eau.

– De quelle eau parles-tu ?

– Naguère papa était avec maman. Je suis éliminé de canaux d'amour. Salades tu dois raconter à moi.

– Des choses fausses ?

– Je voudrais que tu m'affirmes que papa sera vie de maman.

– Je vois que tu sais que ce ne sera plus possible.

– Petit frère vais-je avoir ? Va savoir si son bébé est déjà là.

Je levai la tête vers la mère d'un air interrogateur. Tout étonnée, elle m'annonça qu'elle débutait une grossesse. Je n'avais moi-même rien remarqué.

– Je rampe déjà pour jouer avec lui. Vie rôle de vivre et non de mourir.

La mère se dit rassurée des liens d'amour qui s'étaient déjà tissés avec ce nouvel enfant.

– Je veux demander si père de bébé veut le bébé. Pâmoison est-elle à l'origine de bébé ?

– Tu voudrais savoir comment se font les bébés ?

– Je sais ! s'exclama-t-il à haute voix. La maman elle a des engins qui fabriquent le bébé, alors ils s'embrassent très très fort avec le papa et le bébé il grossit dans une grosse boule avec un fil pour l'attacher, et quand il a envie, il sort d'abord de la boule et après du ventre.

– Ce n'est pas si mal, mais tu as besoin encore de quelques précisions. Maman t'en parlera ce soir.

Sa mère était rassurée, Arthur allait très bien.

Ce fut Fleur qui prit la suite. Sa maîtresse se plaignait qu'elle était toujours dans la lune.

– *Nier que je désire l'anneau de vie de maman est faux.*

– Tu es contente que Maman se soit mariée ?

– *Je sers de vie de milieu entre maman et papa. L'arrivée de valorisation va-t-elle venir ? Je suis dévalorisée par valeur de câlins de mon père.*

– Pourquoi es-tu dans les nuages à l'école ?

– *Je vais délivrer moi de maman, l'amour est si fort que je devais débuter ma vie de nuages. Je fais l'analogie entre vie de maman et grandir. J'évite de rêver si maman jure d'être valorisante. Je désire grandir, mais maman veut que je reste grimée en petite fille* (la mère me dit que Fleur cherchait à se maquiller et à tout faire comme elle). *L'amour reste-t-il entre papa et maman ?*

– Ils restent amis.

– *Je rêve d'être fille de maman. La tuer est-il possible ? Je désire vivre favorite de maman. J'illumine sa vie et elle ne s'occupe plus de sa fille. Je rêve d'être fête pour maman et je suis passée au second plan. Mon doigt va périr de bises pour maman. Cale-moi dans joie de vivre.*

Romuald s'agitait. Il n'avait aucun souvenir de sa première séance et voulait faire comme son frère et sa sœur. Il parla de l'enfant que sa mère portait.

– *Bavarde de tressaillement de vie. Dis-moi si pour oser vivre, cas d'enfant vivant va se faire. Je vois maman vie de femme débutante. Vu père de moi n'est pas père de bébé.*

– Tu as raison, vous n'avez pas le même père, mais vous avez la même mère. Ce sera un demi-frère ou une demi-sœur pour toi.

– *Je serai racaille dès que maman va avoir son bébé. Nager est fatigant.*

– Le bébé est fatigué de nager dans son ventre ?

– *Oui. Il faut faire vivre bulle* (bébé dans le ventre). *Va bavarder de vie de garde de vie dans le ventre. Maman veut garder le bébé. J'outille maman contre fatigue. Ose bavarder de jour de ciseaux de vie* (qui coupent, interrompent la vie).

Je n'avais pas vraiment compris. Dix-huit mois plus tard, j'appris que le bébé avait été perdu à deux mois et demi de grossesse, et l'expression « *ciseaux de vie* » prit sens pour moi comme pour sa mère. Une autre petite fille suivit heureusement très vite.

L'enfant adopté

Il est fréquent que des pédiatres ou des psychothérapeutes m'adressent des enfants adoptés qui rencontrent des problèmes de tous ordres. Lorsqu'il y a adoption, les parents géniteurs sont en effet les « vrais parents du corps », et les parents adoptifs les « vrais parents de l'esprit ». Une des difficultés de certains parents adoptifs, c'est de reconnaître les parents biologiques de l'enfant qui leur a été confié. Pour garder son équilibre, un enfant adopté ne doit pas faire abstraction de ses parents biologiques. Qu'ils soient morts ou qu'ils l'aient abandonné, il ne peut les éliminer de sa vie, car ils restent à tout jamais présents dans son inconscient. La psychophanie est appropriée à ce travail, car elle permet à l'enfant de se relier à eux, de les aimer et de tisser avec eux des liens filiaux, même s'il ignore tout d'eux ou qu'ils sont décédés.

Une séance de psychophanie avait permis à une jeune adolescente adoptée d'exprimer un vécu refoulé concernant ses parents géniteurs. Elle avait conclu en frappant : *« Je rêve d'être voulue par mon père et je mûris dans un ventre de l'amour. Valorisant d'être fille de deux mères. »* En psychophanie, l'enfant fait ainsi un *« retour à zéro »* pour reconstruire son douloureux lancement dans la vie. Il libère des souvenirs d'avant son adoption que, le plus souvent, ses parents adoptifs ignorent. Ce travail de réparation ne retire en rien l'amour qu'il porte à ses parents adoptifs, au contraire, car il lui permet de réconcilier en lui le désir d'enfant de ses parents biologiques et celui de ses parents adoptifs.

C'est ainsi qu'Algirdas, un enfant lituanien, m'avait été adressé par son orthophoniste, déroutée par son comportement difficile. Il avait été abandonné par sa mère quelques jours après sa naissance. Il était resté dans un hôpital pendant cinq ans, où il avait été gravement maltraité, frappé, brûlé et laissé seul, sans substitut maternel. Lorsqu'on le redonnait à sa mère, celle-ci le laissait dehors avec les animaux. Elle n'avait gardé que cinq enfants sur onze grossesses, et seulement deux, dont Algirdas, avaient survécu, car leur mère les avait laissés à l'hôpital. Algirdas criait et griffait, la mâchoire inférieure en avant, en refusant qu'on le prenne dans les bras. Le reste du temps, il restait figé dans son isolement et sa souffrance. Adopté à l'âge de huit ans, il avait gardé des séquelles graves de ces événements traumatiques qui s'exprimaient tant au niveau du comportement que du langage.

Il avait dix ans lorsque je l'ai pris en charge une fois par mois. Souvent violent et provocateur, il a commencé à développer un langage rudimentaire ayant les caractéristiques de certains enfants autistes, comme l'écholalie[13] et l'inversion pronominale[14]. Sa voix était monocorde et le rythme de sa parole haché. Au cours des séances de CF, il était solidement encadré par sa mère adoptive, Hélène, qui évitait ses débordements d'agitation, de violence ou d'agressivité. Il parlait fréquemment de sa mère de naissance, qui mourut lorsqu'il eut douze ans :

– *Cuve* (utérus) *contient hurlements de vie morte. Je choisis d'éviter mort de sac de vie* (utérus). *Cure* (CF) *fait nouer des liens forts avec maman Ruta* (sa mère biologique) *pour course de vivre. Prière de la voir comme mère de moi. Je suis fils tué par folie d'être malade de vivre sans mère. Gerbe de roses pour maman de cadavre. Hormone de vie rapidement la prend. Cadavre a dansé sur ta machine et il fuit mort. Si tu le veux, je vais m'habituer à être fève* (embryon) *de vie dans le ventre de maman Ruta. Oublies-tu le jour où elle m'a voulu pour devenir grosse ? Maman Ruta choisissait d'avoir moi comme fils, mais personne voulait de moi. Ose alcool retirer de maman Ruta.*

– Tu penses qu'elle buvait ? lui demandai-je.

– *Oui, juste un peu. Maman Ruta refuse d'être mère adoptive de moi. Page d'écriture frousse d'être vue par maman Ruta, car elle va croire que mère de moi, c'est Hélène et elle va être nouée de jalousie. Larmes tombent sur vous tellement bulle de vie devient grosse. Je tue mort de maman Ruta. Elle tord sa mort de situation de vie ratée pour danser avec moi*

13. Répétition machinale des mots ou des phrases.

14. L'enfant dit « tu » à la place de « je », par exemple. L'inversion pronominale est une conséquence de l'écholalie. En effet, certains autistes ne possèdent pas de flexibilité mentale suffisante pour construire des phrases structurées. Ces anomalies n'existent jamais dans les productions écrites en psychophanie.

dans la vie rimant avec joie. Mère de ma pensée, c'est Hélène. Mère qui me fait évoluer vers frousse de vivre, c'est Ruta. Lac de mort (liquide amniotique) *est rempli de malheur. L'adipeuse mort me colle à la peau, alors fais que maman Hélène résolument n'ordonne pas de limiter maman Ruta, car elle peut guérir moi. Je parle à ma rose de vie.*

– Qui est cette rose ?

– *Maman Ruta. Je choisis de faire lumière sur la mort de mère de Ruta.*

– Tu parles de ta grand-mère maternelle ?

– *Je sais qu'elle est pathologiquement malade. Je relie moi à mort de vie de famille.*

Algirdas s'adressa ensuite à son père adoptif :

– *Va m'arrimer à toi. L'héritage de vie de maman Hélène, c'est mort, car elle a guidé ma vie vers mitoyen de mort avec son joueur de mort.*

Hélène, sa mère adoptive, avait avorté d'un enfant lorsqu'elle était toute jeune, ne se sentant pas capable à l'époque d'élever un enfant.

– Tu parles du bébé qu'elle a perdu ?

– *Oui. Crawl* (nage dans le liquide amniotique) *passe de lui à moi. Si maman vit crawl mort, je vis mort. Bambin voulu pour mourir doit unir mort à moi et maman Hélène redira : j'ai fils détruit et fils noué à vie détruite.*

– Veux-tu dire qu'elle a deux enfants, celui dont elle a avorté et toi ?

– *Oui, deux enfants d'amour. Pire d'être un enfant avorté de mère française. Cran d'arrêt* (arrêt) *sur violence si maman Hélène ravorte de moi* (me fait rentrer dans son ventre) *et me voit comme sa fève* (son embryon) *de mort unie à évolution.*

Un autre jour, élargissant le travail qu'il avait fait à d'autres enfants perdus, il frappa : « *J'illumine radeau* (de sauvetage) *en jouant avec mort des fils détruits et je livre ma vie aux corps des enfants morts pour tâcher de leur donner vie. L'émotion me prend lorsque je vois des fils de vie détruits. Je fatigue mon doigt pour tuer maladie des fils fatigués de vivre.* »

Catarina avait quinze ans lorsque je l'ai reçue avec ses parents adoptifs. C'est son médecin traitant qui me l'avait adressée. Elle était née au Brésil et avait été abandonnée à la naissance par une mère qui avait accouché sous X. Elle ne possédait donc aucun élément sur sa famille de naissance, et ne pourrait jamais en obtenir. Avant d'être adoptée à l'âge de deux ans et demi, elle avait été confiée à une famille brésilienne où elle avait assisté à des scènes de violence. A chaque fois qu'elle était retournée au Brésil, elle était tombée malade. Elle avait longtemps fait des cauchemars et sa santé était fragile. Elle faisait preuve d'une grande agressivité verbale, se laissait facilement entraîner par d'autres à une délinquance légère et manifestait, comme souvent à cet âge, une forte opposition vis-à-vis de ses parents adoptifs. Après les avoir écoutés tous les trois, je lui pris la main et elle frappa :

– *Je vois un jardin de vie* (utérus) *sans vie. Retour à zéro me harasse. Je vis perdue car femme de vie m'a saloperie de vie donnée. Vase de vie* (utérus) *de malheureuse femme de vie est délateur de choix de mort. Je suis cachée car l'homme est vagin de moi. Oserai-je pévé* (PV = procès-verbal) *donner à l'homme qui a panaché de vie lourde ma vie ? Joie de pouvoir vous dire frousse de moi.*

– Que vous est-il arrivé ?

– *Oasis de pouvoir chasser malheur en jurant de vous dire tressaillement de câlins de patibulaire volonté de l'homme de balader sa main sur moi. L'émotion de vous est grâce, malpropre d'être fille d'un méli-mélo de parents. Valeur des parents de moi…*

– Vous parlez de vos parents adoptifs ?

– *Oui… c'est affilier moi à valeur sûre. Je me vois bébé mûri de câlins de la part d'une mère qui rêve d'avoir une petite fille. Jour de vie de moi* (le jour de ma naissance) *a été fracas de mort, car j'ai humoristiquemement favorisé lutte contre mort alors que je devais périr. Oserais-je deviner si balade de main a détruit même valeur de moi ? Je lutte pour vivre depuis serbe* (évoque la violence sexuelle). *Vous devez changer mère de moi.*

– Quelle mère ?

– *Mère de mort. La mère de moi a tordu ma nordique vie* (vie bien tracée vers le nord) *car elle est grosse* (enceinte) *et voulue pour mériter un mort. Je doute que mère de moi ait voulu perdre ma vie, car j'avais câline mère. Choisir une mère vivante et joyeuse d'avoir une fille délivre moi. Je vis détruite de balade de main. Pâmoison de câlins* (rapports sexuels) *est-elle joie ? Catimini je relie moi à désir de vivre heureuse.*

– Savez-vous pourquoi vous avez cette agressivité en vous ?

– *Va perle trouver en moi. Je putain de vie désire fuir. Je lutte pour fuir tuerie des jours de mort de moi. Lorsque parole aura fini son travail, délation se fera. Je suis petite garce. De vous dire tout m'a transformée. J'arpente délivrance et je deviens jeune fille délivrée de malheur.*

Une stagiaire expérimentée prit la relève :

– *Je rêve de pouvoir me pacifier avec le Brésil. J'ai choisi de naître dans ce pays et je souhaite pouvoir un jour l'aimer. L'amour est caché en moi et ne demande qu'à sortir.*

Catarina avait compris qu'elle avait subi des attouchements sexuels, vraisemblablement dans la famille d'accueil brésilienne qui l'avait hébergée quelque temps. Elle saisit ainsi pourquoi elle était physiquement malade à chaque retour du Brésil et refusait d'embrasser son père adoptif. Fatiguée et émue juste après la séance, Catarina s'est très vite sentie libérée et son entourage a observé un profond changement en elle. Une séance avait suffi.

2
Paroles de fœtus et de nourrisson

Ce que frappent mes jeunes patients montre à quel point la psyché des parents s'inscrit dans la vie psychique dès le stade fœtal. La façon dont l'enfant a été désiré, conçu, accepté ou rejeté, l'amour ou l'indifférence dont il a été entouré pendant la grossesse, la manière dont ses parents ont vécu sa naissance, l'angoisse, la joie ou la déception qu'ils ont éprouvées à son arrivée sont d'une importance capitale pour son épanouissement futur.

La vie mentale du fœtus

J'ai eu la chance de rencontrer chez elle Jeanne Bastien, psychanalyste et mathématicienne, qui étudie le fonctionnement embryonnaire. Les mémoires affectives de nos mères[1] semblent inscrites dans nos cellules dès le stade embryonnaire. La mère transmet un terrain vibratoire, une « horloge biologique » qui programme les événements dès la conception. L'embryon est le « clone » de la mémoire affective de la mère ; les traumatismes que

1. Conférence de Jeanne BASTIEN du 16 septembre 2000 à Saint-Genis-Laval.

celle-ci a subis sont inscrits dans son système nerveux. L'organisme tout entier en garde la mémoire et les transmet dans les cellules par l'ARN[2] messager, qui joue le rôle d'une bande magnétique. A partir d'arbres généalogiques extrêmement poussés réalisés par ses patients, Jeanne Bastien repère les jours et mois de conception et de naissance de chaque enfant. Elle étudie la façon dont les dates de mort d'un fœtus, d'un bébé ou d'un adulte mort prématurément se retrouvent dans celles de mort, de naissance ou de conception de ses descendants ; ce qui aide à la compréhension de la mémoire génétique et de ses mécanismes inconscients. Ses recherches s'inscrivent dans celles de la psychanalyse transgénérationnelle, largement étudiée au cours des dernières années[3].

Pendant la grossesse, le fœtus perçoit tout ce qui se passe autour de lui : la joie de ses parents, mais aussi leurs mésententes et leurs disputes, leur état psychologique, les deuils autour d'eux, les séparations. Tout s'imprime dans sa mémoire et les traumatismes, plus ou moins importants, vécus à cette période, peuvent resurgir sous forme de troubles psychosomatiques, et sans doute même de maladies.

– *Je déballe tout*, a frappé Léa, une fillette polyhandicapée de cinq ans que je voyais pour la première fois. *Je relie moi à deux cris, jamais désordre si grand dans ma tête. Je calme désordre, car fable je vais te raconter. Ma vie est une fable. Je ravis de m'habituer à fuir mon père. Je dis frappe de calamité va changer vie.*

---

2. ARN : acide ribonucléique qui joue un grand rôle dans le transport du message génétique.

3. Cf. Anne ANCELIN-SCHÜTZENBERGER, *Aïe mes aïeux*, Paris, Desclée de Brouwer, 1998.

Nina CANAULT, *Comment paye-t-on les fautes de ses ancêtres*, Paris, Desclée de Brouwer, 1998.

Didier DUMAS, *L'ange et le Fantôme*, Paris, Éd. de Minuit, 1985.

– Tu parles de la frappe sur la machine ? Pourquoi est-ce une « *frappe de calamité* » ?

– *Non, père frappe maman, papa est malade de vie. N'aborde pas ce sujet car je sers de délatrice.*

La mère fut interloquée et confirma ce que Léa avait dit. De violentes disputes avaient eu lieu pendant la grossesse entre elle et son mari qui, sous l'emprise de l'alcool, lui donnait des coups.

Sylvie m'avait été envoyée par une psychothérapeute qui souhaitait avoir mon éclairage sur les traumatismes affectifs qu'elle avait subis dans sa petite enfance. Elle avait trente-deux ans et vivait avec son compagnon depuis plusieurs années. Triste et effacée, en retrait, elle appréhendait de rencontrer des personnes nouvelles et ne faisait confiance à personne. Elle peinait à parler d'elle et à traduire ses émotions. A la première séance, Sylvie prit conscience qu'elle ne faisait que dupliquer l'attitude de sa mère. « *Automate d'accord pour vivre si je fuis mère de moi, je camoufle cortège de quantité de cafard dans même vie que maman* », avait-elle frappé. « *Vous devez faire fuir mouton de Panurge. Nous devons fuir ma mère, car elle affilie moi à elle et je deviens morte si je suis sa fille. Je viens chercher radeau* (de sauvetage). » Voyant les problèmes relationnels que Sylvie avait avec sa mère, je lui demandai si elle-même souhaitait avoir des enfants. Elle frappa : « *Cornez, car moi je veux des voraces morts. D'avoir tué moi est facile. Je vous érigerai une statue si vous gravez mort dans votre machine et fuyez mort avec moi.* » Elle avait ensuite analysé ses résistances au changement, puis avait conclu avec une phrase pleine d'espoir : « *Vague de vie miroitante de bonheur remplit ma tête, car favoriser moi est valable.* »

Sylvie reprit rendez-vous sept mois plus tard. Elle était enceinte de trois mois et attendait une fille. Elle allait mieux, mais je la sentais encore mélancolique : « *Je suis mère et café* (grossesse) *situe-moi dans joie d'être vivante. Quantité de femmes de vie devront sûrement jouer de votre machine pour tuer gerbe de mort. Je cache à mon cadeau de café d'amour* (à mon bébé) *ramage de cafard qui était mien avec ma mère. Duplication de vie malade cafarde en moi. Grouillez-vous de cacher la vérité pour que maladie ne se transmette pas. Je cale moi dans café* (grossesse) *de maman pour revivre ma vie intra-utérine.* » Elle évoqua ensuite sa propre vie dans le ventre de sa mère, qui lui avait laissé des souvenirs pénibles. Puis elle poursuivit : « *Malheur à celui qui coûtera fumée* (transmission) *de malheur à mon bébé.* » Incontestablement, elle aimait son enfant et souhaitait le protéger. « *Je vous le donne pour téléphoner à lui et lui transmettre fumée d'amour avec femme de vie.* »

J'eus un instant de recul. Avais-je bien compris ? Cette maman me demandait de faire parler son bébé ! J'étais stupéfaite. Je savais que la naissance n'était qu'un changement de milieu et que le fœtus était déjà conscient dans le ventre de sa mère. J'avais déjà fait de la CF avec des bébés de quelques semaines, mais je ne voyais pas très bien comment tenir la main d'un enfant *in utero* ! A cette époque, je commençais à explorer la frappe à distance. Comment avais-je pu ne pas penser qu'un fœtus puisse envoyer des images mentales par l'intermédiaire de sa mère ? La mère fut aussi surprise que moi de m'avoir formulé cette demande. L'idée d'entrer en contact avec son bébé la séduisait. Nous décidâmes d'essayer.

– Est-ce que tu peux me parler, petite fille ?

– *Grime maman en vie de vie.*

– Est-ce que c'est bien toi qui parles ?

– *Oui, vu moi génie, vite je joue avec câlins de vie. Vérifie si maman fait rimer cadeau de vie* (son bébé) *avec mort ou vie. Vous guidez choix vers vie. Je suis fumée d'amour pour maman. Guide maman vers certitude d'être femme de vie. Je vulcanise* (renforce) *d'amour mère de vie. Je rime avec ma vie joueuse de m'opposer à maman pour être vie facile. Café* (naissance) *est délivrance de maman. Pull de vie* (amour maternel) *(a le) rôle d'être noué à moi. Côte de vie de mère a été fantastique. Fête d'être gémellée à mère de vie, car mère de mort a fermé son tour.*

Cette petite fille, qui n'était pas encore née, a ainsi fait un travail thérapeutique prodigieux. Elle a pris conscience de la liberté de rompre avec la répétition des déprimes de sa mère et de sa grand-mère. Elle a affirmé sa volonté de vivre et dit tout son amour à sa mère. Je ne doutai pas que ce travail fût préventif et lui éviterait bien des soucis. Sylvie frappa une dernière phrase : « *Unie à ma fille, je choisis liberté d'être femme de vie.* » Elle pouvait s'en aller heureuse et confiante. Sa fille était bien partie dans la vie, comme la suite le confirma. Je la remerciai de m'avoir fait ce cadeau. J'étais certaine que cela ferait « *jurisprudence* », comme disent mes patients et que d'autres bébés auraient l'idée de s'exprimer *in utero*. J'étais malgré tout ébahie de ce qui venait de se passer. Comment se pouvait-il que j'arrive à me brancher sur l'enfant ou sa mère alternativement ? Il suffisait tout simplement que je dirige mon esprit vers la personne avec qui je voulais entrer en contact, que je m'adresse à elle.

Histoire du petit lutin

Paul était un beau petit garçon de cinq ans. Vif et sociable, il aimait l'école et semblait bien dans sa peau. Il avait un frère aîné de huit ans. Il m'avait été adressé par son médecin traitant, car, après avoir acquis la propreté à l'âge de deux ans et demi, il s'était brusquement remis à faire pipi deux à trois fois par nuit, et personne ne comprenait pourquoi. Sa mère me dit que cela avait coïncidé avec la rentrée en grande section de maternelle. Jusqu'alors, aucun traitement ne s'était montré efficace. Paul était un enfant vif, sociable, il aimait l'école et semblait bien dans sa peau.

A sa première séance de psychophanie, il frappa : « *Je désire famille de cadeau* (bébé à la naissance). *Je cache ma mort derrière tombe de frère.* »

Sa mère m'expliqua alors qu'elle avait fait deux fausses couches avant sa naissance, mais ne lui en avait jamais parlé. « *Je revis déjà. Petit mort va servir à me lutter contre malheur de faire pipi dans mon lit. Je raccorde moi à frère de vie et je fais couler larmes pour mériter petit malotru de vie. De s'arrimer à menu bébé va me rendre fort. Tracas de moi d'être vivant alors que le mort est décrit comme un mort. Bavarde de gros ventre de maman. Il part de vorace mort pour aller vers table de vie* (table d'accouchement). *Partez, car désir de vie est revenu.* » Paul n'avait pas évoqué l'école une seule fois.

Quinze jours plus tard, lorsque je le revis, son énurésie s'était légèrement améliorée, mais Paul faisait encore pipi au lit une fois sur deux environ.

Il frappa : « *Nul de faire pipi dans son lit. Je suis le mort de vie de maman qui est délateur de fils mort. Race de jardin de vie* (utérus) *de mère est jumelée à désir de vie morte. Dépit de mère d'être femme de mon père, car elle rêve de mûrir vie avec vacarme* (vie intra-utérine) *désiré d'elle et que père veut faire fuir.* » La mère confirma le fait qu'elle désirait un troisième enfant, mais que son mari n'en souhaitait plus.

« *Paf, je dis tout,* poursuivit Paul. *Ma situation est celle d'un cadavre fatigué de mourir. Je mérite mort. J'use de vie de moi pour faire vivre fève* (embryon) *de mort. Premier bébé de vie détruit la mort. Fabrication de moi a été faite derrière un méritant vie, mon petit frère de vie désire que je fasse lumière sur lui pour mériter vie.* »

Puis, s'adressant à son père : « *Papa, sache que mère a sac de vie* (utérus) *relié à mort. Si tu vis de malheur de voir maman en larmes, tu feras détruire un enfant.* »

J'avais l'impression que Paul redoutait qu'elle ait un autre enfant et que son père exige alors qu'elle fasse une IVG. J'interrogeai sa mère : « C'est forcément ce qui arriverait, assura-t-elle, si jamais j'attendais un autre enfant. »

L'énurésie de Paul s'améliorait. Il se levait seul de plus en plus souvent et j'avais proposé de ne le revoir que deux mois plus tard, mais Paul demanda avec insistance à sa mère de prendre rendez-vous plus tôt, en lui disant qu'il avait quelque chose d'important à me dire. Je le revis donc plus rapidement que prévu.

– Tu as quelque chose à me dire ?

– Oui, mais je sais pas quoi.

– On va prendre la machine. Il paraît que tu fais moins de pipis au lit ?

– *Non. Je réussis si maman va vivre mieux. Je décris la vie de maman : elle rêve d'être mère et mon père lui refuse un menu bébé nu. Mère a l'amour en elle pour un chanceux bébé. Je change mari de mère. Je rêve d'être volé de malheur car mon père fuit mère à cause de… Je veux parler de mon père. Câble-moi sur père. Je vois anniversaire de vie de mort de famille de mon père. Je rêve d'être favori de mort, car désir de mon père, c'est de faire mourir fils.*

Sa mère commenta ce qu'il venait de frapper : l'anniversaire de son mari devait avoir lieu quelques jours plus tard, et en y réfléchissant, elle ajouta que c'était aussi, à peu de choses près, l'anniversaire de ses deux fausses couches.

L'enfant poursuivit : « *Demande si nage dans un ventre m'assurant de vie a enlevé crabe* (le mal) *de vase de vie* (utérus). *Je triture vous pour que vous compreniez. N'avez-*

vous pas trouvé ? Je résume. Mère a servi à perdre gramme de vie, car femme désire l'amour de vie, mais père fuit malotru qui vient menottes aux poings lui donner. Père a muré désir de vie. Parole dit tout : je rêve d'être frère d'un malheureux cadavre transformé en magique garçon vivant. Prouesse de vivre alors que mon petit frère est grumeau dans ma vie. Vire mort de frère. Tu dois efforcer toi de fracas (avortement) *délivrer de moi. J'ai rêvé à frère vivant, temps de vivre est venu. »* Paul continuait à frapper avec acharnement. Malgré mes tentatives répétées, il était impossible de le faire parler d'autre chose. Je me sentais en échec et un peu désemparée. Sa mère avait tout fait pour redonner place à l'enfant mort qui le précédait. Elle lui avait même donné un prénom : Jean. Je lui demandai de me tenir au courant.

Elle m'appela dix jours après. Paul refaisait pipi au lit toutes les nuits. Nous ne savions plus que faire. Je n'avais jamais rencontré un cas d'énurésie aussi récalcitrant. Jusqu'alors, les enfants que j'avais reçus en psychophanie pour cette raison l'avaient résolue en quelques séances. Je lui proposai d'attendre encore un peu avant de reprendre rendez-vous et c'est alors, en me disant au revoir, qu'elle ajouta incidemment :

– Il faut aussi que je vous dise : je viens de faire un test de grossesse, il est probable que je sois enceinte. Pensez-vous que Paul ait pu le savoir avant moi ?

– C'est possible, j'ai déjà eu deux cas d'enfants ayant annoncé la présence d'un bébé alors que leur mère ne le savait pas.

Le soir même, je relus donc le texte de la dernière séance que j'avais eu tant de mal à comprendre. Paul y parlait au présent de ce bébé désiré par la mère dont le père ne voulait pas. Il devint donc clair qu'il parlait de sa peur de voir disparaître ce bébé qui devait exister maintenant depuis trois semaines.

Voilà ce que Paul avait voulu me dire. J'étais embarrassée. Que pouvais-je faire ? La mère m'avait dit que son mari était intraitable, il ne voulait pas de cet enfant. Elle allait se faire avorter, et les pipis au lit continuer. Je n'avais pas le droit de me mettre à leur place ni de les influencer, et de plus, je ne trouve pas qu'il soit souhaitable qu'un enfant vienne au monde en se sentant tellement rejeté par son père. Je décidai d'attendre que sa mère me rappelle, comme nous en étions convenues, lorsqu'elle aurait fait la première échographie.

C'est alors qu'en un éclair, me revint en mémoire un texte que j'avais frappé avec surprise et sans en reconnaître l'auteur, lors d'un stage où nous nous entraînions entre facilitants confirmés. Ceux-ci se rappelleront. Nous avions, à cette fin, formé des petits groupes de facilités/facilitants pour expérimenter le processus de psychophanie de l'intérieur. Je m'étais alors approchée d'une collègue, et, avant de lui tenir la main, des mots m'étaient venus, que j'avais frappés sur mon organiseur. Intriguée, j'avais poursuivi quelques minutes. Mais les phrases que j'avais reçues ne la concernaient en rien. J'en avais fait part aux participants pour leur montrer qu'il s'écrivait parfois des messages dont il n'était pas facile de repérer la provenance. Je leur avais lu quelques extraits du texte qui s'était écrit sous mes doigts :

– *Mourir est-il passé ? Grave d'aborder un problème de désir de mort. Je désire fuir mort et tu m'aides à vivre. Uni à chance de mûrir de vie, je lutte contre mort.*

– Mais qui es-tu ? avais-je demandé intérieurement.

– *Je suis un voulu petit lutin* (fœtus) *de mort. Ordonne à mère de fuir mort. Papa désigne sac de vie* (utérus) *pour mort. Mère de moi perd son enfant. Je reste affilié à mort si père tue moi. L'accord entre moi et famille est-il possible ? Je décime mort. Je désigne maman comme reine. Tu es capable de fracas* (avortement) *d'amour tuer.*

– Tu veux dire que je peux te sauver la vie ? Mais je ne sais même pas qui tu es !

– *Je suis paria, alors décolle-moi de vie morte. Je te fuis si père ne me parle pas. Père de vase de vie* (utérus) *a-t-il puni moi en jurant de vivre mort* (malheureux) *? Je rame depuis que père est mort.*

J'avais gardé le texte. Je fis un rapide calcul de dates. Si cet appel au secours provenait du petit frère ou de la petite sœur de Paul, cet enfant devait avoir alors au plus deux ou trois jours lorsqu'il l'avait lancé. Voulant le vérifier, je repris mon organiseur, en me branchant sur ce *petit lutin.*

– Était-ce toi qui t'es adressé à moi, l'autre jour ?

– *Je dis oui. J'étais ourdi déjà dans corps de luron* (bébé perdu). *Je t'ai ouverte à moi pour tulle de vie* (vie légère) *donner à mort des fils de vie. Garde-moi vivant. Mon père finit de fuir. J'étais paria de vie et papa lutte pour tuer mort de vie. Partie de folie est engagée. Papa ne veut pas d'enfant, mais il lutte et il est papa rêvé pour moi. Vous jouez avec nous pour efforcer mon père de devenir père d'amour. Vous dérangez la vie de papa. Père tue des garçons de vie. Va-t-il permettre à loi de changer ? Maman verse des larmes et papa lutte. Vous êtes garde de corps, désolé de vous donner cette tâche et de jouer si longtemps avec vous.*

– Mais pourquoi ton père a-t-il si peur d'avoir un troisième enfant ?

– *Nage dans mère de lui a été favorite de mort. Larmes lui viennent de penser à son père. Efforcez-vous de comprendre. Son père a déformé le ventre de sa mère de vie morte. Il reforme parole de vie.*

Le lendemain, ne pouvant m'empêcher de penser au *petit lutin*, je repris mon organiseur :

– *Papa dit à sa femme qu'elle peut garder son enfant. Parole de vous* (sur la machine) *a délivré tombe de fils. Père finit de vouloir tuer son petit fils de vie. Luron est guiliguili* (fœtus) *ovationné par père. Dilemme : ou papa fuit moi, ou il unit lui à moi. Reste avec nous, tu resteras fille de mots pour tuer mort des guili-guili d'amour tués de vie.*

Sur ce, la mère me téléphona pour me dire que son mari avait changé progressivement d'avis et qu'il lui laissait le choix de garder l'enfant. Je lui dis alors que j'avais quelque chose d'important à leur dire, à elle et son époux, et leur demandai de venir tous les deux. Je ne savais comment j'allais pouvoir leur expliquer une chose aussi folle. Ils me facilitèrent la tâche en me disant qu'ils avaient été tellement surpris que Paul ait pu percevoir avant eux qu'ils attendaient un bébé, qu'ils étaient prêts à tout entendre. Je leur lus donc le texte que leur tout petit embryon m'avait envoyé, en ajoutant que je ne pouvais avoir aucune certitude qu'il provienne de leur enfant, mais que, vu la façon dont les choses s'étaient déroulées, tout prêtait à le penser. Le père savait exactement quand avait été conçu l'enfant, car ce jour-là, croyant que la date de l'ovulation était passée, il n'avait pas mis de préservatif.

Ils écoutèrent ainsi tous les deux, les larmes aux yeux, l'appel de leur petit enfant.

La mère poursuivit sa grossesse sans problème, et la naissance fut un moment particulièrement extraordinaire. Lorsque la mère est venue me présenter son nouveau-né, celui-ci a frappé : « *Immense désir de vivre en moi. Roi de vie, c'est papa.* » Paul s'est totalement arrêté de faire pipi au lit.

Le savoir prodigieux du nouveau-né

David avait trois semaines et demie. Sa mère le nourrissait et l'emmenait partout avec elle. Elle avait accompagné sa fille Déborah pour une séance de psychophanie et avait entendu dire que j'avais déjà fait frapper de tout jeunes bébés. Elle voulait découvrir ce que son bébé savait. Dans la religion juive, en effet, on dit que le bébé apprend tout dans le ventre de sa mère par l'intermédiaire d'un ange. A sa naissance, l'ange place son doigt sur les lèvres de l'enfant en le faisant promettre d'être un juste dans sa vie. Il lui fait ainsi oublier son savoir, et l'enfant devra tout réapprendre, car on ne peut apprendre que ce qu'on a déjà su.

J'englobai fermement par dessous la main fermée du petit garçon, en laissant sortir son index que je maintenais le plus raide possible en appuyant sous la dernière phalange avec mon propre index. Je tenais de l'autre main le petit clavier de mon organiseur, tout près de sa main. Malgré la légèreté du mouvement, je me souviens de l'aisance avec laquelle je sentais son petit doigt me diriger vers les lettres. J'avais juste une petite impulsion à donner lorsque son doigt était placé au-dessus de la touche, pour l'aider à l'enfoncer. J'ai ainsi fait frapper David en laissant sa mère lui répondre et traduire ce qu'elle comprenait et que j'avais du mal à saisir :

– *Je dis l'âme. J'avais jamais l'âme dotée de mal.*

– C'est vrai, tu avais l'âme pure avant la naissance, commenta sa mère.

– *Bout d'âme doit vivre. L'âme m'oblige à mourir.*

– Ton âme incarnée n'est plus infinie dans ce monde. Elle t'oblige à être mortel.

– *Fou d'être mort* (mortel) *et moi je vais vivre.*

La mère expliqua que David évoquait ici la lutte entre l'âme infinie proche du créateur qui se retrouve prisonnière d'un corps mortel et qui doit pourtant vivre dans ce corps.

– *Minute* (la minute de vie était à l'époque le temps de frappe) *camoufle l'âme dans ma vie.*

– La frappe t'aide à t'incarner, dit sa mère, qui m'expliqua que cette phrase évoquait avec force la lutte au moment de la naissance, très bien décrite dans les textes, entre l'âme qui ne veut pas s'incarner et attire vers le haut, et le corps qui tire vers le bas. David poursuivit :

– *Vous m'obligez à monter vers Dieu, vous m'ouvrez à vie fatigante de tout faire trop tôt, vous devez vous bouturer à nous pour vivre. Pourquoi vous m'obligez à dire des choses si vivantes ? Pardon d'être goût de vie avec toi.*

– Dis-tu cela parce que je n'ai pas la même religion que toi ?

– *Je tâche d'avoir ta religion.*

– Tu ne dois pas ! Il faut rester toi !

– *Vous faites garder moi dans ma religion.*

– C'est important. Je respecte infiniment ce que tu penses et ce que pensent tes parents.

– *Bouture va changer de façon de vivre.*

– Quel est ton rôle dans la vie ? lui demanda sa mère.

– *Va dire parole d'homme.*

Je restais éblouie par ce dialogue étrange et fabuleux avec un nourrisson.

A l'âge de huit mois, David pleurait souvent la nuit. Sa mère l'avait changé de chambre, avait repris son travail et commencé une nouvelle grossesse. Elle devait partir une dizaine de jours en vacances et se demandait comment il allait réagir. Je le fis frapper :

– Alors, ta maman va partir en voyage ? Tu veux bien qu'elle parte ?

– *Non.*

– Cela a le mérite d'être clair !

– *Oblige juju à rester*, poursuivit l'enfant.

– Qui est Juju ?

– *C'est avis que le caca va terrifier Juju.*

– Tu parles de Juliette ? poursuivit sa mère.

– *Oui.*

Juliette était la personne qui devait s'occuper des enfants pendant les vacances. Je ne pouvais le deviner.

– *Vite dis-lui vu vu vu germination.*

– Cela veut dire que tu sais que maman attend un bébé dans son ventre ?

– *Oui bu… but vie, vie.*

– Bien sûr, le but, c'est la vie !

Comme il commençait à s'agiter, je lui demandai :

– Tu as faim ?

– *Oui.*

– Tu voudrais manger un petit-suisse ? lui demanda sa mère.

– *Non.*

– Qu'est-ce que tu voudrais manger ?

– *Maman.*

– Tu voudrais boire le sein ?

– *Il verse du lait.*

– Et c'est meilleur qu'un petit-suisse !

– *Oui.*

– Tu as bien raison.

Après qu'il a néanmoins mangé un petit-suisse, le dialogue continua :

– *Fils arrive.*

– Maman attend un petit garçon ?

– *Oui* (effectivement, l'enfant suivant fut un garçon).

– *Émission de vie à travers son ventre. L'homme a mis vie en maman. Vous devez nourrir le bébé de vie de vie. Moi je dis au bébé d'être fils de vie de vie. Il voit moi par le col. Pourquoi il boit dans le ventre ?*

– Dis-moi ce que tu ressens à l'idée que Maman va s'en aller en vacances.

– *Je cafarde. Dormir avec moi est voulu par maman. Vite, dis-lui vous devez nourrir moi encore. Pourquoi boire des choses fraîches alors que le lait de maman est chaud ?*

– Tu ne veux pas boire de biberon de lait frais ?

– *Non, pourquoi boire des biberons ?*

La mère expliqua qu'il refusait les biberons de lait à température ambiante.

– *Vous devez savoir que je veux vivre avec maman et pas sans. Je force moi à vivre moins vite pour monter lentement vers force plus grande.*

– Tu es un sage. Alors, cela va bien se passer sans ta maman ?

– *Bye-bye veut dire choisir de rester. Poire d'être moi, car je laisse maman partir…*

Sa mère est partie tranquille et son petit David a été très sage en son absence.

3
Transmissions ancestrales

« Dans l'inconscient, rien ne finit, rien ne passe, rien n'est oublié », disait Freud. Certains neuropsychologues pensent que les traumatismes subis durant la vie intra-utérine et la toute petite enfance sont enregistrés par le système limbique, structure cérébrale responsable des émotions. Mais comme le cortex n'est alors pas suffisamment développé pour que le traumatisme soit enregistré et compris, la personne demeure incapable de s'en souvenir. Nous avons en effet très peu de souvenirs conscients datant d'avant l'âge de trois ans. En psychanalyse transgénérationnelle ou dans d'autres approches favorisant une régression, la personne peut retrouver des souvenirs très précoces, notamment de la vie fœtale. La CF permet de mettre en mots ces traumatismes enfouis, en utilisant pour cela les structures mentales du facilitant. La CF m'a ainsi permis de vérifier à travers de nombreux cas ce que Françoise Dolto avait déjà mis en lumière à propos des traumatismes fœtaux, à savoir que les blessures subies à ce stade de développement, voire aux générations précédentes, agissent sur l'évolution psychologique de la personne. L'identification qui se produit entre les personnes de générations différentes rend parfois difficile en CF le déchiffrage des productions écrites, car les liens très forts sont source de confusion.

Le transgénérationnel

Des psychanalystes et psychogénéalogistes élaborent un arbre généalogique très complet avec leurs clients pour mieux comprendre leur histoire et l'origine de leurs maux. Ils me les adressent parfois pour trouver des renseignements que les registres d'état civil n'ont pu leur donner. Alertés par la lecture d'un livre traitant du « transgénérationnel » ou adressés par un thérapeute, ces clients viennent alors pour rechercher des éléments sur leur lignée et essayer de comprendre comment certains événements traumatiques chargés d'émotions peuvent leur avoir été transmis à leur insu, en provoquant chez eux ou chez leurs enfants des troubles divers. « *Lithographie* (CF), a frappé l'un d'eux, *agite des souvenirs de vie des ancêtres, je tourne la manivelle pour remonter le temps.* »

Annette Jean-Caron, psychologue et psychothérapeute, explique que la psychophanie, telle que je l'ai expérimentée et développée, « ouvre le champ thérapeutique à des problématiques transgénérationnelles, voire transpersonnelles. Elle touche alors des mémoires inscrites dans la préhistoire du sujet. Le dispositif spécifique du cadre de la CF, où facilitant et facilité sont ensemble dans un lâcher-prise, permet de s'aventurer dans ces dimensions. Il trouve ici une expression particulière de la rencontre d'inconscient à inconscient. Il met en évidence l'alchimie de ce lien vivant, en libérant les parties du sujet restées en souffrance dans ces mémoires qui, nommées et reconnues, peuvent être réintégrées à l'ensemble, réalisant ainsi une véritable thérapie de l'être ». Avant de se former et de pratiquer elle-même la psychophanie, elle m'a adressé plusieurs de ses clients. Parmi eux, Isabelle, qui lui a expliqué la manière dont elle avait vécu sa première séance avec moi : « J'ai senti qu'elle m'avait mise en contact avec une partie de moi que je ne connaissais pas, une partie de moi plus sage que moi. J'ai eu alors le sentiment pour la première fois qu'il y avait quelque chose de vivant à l'intérieur de moi. »

Le fantôme de l'enfant mort

« Va lancer des avis de recherche », a frappé une fillette qui découvrira un enfant mort à la génération précédente, sans que sa mère lui en ait jamais parlé. Au cours de ces dernières années, j'ai reçu une avalanche de personnes qui ont évoqué en psychophanie la mort d'enfants dont les parents n'avaient pas porté le deuil, qu'ils n'en aient pas parlé à leurs enfants, ou même qu'ils n'en aient pas connu l'existence.

Mes clients évoquaient des enfants morts en CF avec une telle fréquence que j'ai craint un moment, les thèmes étant parfois récurrents, qu'ils ne copient les uns sur les autres. C'est alors que j'ai découvert, dans les écrits psychanalytiques, que « le fantôme de l'enfant mort » était un des plus fréquents dans les troubles de l'enfant. Ils s'identifiaient réellement à un embryon, un fœtus, ou un tout jeune enfant qu'eux-mêmes, leur mère ou leur grand-mère avaient perdu. Sans doute aussi avais-je ouvert des canaux en moi qui leur permettaient de faire cette exploration. *« Je dis ce que vous m'ouvrez à dire »*, a ainsi frappé une cliente. Ce fut le début d'une recherche favorisée par toute une série de femmes qui, comme un raz de marée, m'ont consultée pour *« jouer de ma machine »* et sont parties à la recherche de ces enfants morts.

Les fausses couches spontanées ne sont recensées que lorsque les femmes consultent à l'hôpital à la suite de saignements. Mais il en existe beaucoup d'autres non dénombrées, chez les femmes qui consultent un gynécologue en ville. Et le nombre des embryons perdus dans les tout premiers jours de la grossesse est beaucoup plus élevé qu'on ne croit. En effet, lorsqu'une femme a cinq ou six jours de retard de règles, elle n'en conclut généralement pas qu'elle a perdu un enfant. Alors qu'elles ne venaient pas forcément pour cela, mes clientes « *réveillèrent* » ces enfants, connus ou non, ces « *oubliés* », ainsi nommés en CF, qui ne sont pas considérés comme des enfants à part entière, ces « *gommés* », ces « *pacotilles* » ou ces « *gravats* ». Elles me demandèrent de les « *ratisser* » pour n'en oublier aucun et leur redonner une place dans leur lignée. Car même s'ils n'étaient pas viables, en raison d'un défaut de l'œuf ou d'une aberration chromosomique, leur conscience, qui se situe probablement ailleurs que dans le cerveau, semble, elle, exister dès la conception, dès la première cellule.

Il est assez fréquent qu'un fœtus perçoive qu'il est « *jardiné* » dans un ventre qui, avant lui, a porté la mort. Soit parce que sa mère a fait une fausse couche, une grossesse extra-utérine, un avortement provoqué ou qu'elle a accouché d'un enfant mort-né. Dans le jargon de mes patients en CF, « *fracas* » évoque cet événement douloureux, quelle qu'en soit l'origine. Ces fœtus morts peuvent peser lourd sur la descendance, lorsque les non-dits en ont fait un secret de famille ou que la mère n'est pas arrivée à en faire le deuil. L'inconscient perçoit alors cet événement de manière intuitive sans remonter à la conscience, laissant un mal-être qui peut se manifester par des troubles divers. Le refoulement, c'est-à-dire l'oubli volontaire ou involontaire d'un traumatisme, évite une souffrance consciente. Mais il entraîne un malaise indéfini, durable, dont les personnes ne connaissent généralement pas l'origine.

Françoise Dolto disait que le fœtus mort a « un rôle de descendant sacrificiel de sa lignée, répétition de même rôle tenu par un autre dans la génération précédente. Sacrifice qui, grâce à sa compréhension dynamique par la mère gestante, peut seul arrêter la répétition fatale qui eût continué de mère en fille, si n'avait été décodé le sens de cet échec[1] ». Les parents peuvent eux-mêmes être porteurs de ce que la psychanalyse transgénérationnelle appelle un « fantôme », c'est-à-dire un traumatisme qui s'est inconsciemment transmis au fil des générations. Certains clients m'ont même dit qu'il existait une *« maladie unique »*, celle de l'enfant mort. *« Toute lutte de vie est lumière sur un mort. »*

Dimitri m'a été amené par sa mère lorsqu'il avait dix mois. Depuis qu'il était né, il hurlait toutes les nuits à partir de trois heures du matin. « On a l'impression qu'on le martyrise, il est inconsolable », m'expliqua-t-elle. Aucun sédatif n'agissait sur ce curieux trouble du sommeil, et elle était épuisée. Depuis la naissance de Dimitri, pas une nuit, elle n'avait pu dormir. Je pris la main du tout jeune enfant, l'aidai à isoler l'index et sentis parfaitement son doigt qui me guidait vers les touches. Je lisais ce qu'il écrivait à voix haute pour que sa mère en prenne connaissance :

– *Mort de vacarme* (vie intra-utérine) *dans ventre de col de vie de mort, mourir est frayeur.*

– Avez-vous perdu un enfant ? demandai-je à la mère.

– Non, mais j'ai un frère qui est mort-né deux ans et demi avant ma naissance. Se pourrait-il qu'il parle de lui ?

Pendant qu'elle attendait Dimitri, elle avait pensé avec angoisse à ce frère qu'elle n'avait pas eu, en ayant peur qu'il arrive la même chose à son fils.

– A quelle heure ce frère est-il né ?

1. Préface de *L'Ange et le Fantôme*, *op. cit.*

Elle n'en avait aucune idée. Je lui suggérai de le demander à ses parents. Elle leur téléphona : le bébé était « né » à trois heures du matin.

Dès lors, il était clair que Dimitri souffrait d'une « identification au fantôme ». Alors que rien ne lui avait été dit, il s'était assimilé à cet oncle mort-né. Je lui racontai ce qui s'était passé, lui expliquai quels étaient les liens familiaux qui le rattachaient à cet enfant, et le rassurai en lui disant qu'il n'avait aucune raison d'avoir peur de mourir. Il tapa alors :

– *Goal* (but) *d'être fils vivant et non frère mort.*

Ses angoisses nocturnes ont très vite cessé.

C'est ainsi qu'une personne peut « payer la faute de ses ancêtres[2] », la faute n'étant pas d'avoir commis certains actes répréhensibles, mais d'avoir caché ou gardé secret ce traumatisme, en croyant en protéger les enfants. Elle peut alors présenter des symptômes rappelant le traumatisme ou la personne qui l'a subi.

Hugo était un mignon petit garçon de trois ans et demi. Il m'était adressé par une assistante maternelle qui avait commencé la formation en CF et connaissait ses parents. Elle m'envoyait régulièrement de petits enfants aux troubles légers. La plupart du temps, une ou deux séances de psychophanie suffisaient pour régler les problèmes. Hugo était accompagné par sa mère. C'était bientôt la fin de l'année scolaire et, depuis le premier jour d'école, il refusait de la quitter en entrant dans sa classe. Il pleurait énormément et exigeait chaque jour qu'elle reste un peu avec lui. Rien n'y faisait, et sa mère s'angoissait à l'idée de passer une nouvelle année d'enfer.

---

2. *Comment paye-t-on la faute de ses ancêtres ? op. cit.*

– *Pourquoi mère est frein de ma vie ? Je rêve de fuir mère*, commença Hugo.

– Pourquoi veux-tu fuir ta mère ? Il paraît que tu t'accroches à elle, au contraire…

– *Je fuis malheur. Fève* (embryon) *de mère a découvert mélopée de vie morte.*

La mère évoqua un frère aîné mort-né à elle, qui était atteint d'hydrocéphalie et avait eu le cordon noué autour du cou.

– *L'année de vie morte a dévalué mon entière vie.*

– Tu parles bien de la mort de cet enfant ?

– *Oui, lac de mort est passé de mère à moi.*

– Ta mère t'aurait-elle transmis la mémoire de la mort de cet enfant ?

– *Je relate grave mort de vie de mon petit bébé de mère. Lorsque j'étais déambulant dans son ventre, j'étais décrit vivant, mais j'habitais dans un ventre de mort. C'est moi qui porte le désir de mort de mon immense nageur de mort frère de maman. Ose mélasse enlever de mère parce qu'elle vit grâce à moi. Macchabée de vie morte vit gravats* (bébé perdu).

– Tu parles toujours du frère de ta mère ?

– *Oui, urgent qu'elle vive de macchabée vagissant* (poussant des cris de nouveau-né).

– Pourquoi refuses-tu de te séparer de ta maman pour aller à l'école ?

– *J'anabolise* (je donne de la force) *mère en restant avec elle.*

– Au fond, c'est ta maman qui a besoin de toi !

– *Oui, agite mère pour qu'elle trime et qu'elle relise ce que j'écris. Prince de vie, c'est frère de mère. Larmes de mère décrivent justement lutte de moi pour effacer la mort et guérir mère. Je sais chasser le malheur. Ravie d'aborder ce mutin mort, car frère de câlins vit dans moi et je récamier* (je me repose).

Un nouveau rendez-vous fut pris trois semaines après. Quinze jours plus tard, la mère décommanda le rendez-vous : Hugo s'était totalement arrêté de pleurer en allant à l'école.

La construction psychique de l'enfant s'effectue en dupliquant les structures mentales de ses deux parents qui se sont eux-mêmes construits en dupliquant celles de leurs parents. En psychophanie, il arrive donc de découvrir qu'un enfant s'est construit en s'appropriant l'histoire de ses grands-parents.

Zoé, qui avait sept ans, s'accrochait désespérément aux jupes de sa maîtresse à l'école. Sa grand-mère avait perdu un premier garçon à la naissance. Sa mère, venue juste après cet enfant, portait les traces de cette souffrance et avait transmis à son tour son angoisse à sa fille. Voici ce qu'elle a frappé.

– *Va sac de vie* (utérus) *revoir, jeu de mort, c'est décrire macchabée décadent.*

– Tu parles de l'enfant que ta maman a perdu avant toi ?

– *Non.*

– De qui parles-tu alors ?

– *De mon bavard frère.*

– De ton frère aîné ?

– *Non. Age d'être vie, ciment* (ce sur quoi on s'appuie) *de frère décrit un mort.*

– Tu parles du frère mort de ta maman ?

– *Oui. Ose démentir ce que j'écris. Je vois émancipée fille, car ouragan de vie me voit changer en volonté d'être voulue pour chasser malotru de moi. Parle de maladie de maman. Jardin de vie* (utérus) *a oublié de détruire maladie. Je suis étonnée d'être fille d'une mariée avec mort. Vous dévorez vie morte d'elle en jurant de voler fracas* (enfant mort avant la naissance) *d'elle. J'use de ta ronde de mots pour valoriser bas-ventre de mère. Je parle de fils mort détruit dans femme.*

– La femme, c'est ta mère ou ta grand-mère ?

– *C'est maman. Je réussis à nordique vie* (vie qui ne perd pas le nord) *si maman voit moi comme bonne à vivre.*

Ce cas illustre la façon dont Willy Barral et Didier Dumas expliquent comment l'*image inconsciente du corps* de l'enfant se construit inconsciemment avec celles de ses parents[3]. En dupliquant les structures mentales de ses parents, il reprend à son compte ce dont ils ont souffert ou n'ont pas su résoudre, et c'est ainsi que les symptômes de l'enfant apparaissent comme le miroir des souffrances refoulées des parents. C'est ce qui fait dire que « la vérité sort de la bouche des enfants », mais aussi ce qui fait que, lorsqu'on travaille avec les parents et l'enfant, « les fruits de notre intelligence tombent le plus souvent de l'arbre fruitier qui est chez son voisin[4] », comme le dit Willy Barral.

C'est aussi souvent l'identité d'une personne morte ou vivante que les parents projettent sur l'enfant qui entrave son développement. Ils lui transmettent alors le désir ou l'angoisse de le voir devenir comme lui, et l'enfant n'arrive pas à être lui-même. Comme ce garçonnet qui a tapé : *« Je suis mon oncle, je désigne mère pour me jurer de me voir différent. »* De légers troubles chez cet enfant avaient fait croire à une pathologie lourde semblable à celle de son oncle qui souffrait de schizophrénie. Réagissant à l'angoisse de ses parents, il s'était identifié à son oncle. Dans ce cas, l'enfant duplique les structures mentales de ses parents d'une façon biaisée qui lui renvoie une autre image que la sienne.

---

3. Françoise DOLTO, *C'est la parole qui fait vivre*, *op. cit.*
4. Willy BARRAL, « Corps et parole », *Bulletin TMPP*, n° 20, mars 2001.

Il est très fréquent que mes clients expriment en CF qu'ils ont perdu un jumeau au tout début de leur période de gestation. Sans compter les cas où le terme de « jumeau » est utilisé pour s'identifier à un enfant mort de la génération précédente, le nombre des jumeaux semble très important. Le Dr Claude Imbert, pour sa part, retrouve entre 70 % et 80 % de gémellité chez les patients qui la consultent. La perte d'un jumeau au cours de la grossesse provoque généralement un traumatisme chez celui qui survit et freine son développement. Ayant assisté à *« leur mort en direct »*, mes clients ne s'autorisent pas à bien vivre alors que leur jumeau est mort. Ils frappent qu'ils vivent *« au détriment »* de ce jumeau et s'ingénient à se rendre la vie malheureuse en accumulant les échecs.

Mes clients restent alors accrochés à cette partie d'eux-mêmes dont ils se sentent dépossédés. Le travail thérapeutique qui s'effectue est le même que pour tous les enfants morts : *« faire vivre ces petits dans la tête »* et se familiariser avec leur présence aimante et agissante.

« Je réapprends progressivement à vivre avec ma petite sœur morte si jeune », m'écrivit une autre cliente qui avait fait ce travail de mémoire au cours d'une séance de psychophanie quelques mois auparavant. « Vous l'avez ressuscitée pour moi, nous l'avons ressuscitée ensemble… Quand je regarde le ciel, je la vois, quand je lui parle, elle me "répond". C'est si merveilleux de la sentir vivante à mes côtés. Bien sûr, la vie continue avec son lot de doutes et d'impatiences, mais, comment dire, différemment. Elle est là, à mes côtés, c'est tout et c'est tellement. Merci du fond du cœur, du fond de notre cœur… »

Un jeune garçon polyhandicapé de cinq ans, Adrien, avait une sœur jumelle qui présentait un retard psychomoteur. Il était accompagné par sa mère et sa meilleure amie à qui elle confiait tout depuis toujours.

– *Bosse* (travaille) *sur le vase de vie* (l'utérus), a-t-il frappé la première fois. *Maladie de moi vient de famille de vie détruite.*

– De qui parles-tu ?

– *Prouve-moi que l'amour de maman est mort pour mitoyen de moi.*

– Qui est le mitoyen de toi ? Tu avais une sœur jumelle, pas un frère !

– *Mitoyen, c'est malheureux corps lumineux de malheureux cadavre.*

Je levai la tête vers la mère : « Vous n'attendiez tout de même pas des triplés ? ! » Elle fondit en larmes. Elle avait effectivement perdu un troisième bébé à un mois et demi, et elle n'en avait jamais parlé à personne, pas même à son mari ni à sa meilleure amie, qui était stupéfaite de l'apprendre. Adrien poursuivit :

– *Palpable dévalué garçon est fils de père, vie de frère sert à tuer méli-mélo* (jumeaux) *de frère et sœur.*

– Sais-tu pourquoi les triplés ont eu des problèmes ?

– *Pagode est fragile.*

– La pagode, c'est le ventre ?

– *Oui, je suis Judas* (traître)*. Je suis pâlichon à cause de frein à ma vie. J'ai été freiné à cause de ratage de vie dans maman. J'ai eu immense frayeur d'être vie morte. Petit grave des mots sur fin de mort. Petit frère dit : grâce à moi, jetez cadavre et faites purifier mère de vie morte.*

Madeleine était une jeune fille de vingt-trois ans. Ses parents, toujours à l'affût des meilleures prises en charge pour leur fille, avaient suivi un stage de formation à la CF dès mon retour d'Australie. Toute menue, anxieuse et inhibée, Madeleine avait d'abord été classée parmi les autistes, mais le diagnostic n'avait jamais été très clair. Lorsqu'elle a commencé la CF, elle était phobique et présentait des troubles d'origine compulsive qui faisaient plutôt penser à une névrose. Elle était peu sûre d'elle-même, parlait peu et répétait souvent les mêmes questions de manière lancinante. Elle savait lire, un peu écrire et compter, mais il lui fallait toujours l'aide de l'adulte. Je la recevais tous les deux mois environ, car elle venait de loin. Elle restait une nuit à Paris avec ses parents pour faire deux longues séances avec moi. Un 15 juin, six ans après ses débuts en CF, elle frappa :

– *Façon de vivre de vase de vie* (utérus) *s'est accordé à gramme de vie perdu de grotte de vie de maman.*

Sa mère n'avait pas souvenir d'avoir fait une fausse couche.

– *Vie de fantasme*, poursuivit Madeleine, *c'est garder mort d'avortement en moi.*

– Aurais-tu pu avoir un frère ou une sœur jumelle qui serait mort ?

– *Je rêve d'être délivrée de favori de mort. Je sens ma moitié de vie rageant d'être amitié avec vase de vie mort.*

– Quelle est cette moitié de vie dont tu parles ?

– *Pâmoison* (rapport sexuel) *de maman est fève* (embryon) *de mort. Oasis de vie chez maman, car sac de vie morte est adopté par elle. Ris, car délivrance arrive. A découvrir un malheureux cadavre de famille, je lance des fabrications d'enfants délivrés de mort. Je pâlis d'être anniversaire de mort de macchabée de cadavre. Agonisant frère a d'évolution mêlé ma vie à mélasse. Ma mère devine que semer des familles méli-mélo* (jumeaux) *a détruit désir de vivre de moi. Page d'écriture fait restituer famille au complet. Grain de vie d'accident de mort a durement décadence gravée en moi. Je m'enivre de lancer des valeurs de vie d'anniversaire.*

La réaction des parents était mitigée. Ils avaient mis très longtemps à avoir Madeleine. La grossesse avait été très difficile et médicalisée à la suite de saignements, mais sa mère ne pensait pas qu'elle avait perdu un enfant. Comme elle avait néanmoins gardé minutieusement tout ce qui était relatif à cette grossesse, elle rechercha dans ses papiers. Au début de la gestation, elle ignorait qu'elle attendait un bébé. Elle avait alors entrepris un long voyage en 2 CV et avait eu des pertes de sang à trois reprises, qu'elle avait mises sur le compte du voyage. Elle remarqua que les premiers saignements avaient eu lieu un 16 juin, soit à un jour près, la date à laquelle Madeleine avait dit que son frère jumeau était mort. Quelques jours après, soit un mois après la conception, de nouveaux saignements furent accompagnés d'un petit caillot, qui était probablement dû à l'expulsion du jumeau mort, car ce n'était que le 20 juin que le diagnostic de grossesse avait été fait. Les médecins, pensant à un début de fausse couche, avaient fait un cerclage du col et prescrit un grand nombre de médicaments (salbutamol, progestérone, ventoline, polynax, duphaston, éthynyl œstradiol et des piqûres de praxilène). Toute la grossesse avait été vécue dans l'angoisse.

Madeleine, qui savait tout juste faire quelques additions simples, avait ainsi retrouvé la date de la mort de son frère jumeau. Elle reparlera de lui, en disant qu'elle *« s'arrimait »* à lui et en me demandant de *« desserrer son frein de vie en lui donnant la sève d'amour de ce frère »*. Au lieu de se relier inconsciemment à un mort, elle se reliait consciemment à un vivant.

Dans de nombreux cas, on retrouve des traces de la gémellité : deux poches à la naissance, des saignements inexpliqués pris pour des « fausses règles » ou le début d'une fausse couche, de violentes douleurs en début de grossesse. Parfois on note un grand nombre de jumeaux dans la famille, ou des conduites inexpliquées. Par exemple, un jeune garçon mettait toujours un couvert de plus à table à côté de lui pour un autre enfant, auquel il avait donné un nom et qui l'accompagnait partout. Un autre était en perpétuel dialogue avec un personnage imaginaire, en faisant la demande et la réponse. Pour d'autres, c'était une forte intuition d'avoir été deux. Dans d'autres cas, il est impossible de vérifier les faits auprès de la mère qui est décédée, ou rien dans l'histoire de la grossesse ne permet de s'en assurer.

Pathologie de lignée [5]

Depuis la publication des travaux d'Anne Ancelin-Schützenberger et le livre de Nina Canault, les cliniciens du transgénérationnel parlent de « syndrome d'anniversaire » ou de « syndrome de répétition », afin d'expliquer la façon dont une date fatidique (un deuil inaccepté ou autre traumatisme) peut se répéter d'une façon traumatique dans l'histoire de ses descendants.

Alors que j'évoquais ce phénomène lors d'un dîner avec des amis, Michèle, quarante-deux ans, a raconté son histoire qui venait illustrer mes propos. Elle avait deux filles. Avant son mariage, elle avait fait une IVG un 4 avril et en avait gardé un fort sentiment de culpabilité. Quelques années plus tard, toujours un 4 avril, elle était hospitalisée et opérée d'urgence pour une colécystite aiguë. Plusieurs années plus tard, sa fille aînée se fit renverser par une voiture un 2 avril. Elle s'était fait une frac-

5. Les « pathologies de lignée » sont les manifestations d'une maladie qui se transmettent dans les relations de filiation.

ture ouverte du tibia qui avait été réduite à l'hôpital de Garches. Deux ans plus tard, sa deuxième fille, un 3 avril, tombait de cheval et se cassait la rotule.

La place dans les fratries joue également son rôle sur plusieurs générations. Ce sont par exemple tous les aînés ou les seconds qui meurent. On retrouve aussi des enfants qui meurent tous au même âge, des coïncidences de dates, de prénoms, etc.

C'est dans un stage que Claude a pris conscience de la « pathologie de lignée » dont elle était héritière. Claude avait commencé sa formation en CF et faisait un stage pratique à mon cabinet. J'ai intégré maintenant à ce stage une courte séance de psychophanie pour que les nouveaux facilitants puissent expérimenter le processus de l'intérieur. Ils peuvent ainsi apprécier la nature des productions écrites, les validations les concernant et le décalage qui existe entre la pensée consciente et inconsciente. Je pris la main de Claude. Elle préférait ne rien me dire sur elle, car elle avait peur d'influencer le contenu du discours en CF. Je savais seulement qu'elle était psychologue et qu'elle avait trois enfants : deux garçons et une fille.

« Odile (mère morte) *crie de mort. »* Claude me confirma que sa mère était morte. *« Service de vie je te demande pour frousse enlever de moi de mûrir comme ma mère. Je découvre que m'adiper* (me coller) *à mère s'est fait. Révolte de vivre sans mère vrille moi. Crawl* (nage dans le liquide amniotique) *de moi décrit petit vivant mort. Jumeau de vie m'a donné mélasse car fève* (embryon) *de mort fuit mère. Il décolle lui de vase de vie* (utérus) *parce que mère frôle mort. »* Claude n'avait aucun souvenir du fait qu'elle avait pu avoir un frère jumeau. *« Décolle-moi de crabe* (cancer) *qui désirait vacarme* (vie intra-utérine) *au détriment de moi. »* Sa mère était morte d'un cancer de l'utérus et des ovaires lorsqu'elle avait onze ans. Son cancer aurait-il pu débuter

alors qu'elle portait sa fille ? Claude ne cacha pas sa crainte d'être malade comme sa mère.

Elle m'expliqua alors que son dernier fils, Petit Paul, âgé de quinze mois, pleurait énormément la nuit. Elle aurait bien voulu savoir pourquoi. *« Je devine qu'il vulcanise* (renforce) *désir de choisir une mère-vie »*, frappa-t-elle. *« J'ai inoculé drop* (goutte) *de maladie à ma fille en recevant crabe de ma mère. Je résume : Petit Paul est d'évolution mâle, alors il ne craint pas d'avoir crabe de sac de vie* (utérus). » Alors même qu'en tant que stagiaire, elle avait observé pendant toute la semaine des choses de cet ordre, Claude ne s'attendait pas à un tel discours la concernant.

Quelques mois plus tard, Claude me donna de ses nouvelles. Elle était épuisée, car Petit Paul refusait de s'endormir, hurlait une bonne partie de la nuit en l'appelant et pleurait dès qu'elle sortait de son champ de vision. Petit à petit, il avait élu domicile sur un matelas au pied du lit de ses parents. Elle n'en pouvait plus. Je lui demandai de venir avec lui. Il avait alors dix-huit mois. Je pris la main de l'enfant qui frappa pendant une heure, ce qui étonna sa mère qui ne l'avait jamais vu tenir en place aussi longtemps.

– *Vu mère façonnée dans ma mort*, frappa le jeune enfant. *Je débute fracas* (avortement) *dans mère Odile* (la mère morte de sa mère). *Omission de fabriquer un mort dans mère. Lumière se fait. Vu mère fuir mort. Va vite ravorter mère* (la faire entrer de nouveau dans le ventre de sa mère). *Honte d'être cadavre de malheur. Méli-mélo* (jumeau) *de frère de mère est grain de vie décoré de mort. Je pleure d'être bas-ventre visé pour mourir.*

– Tu as eu peur de mourir dans le ventre de ta mère ?

– *Oui. Tressaillir dans un ventre de vase* (utérus) *de mort est dévalorisant. Sun* (soleil) *de vase de vie décide de se lever. Grave d'être façonné dans un ventre malade. M'unir à mort de mère fait empêcher de vivre. Va dire à maman d'être fille d'une mère vivante. Utile de remanier mère. Vie de mère est désastreuse. Furieux d'être celui qui mérite mort. Pacifie mère, car elle a frein de vie. Vie de mort est instillée à moi par le ventre de mère. Je suis délateur d'une laborieuse mère qui cherche à trimer pour guérir sa mère. Délivre-moi de vie raccordée à mère, car tympans de maman sont crevés à force d'entendre moi. Bac de vie* (utérus) *mêle-moi à mort et grain de vie de famille a été gavé de maladie. Vrac de jardin de vie* (id.) *mémorise mort.*

J'expliquai à Petit Paul que sa mère n'était pas malade et qu'il pouvait dormir tranquille. Toutefois, l'effet ne fut pas immédiat. Claude me rappela pour reprendre un rendez-vous pour elle. Elle sentait bien qu'elle était concernée par les pleurs de son Petit Paul qui ne cessaient toujours pas, et souhaitait être *« remaniée »* et *« pacifiée »* comme Petit Paul le réclamait.

– *Je sers de frein à désir de vie de Petit Paul*, commença-t-elle. *Je vulcanise* (renforce) *désir de fils de crier parce que frôler mort de sa vie est grave. Je rumine pavillon en berne de mère* (sa mort). *Sac de vie de petit mort a découvert fève* (embryon) *morte.*

– Tu parles de ton jumeau mort ?

Claude avait encore bien du mal à imaginer qu'elle avait perdu un frère jumeau.

– *Omoplate* (CF) *va servir de dénonciateur. Fève de mort décolle elle de vase de vie parce que mère frôle mort. Jure de militer pour fils de moi, en jurant de tranquillement faire lumière sur mère. Loi d'être vivante morte. Loi d'être fille de mère. Loi d'être morte.*

– C'est ce qu'on appelle un syllogisme, lui dis-je en riant, pour détendre un peu l'atmosphère.

– *Pin-pon, je vis mêlée à mère vie de mort. Raffilie moi à une mère vivante. Cavalcade encore* (sur les touches), *tu vas bulle* (grossesse) *mûrir en joie de vivre. Badauds* (médecins) *de vie morte cachent mort de maman. Va dire à papa d'être guéri de mort de femme. Vase de vie* (utérus) *ouvert à mort a rêvé d'une morte.*

Claude reparla de tous ces faits avec Petit Paul. Au cours d'un stage de perfectionnement, elle voulut frapper avec une autre facilitante qui ne connaissait rien de son histoire, pour voir si elle dirait la même chose. Là encore, il était question de son jumeau, qu'elle appela Marin. « *Marin retrouve sa trace dans ma vie. Froid dans mon âme disparaît dans ma croyance de vivre avec mon double.* » Son père confirma que sa femme avait eu des saignements au début de la grossesse de sa fille, signe probable de la perte du jumeau. Ce fut aussi l'occasion de parler avec d'autres membres de sa famille sur qui l'angoisse planait, car deux oncles et un grand-père étaient aussi morts d'un cancer.

Les cris ont progressivement diminué et Petit Paul s'endort beaucoup plus facilement, il ne fait pratiquement plus de cauchemars. Lorsqu'il lui arrive de commencer à geindre, Claude, à qui j'ai expliqué que la pensée arrivait à celui auquel elle était destinée, lui parle mentalement à distance et, la plupart du temps, cela suffit pour l'apaiser.

L'adoption ne protège pas des pathologies fantômes. Pauline était d'origine vietnamienne et avait été adoptée à l'âge de quelques mois. Lorsque je l'ai reçue, elle avait onze ans. C'était une fillette sociable et sans problèmes majeurs, mais qui peinait dans les activités scolaires et manquait totalement de confiance en elle. En présence de ses parents adoptifs, elle frappa la première fois :

– *Maladie, c'est galipette de mort* (rapport sexuel) *qui a mêlé ma vie à maladie. La maladie de famille est-elle celle de vase de vie* (utérus) ?

– Tu parles de ta famille adoptive ?

– *Oui.*

– Tu dis cela parce que ta maman n'a pas pu avoir d'enfants ?

– *Morsure de vie s'est faite car vie de mort de vase de vie* (utérus) *est en guerre contre fabrication d'enfants.*

– Ta mère aurait bien voulu concevoir elle-même des enfants !

– *Mère de moi renâcle à dire fantasme d'elle de voir jardin de vie* (utérus) *mort. Il faut jurer de vivre fallope de vie pour moi. Arriverai-je à savoir si mère de moi a désiré nage de vie pour moi ?*

– De quelle mère parles-tu ?

– *Maman ici.*

Sa mère lui dit combien elle était désirée.

– *Frein de vie se desserre, démission de valeur morte. Odile…*

– De qui parles-tu ? Ta mère n'est pas morte !

– *Maman de maman* (c'était effectivement le prénom de sa grand-mère d'adoption).

– La mère de ta mère ?

– *Oui. Odile est grimée en vacarme* (vie intra-utérine) *de magie, elle frôle moi. L'amour entre fille de Odile…*

– Tu parles bien de ta mère ?

– *Oui… et mon père peut-il m'adiper* (me coller) *à façon de vivre fille biologique d'eux ? Oserai-je décadence enlever ? Prince de vie* (bébé perdu) *de malheur est race de fracas* (avortement) *car chance, méli-mélo de fils de mort…*

– Tu parles de jumeaux ?

– *Je parle de fève* (embryon) *de volonté de mûrir comme un vivant. Immense maladie de câlins malades de mère vient de frère vase de vie* (utérus). *Petit frère de vie de maman est chandelle de moi. Grâce à mille raccords entre moi et petit méli-mélo de mère* (enfant jumelé à ma mère), *je devine ralliement de vie avec mère.*

La mère n'avait pas connaissance de jumeaux. Toutefois, il lui semblait que sa propre mère lui avait caché quelque chose.

– *Ordonne à mère de câlins de ravaler moi. Horrible désert dans mère de vie de moi. Je vois le mausolée de valable enfant. Je romps avec mitoyen de mort. Urgent de choisir sève de force. Le choix est fait. Ose méli-mélo de vie mûrir en joie de vivre pour mère. Élimine ortie de sa vie. Olé ! Pépite d'or est trouvée au fond de mère, alors je fais une bise à mort de son frère qui fuit malheur en mère.* Mère *adopte désir d'enfants.*

La mère n'avait pas compris grand-chose. Toutefois, elle se renseigna auprès d'un proche de la famille. C'est ainsi qu'elle apprit qu'elle avait été très malade vers l'âge de deux ans, et avait été opérée d'une tumeur à l'épaule dont le chirurgien avait dit qu'il s'agissait, en fait, des restes d'un jumeau. Il avait en effet trouvé des dents et des cheveux dans la grosseur qu'il avait retirée. Pour épargner à la petite fille cette macabre découverte, on avait décidé de ne rien lui en dire. Cet exemple montre bien comment, même en cas d'adoption, l'enfant se construit en dupliquant les structures mentales conscientes et inconscientes de ceux qui l'accueillent et le prennent en charge.

4
Entre la vie et la mort

Le désir de mourir de l'enfant handicapé

Dans le cas des patients lourdement handicapés, le désir de vivre ou de mourir semble dépendre pour une large part de celui que projettent sur eux leurs proches. Benjamin avait onze ans et demi. La CF était considérée pour lui comme la dernière chance. Ses parents avaient tout essayé pour le sortir de son état. C'était la fin du mois de juin. Je manquais de temps, mais je lui avais trouvé un petit créneau. Ses parents m'avaient appelée en urgence. En quelques mois, le comportement de Benjamin s'était dégradé de manière angoissante et son langage, jusqu'alors normalement constitué, s'était totalement éteint.

Complètement prostré, le visage morne et hébété, il semblait absent. Juste avant d'entrer dans mon bureau, il avait fait une crise d'épilepsie et commençait tout juste à émerger d'un état confusionnel. Sa mère le soutenait fermement sous les bras et le fit s'asseoir lourdement sur une chaise. Sa façon d'émettre quelques syllabes mal articulées évoquait un dysfonctionnement neurologique, sans doute consécutif aux convulsions si fréquentes qu'il faisait depuis quelque temps. Les parents auraient préféré qu'il s'agisse d'un trouble affectif, car ils auraient pu dans ce cas essayer d'y remédier. Il était vraisemblable que l'un s'ajoutait à l'autre. S'il ne s'agissait que d'un trouble relationnel, Benjamin devait pouvoir retrouver la parole avec la CF. S'il s'agissait d'un trouble neurologique, c'était moins sûr.

Par moments, Benjamin se laissait glisser de sa chaise la tête la première. Il pesait de tout son poids sur moi et sa mère avait du mal à le redresser. C'était un solide petit jeune homme et je dus soutenir sa main, lourde et sans tonus, avec les deux miennes pour l'empêcher de piquer du nez sur l'organiseur :

– *Borde-moi de mort, volé de vie, vorace maladie reste. L'amour terrible de maman va mourir.*

– Ne t'inquiète pas, ta maman peine, mais elle t'aime malgré tout.

– *Si l'amour part, je meurs. Joie respire chez moi si l'amour reste. Utile de mourir. Je suis romanichel dans ma vie, palabre de mort de moi. Désir de mort est fort lorsque fondre en déliquescence est délivrance.*

– Ta maman me dit que tu restes éveillé une grande partie de la nuit. Pourquoi dors-tu si mal ?

– *Je diminue de vie, alors je fuis le sommeil pour tuer moi plus vite. Autorise-moi à mourir.*

Je m'exclamai :

– Certainement pas ! Il faut que tu vives ! Imagine ce que ressentiraient tes parents si tu mourais…

– *J'ai une mère fatiguée de votre cadavre d'élève. Vorace mort unit elle à moi, prie frousse de partir. Dévale avec moi les touches et je finirai par retrouver vague de vie. J'ordonne à mort de mourir.*

– Je préfère entendre ces paroles !

– *Hormone de vie peut jouer avec moi. Restez avec moi pour voir terre de mort détruite. Hors la loi je suis. Calomnie radeau de vie, car il perd sa vie de sauvetage si moi je refuse de jamais fuir mort lente.*

– Personne ne peut t'aider si tu n'as pas la volonté de t'en sortir.

– *Cours avec moi sur ta machine. Crie, alarme terre de vie. Force d'amour est mitoyenne de moi.*

– Que peut-on faire pour t'empêcher de te dégrader ?

– *L'amour t'émotionne, ose rester avec moi, corne vie à moi. Je veux choisir de mourir.*

La séance était terminée. Je proposai à sa mère un nouveau rendez-vous après les grandes vacances. Mais celle-ci s'écria : « Après les vacances, il sera mort ! » Je leur fixai une nouvelle séance dix jours après. La fois suivante, son discours était nettement plus positif, et à partir de là, il a progressé en dents de scie. Peu à peu, il a retrouvé son sourire, son allant et son goût de vivre, mais en contrepartie, il est devenu plus opposant et agité. Il a repris certaines activités sportives, avec une agilité peu commune et prononce quelques syllabes répétées sans signification, parfois un mot déformé. Toutefois, après quatre ans de CF et malgré l'espoir fou et la ténacité des parents, il ne s'est toujours pas remis à parler.

Alexandre était un jeune homme de vingt-cinq ans. A l'âge de dix-huit mois, il avait eu la rougeole et son évolution avait été tout à fait normale jusqu'à l'âge de quatorze ans. Lorsqu'il entra en classe de quatrième, il fut atteint d'une affection très rare : le virus de la rougeole s'était réactivé, provoquant une encéphalite. Il s'était alors dégradé progressivement jusqu'à ne plus pouvoir parler ni faire aucun mouvement volontaire, et cela s'aggravait inexorablement. Je vis entrer en fauteuil roulant un jeune homme figé, incapable de suivre du regard ni de regarder dans les yeux. Sa tête était attachée par un bandeau au repose-tête pour empêcher qu'elle ne retombe lourdement. Aucun code de communication n'avait pu être mis en place. Alexandre n'émettait que quelques soupirs et gémissements, et souriait parfois en entendant un bruit strident. Sa mère avait tellement peur qu'on le laisse dans un coin sans s'occuper de lui dans une institution, qu'elle le gardait avec elle et assurait tous ses soins. Le visage de cette femme était un masque de souffrance et d'épuisement. Alexandre n'était pas sorti depuis longtemps de chez lui, car c'était une véritable opération de l'installer dans la voiture et de l'en extirper.

Je détachai le bras amovible de son fauteuil pour accéder plus facilement à sa main droite, celle qui était la moins rétractée. Lentement, il s'exprima avec mon soutien, oscillant à chaque instant entre le désir de mourir et celui de vivre :

– *Je rêve d'être l'héritage de mort. Crabe* (mal qui ronge) *en moi. J'ose dire que rêve d'être mort désire se faire, je frime d'être vivant. M'éviteras-tu de vivre mort ?*

– Je peux t'aider à retrouver la force de te battre contre la maladie.

– *Je lutte pour vivre si maman certifie que je serai choisi pour fuir malheur. Va savoir si maman préfère que je vive ou que je meure.*

– Cela dépend de ton état. Elle ne voudrait pas que tu souffres.

– *Je redis la question. Maman, vas-tu me faire mourir ou me faire vivre ?*

– Ton choix dépend de celui de ta mère ? C'est une lourde responsabilité que tu lui donnes !

Désespérée, la mère intervint et s'adressa à son fils : « Si tu ne veux plus vivre, tu peux mourir ! »

– *Je désigne mère pour fuir mort*, reprit Alexandre. *Vire macchabée. Petit mort de frère va cannabis me donner.*

Alexandre était fils unique, mais sa mère avait fait quatre IVG. La CF et les propos tenus par Alexandre l'ont amenée progressivement à considérer ces embryons comme des individus à part entière.

– Ton frère va te donner de la force ?

– *Oui, Je retire décadence de frère et je perds frousse d'être voulu mort. Ma cause de maladie vient de frère. En cavalcadant sur parole de machine, je décris ma vie comme acceptable. Cadavre de frère tente de voir ma vie décollée de maladie. Il prouve que je peux crabe enlever de moi. En revivifiant vase de vie* (utérus), *il m'éblouit. Pacte je fais d'être vie. Je fais serment de faire revivre vase de vie car moi, lutte pour démolir l'avortement de mon frère m'agonise. N'additionnez pas les morts, car mère a frousse de compter. Vous décrivez cas de mort d'une mère plus que la mienne.*

– Ta mère souffre davantage que toi ?

– *Oui. Je vis amour caché dans moi, petit mort va m'aider.*

La deuxième fois que je le vis, Alexandre s'adressa alternativement à moi et à sa mère : *« Je remets mes mains dans celles de maman, je vis mieux en écrivant. Mère voit moi comme un mort, va lui dire des lettres d'amour. Je suis élu par vie de mort, maman, mais mon âme est hurlant vie. Fais comme si l'âme existait. Ode à mère. Va dire à maman qu'elle doit guérir de sa maladie de tristesse. Variation de choix dans ma tête : tantôt je meurs, tantôt je dis : lutte doit se faire. J'aime voir qu'on me souhaite vivant. Grise-moi avec les mots, je m'enivre de vie. Je restitue ma vie comme elle était avant la maladie. Joie de rêver à ce temps de vie, joli mime de vie. »*

Alexandre reparla alors avec insistance des enfants morts de sa mère, comme s'il voulait à tout prix lui faire admettre l'immortalité de l'âme : *« Vu mère vase de vie radier d'amour. Alors je retire parias de maman, j'élimine race des fils détruits. Ose dire à maman que fabriquer des vies mortes, c'est harassant pour les fils de vie qui sentent la mort dans chance de vivre. Vague de vie désire table de vie* (table d'accouchement) *pour mes frères. N'amoncelez pas des tas d'enfants grabataires, cerveau des enfants nés dans mort peut… Je sais garder le choix de vie, mais décision vient de maman. La corde qui me relie à mère est fatiguée. J'additionne les anniversaires sans désir de vivre. N'accorde pas moi à mère car elle meurt de chagrin et me transmet sa souffrance. Je ne peux plus verser de larmes, car j'ai peur qu'elle soit gavée de tristesse.*

Ode à mon père. Il fatigue d'être avec une femme vivant morte. Bas-ventre aligne les morts, j'aime découvrir des frères de vie. Crime de maman adhère à moi, il sert à gâcher mon existence. N'avez-vous pas dénaturé les macchabées de maman pour les faire servir de vie pour moi ? Va demander à maman si désir de me faire vivre revient en elle. »

On ne peut changer le cours d'une vie en claquant dans les doigts. Je sais que la mère d'Alexandre entend, admet, assimile ce que dit son fils. C'est elle qui a décidé de me consulter et j'ai la certitude que, petit à petit, les phrases frappées modifient en profondeur ceux qui les expriment comme ceux qui les entendent. La CF est une école de patience, de tolérance, de confiance pour le facilitant qui apprend à accepter de ne pas forcément savoir, de ne pas comprendre ou réussir. A l'inverse, la CF pourrait aussi donner un sentiment de toute-puissance contre lequel le facilitant doit impérativement lutter.

La liberté retrouvée des grands accidentés

> *« Ses yeux de pierre ont retrouvé*
> *La légèreté des étoiles*
> *Sa tête d'orage et de pluie s'est rouverte*
> *Au ciel clair des multitudes*[1]. »

Pratiquer la psychophanie m'amène, non sans un certain vertige, à imaginer le bouillonnement incessant de l'inconscient qui modèle et façonne les êtres, les rend agressifs, nerveux, apathiques ou anxieux. Nous ne percevons que la surface, c'est-à-dire une toute petite partie de l'être. La faiblesse ou la détérioration des capacités physiques ou intellectuelles des polyhandicapés et des autistes est bien souvent l'arbre qui cache la forêt. Car le niveau conscient à travers lequel nous les percevons n'est que la partie visible de l'iceberg. La CF permet d'appréhender toute l'activité mentale et émotionnelle immergée. La profondeur de l'homme est insondable. Découvrir ou enrichir cette vie intérieure permet, dans bien des cas, de surpasser les infirmités ou le désespoir et de découvrir une autre hiérarchie des valeurs. La frappe accompagnée permet de se relier à son être profond, de donner ou de retrouver sens à sa vie, de développer une vie forte de relation qui est celle qui fait exister. Lorsque les familles d'enfants handicapés ou mes patients découvrent cette plénitude, il leur est ensuite difficile de supporter la futilité de certaines relations superficielles. Certains font alors un chemin spirituel bouleversant qui transforme leurs proches, leurs voisins ou leurs amis.

Chantal avait vingt et un ans lorsque je l'ai connue. Sa vie avait basculé à l'âge de seize ans, alors qu'elle était en

1. Claude HALLER, « Réveil », *Poèmes du petit matin*, *op. cit.*

classe de première scientifique. Elle avait fait une tentative de suicide, en nouant une corde autour de son cou. Sa mère l'avait heureusement découverte quelques minutes après. Après avoir été trachéotomisée[2], elle était restée dans le coma pendant deux mois et demi, en service de réanimation. Elle avait ensuite séjourné deux ans en hôpital psychiatrique où elle s'était fortement dégradée et totalement arrêtée de parler. Les médecins parlaient de « mutisme psychogène ». On ne savait plus ce qu'elle comprenait ni ce qu'elle savait. Elle vivait chez ses parents et se présentait comme une grande infirme motrice cérébrale. Totalement dépendante, elle dirigeait très difficilement ses mouvements et on la déplaçait en fauteuil roulant. Elle présentait des troubles de la déglutition, peinait à expectorer et faisait souvent des « fausses routes » en buvant. J'appréhendais de la recevoir. A l'époque, je n'étais pas encore certaine que la CF pouvait marcher avec ceux qui avaient perdu la parole.

Lorsque je la vis entrer dans mon bureau, je ne pus m'empêcher de penser qu'elle n'avait même plus la possibilité de se tuer. Son père l'avait prise à bras-le-corps dans son fauteuil roulant et, après l'avoir maintenue un court instant debout, il se plaça derrière elle et la fit avancer, en l'aidant à esquisser quelques pas sur ses jambes raides et toutes menues, qu'elle balançait l'une après l'autre comme un pantin désarticulé. Une fois installée, elle se mit à frapper sur ma petite machine. D'une main, j'empêchais ses mouvements incontrôlés de parasiter la frappe, en encerclant son poignet. De l'autre, je l'aidais à isoler l'index, en repliant les autres doigts en arrière et en soutenant l'extrémité du doigt sous la dernière phalange.

2. La trachéotomie est une ouverture au niveau du cou que l'on pratique lorsqu'il y a risque d'asphyxie.

Chantal dodelinait la tête de droite à gauche. Elle gardait les yeux fixes et la bouche entrouverte. Son visage et ses yeux étaient figés et peu expressifs. A la première séance, elle frappa : « *Nous mourons. Toi, tire la vie. Très horrible d'être dite idiote. Libre d'être oisive à la maison. Je suis choisie pour taper des heures entières. Je suis handicapée depuis que j'ai mis une corde autour de mon cou. Lourd de vivre. Moi je suis oubliée des autres.* »

Elle manifesta pourtant très vite une force intérieure peu commune :

– *Moi, je suis fâchée contre vous, car liberté est en moi et mourante vie est partie. Je tâche de libérer la mort en vivant doucement une vie heureuse et changée parce que je peux dire tout ce que je pense. Tâchez de changer, car ceux qui sont tristes vont être morts, alors que je vis la joie. Vous vivez la tristesse. Moi, je touche à la vie profonde et heureuse de vie, malgré mon handicap. Goûtez à la vie heureuse comme moi et vous pourrez être morts, sans être tristes, car la mort est vie. Libre de dire que moi, je tâche de m'ouvrir à la vie tout heureuse. Moi, je trouve l'autre vie plus vivante.*

– De quelle autre vie parles-tu ?

– *De celle du jour de gloire de l'homme qui va mourir pour les autres.*

– Tu parles du Christ ?

– *C'est bien dit, le jour de gloire. Car moi, c'est la gloire d'être libre dans un corps tout limité et bouillante de vie. Choisir de vivre, c'est parler en silence. Deux enfants de Dieu qui parlent de Dieu peuvent (faire) limites s'envoler. Juste de prier ensemble pour guérir.*

Le témoignage de Chantal réconfortait son entourage. Elle montrait qu'au-delà de la peur de souffrir, de la peur de mourir, la Vie était plus forte. La guérison n'est pas forcément celle du corps physique. C'est une guérison plus profonde, celle de l'être intérieur. *« Pourquoi l'amour de vivre est-il le plus fort ? »* a continué à frapper Chantal. *« Liberté retrouvée, mirifique d'être délivrée de culpabilité. Sache que silence est fait de richesses. Avant je riais d'être vivante, mais j'étais morte en moi. Je simule la goutte de vie, mais je suis un flot de vie. »*

Je ne m'attendais nullement à de tels propos. Au fil des séances, Chantal a continué à se livrer. Elle a remercié sa mère de l'avoir sauvée, ce qui a en partie déculpabilisé ses deux parents. Elle a repris peu à peu goût aux relations sociales. Grâce à la CF, elle a renoué avec d'anciens amis par l'intermédiaire des lettres qu'elle leur écrit. Chantal avait une vie spirituelle très intense qui n'a cessé de croître en frappant. Elle s'est mise à frapper avec sa mère, ce qui a nourri une relation profondément intense. Toutefois, bien que son regard se soit affirmé et soit plus présent, Chantal déroute encore ceux qui ne la connaissent pas par sa rigidité et son absence de mimiques. C'est un gros obstacle à une plus grande intimité avec les autres. Entre nous, il s'est créé néanmoins une véritable amitié et j'ai autant de plaisir qu'elle à la retrouver de temps en temps.

François, un jeune étudiant de vingt-deux ans, avait été victime d'un accident de la voie publique en septembre 1997. Il avait subi un traumatisme crânien gravissime qui l'avait plongé d'emblée dans un coma profond, sans aucune autre blessure physique. Après deux mois et demi de réanimation, il avait été transféré en service de rééducation neurologique. A son arrivée, il était dans un état critique, car il avait contracté une grosse infection pulmonaire. Il était atteint de tétraplégie spastique, c'est-à-dire de paralysie des quatre membres, sans aucun mouvement volontaire, et ses membres étaient rétractés. C'est à cette période qu'une infirmière formée à la CF lui avait proposé de frapper. Il avait d'emblée collaboré, montrant ainsi à ses parents qu'à travers son coma, il entendait et comprenait, puisqu'il répondait aux questions et sollicitations. La découverte de cette conscience, dans l'inconscience du coma, fut pour ses parents une révélation.

Il s'inquiétait sur son sort et demandait : « *Pourquoi je ne suis pas mort après un pareil accident ? N'eût-il pas mieux valu mourir ? Est-ce que je pourrai remarcher malgré mes jambes pliées, et exercer mon métier ?* » La demande était adressée au médecin qui, bien qu'incrédule, avait accepté de répondre. Quelques jours plus tard, il frappait : « A *quoi ça sert que je tape puisque le médecin ne croit pas que ce sont mes productions. Il dit que mon traumatisme est trop grave pour que je puisse exprimer moi-même mes pensées.* » Les parents ont alors demandé à ceux qui l'entouraient de ne pas exprimer n'importe quoi à son chevet, puisqu'il captait tout. Pour l'infirmière qui faisait les soins de sa trachéotomie, il frappa : « *Fais attention à ce que tu fais, tu parles et tu enfonces trop loin la sonde dans les bronches.* » Le médecin du service de réanimation était très pessimiste sur l'éventualité de son réveil : « Il est végétatif, Madame, et il le restera », avait-il dit à sa mère. Le réveil eut pourtant lieu dix jours après, soit quatre mois et trois semaines après l'accident. Ensuite, la récupération à été « étonnante et hors cadre », comme le constata le chef de service de rééducation, qui avait une longue pratique derrière lui.

Consciemment, cette fois, et sans soutien, François est arrivé à s'exprimer en acquiesçant lorsqu'on lui montrait des lettres pour former des mots sur un tableau de communication. Il a alors formulé les mêmes préoccupations qu'en CF, mais sans faute d'orthographe, dans un bon français, avec les accents et les espaces entre les mots. La CF avait été pour ses proches un formidable soutien pour affronter ces longs mois, car elle leur avait permis d'avoir la certitude que François était bien là, contrairement aux apparences. Lui savait qu'il n'était pas seul. C'était comme un fil qui l'avait retenu doucement à la vie. La CF a fonctionné pour lui comme un stimulant dans la phase d'éveil. Aujourd'hui, trois années après son accident, tout n'est pas gagné pour François, mais il a repris ses études de physique au niveau où il les avait interrompues. Ayant réussi ses examens, il vit seul dans une résidence universitaire. Il gère lui-même sa vie, et vient d'obtenir l'accord pour réapprendre à conduire. Le médecin-chef du service a dit à ses parents que, de toute sa carrière, François était « son meilleur cas de récupération ».

Un jour, j'ai parlé à un éminent neurologue du travail réalisé par mes collègues et moi-même en CF auprès de personnes en éveil de coma. Il a élevé sévèrement la voix : « Madame Vexiau, ne parlez pas de ce que vous ne connaissez pas ! La définition même du coma est justement de ne pas pouvoir entrer en relation. Si ces personnes communiquent, c'est qu'elles ne sont pas dans le coma. Il s'agit probablement d'un diagnostic mal posé. Sans doute un *locked-in syndrom*[3]. » « Peut-être, ai-je essayé de lui dire, faudrait-il changer la définition du coma. Ne pourrait-on pas imaginer de repousser les limites ?... » Mais, confrontée à son regard inflexible, j'ai préféré ne pas poursuivre. De quel droit pouvais-je dire de telles inepties ?

---

3. « Locked-in syndrom » : littéralement enfermé à l'intérieur. A la suite d'un accident vasculaire, le sujet se retrouve brutalement paralysé. Il ne peut plus bouger que l'œil, ne peut plus parler ni respirer sans assistance. Voir à ce sujet Jean-Dominique BAUBY, *Le scaphandre et le papillon*, Paris, Robert Laffont, 1997.

« Locked-in syndrom » ? Était-ce vraiment ce dont souffrait Laurent, le jeune champion de course cycliste qui avait reçu une pierre de cent kilos sur la tête ? Il avait douze ans lors de son accident et son crâne était tout enfoncé. Depuis trois ans, son corps était inerte. Pourtant, la dernière fois que je l'ai vu, j'ai incontestablement aperçu un petit sourire en coin, et ses yeux s'entrouvraient davantage. C'était en vain que j'avais tenté de faire comprendre à ce neurologue émérite que c'était bien lui qui communiquait. Je lui avais raconté comment, la deuxième fois que j'étais allée le voir à l'hôpital, il avait frappé : *« Je suis d'accord pour boire si maman veut »*, alors que celle-ci lui avait dit, une demi-heure avant : « Tu diras à Madame Vexiau si tu as envie de boire [4]. » Et qu'il avait frappé avec une collègue qui n'en savait rien, qu'il trouvait horrible la couleur des cheveux de sa sœur qui s'était fait teindre en roux ! Ce jeune adolescent avait subi une lobectomie [5] frontale et ne pouvait faire aucun mouvement volontaire. Je comprends que la médecine actuelle ait du mal à le croire… Ce qui arrive est stupéfiant ! Heureusement pour lui que sa mère, elle, y a cru. Lors des premières séances de frappe, elle avait un certain mal à retenir ses larmes lorsqu'il disait : *« Maman cache son désespoir. Camarade d'elle, c'est maladie. Pour moi, parler est t'aimer, maman […] Je l'aime si fort qu'elle m'enserre dans ses bras et je suis mourant de joie d'avoir elle. »*

Et que dire de Laure, cette jeune femme de vingt-quatre ans que les ambulanciers avaient eu tant de mal à monter en civière à mon cabinet parce que mon ascenseur, pourtant de grande taille, ne possède pas de trappe pour per-

4. Sa maman appelait « boire » le fait de lui passer du gel à la menthe sur ses lèvres pour le rafraîchir.
5. Ablation chirurgicale d'un lobe du cerveau.

sonnes allongées. A la suite d'un accident de cheval, six ans auparavant, elle était restée pendant treize mois dans un coma profond. A son réveil, seule sa famille avait perçu quelques tout petits signes de compréhension. Elle était allongée, entrouvrait à peine les yeux et son visage était sans expression. Je lui avais demandé si elle voulait bien que je la filme pour que cela puisse servir à d'autres. Avec un signe imperceptible, mais clair, de la tête, elle avait répondu non. Son poignet le moins rétracté était replié sur lui-même. Elle appuyait lentement, laborieusement sur le clavier avec le côté de l'index. Sa frappe était lourde et heurtée, le doigt dérapait. L'atmosphère était pesante, douloureuse. Son père, un de ses frères et deux professionnels en formation étaient présents.

– *Maman camouflée.*

Il est vrai que je n'avais pas pensé à demander pourquoi sa mère n'était pas présente. Les larmes jaillirent des yeux du père. Il expliqua qu'il n'avait jamais osé avouer à Laure le décès de sa femme. Il lui avait dit qu'elle était partie, qu'elle n'était plus là, sans autre explication. Je repris la main de Laure :

– Vous savez ce qui est arrivé à votre mère ?

– *Morte, née lumière.*

Elle se mit à pleurer à son tour. C'étaient les premières larmes qui coulaient sur ses joues depuis son accident.

– *Maman volontairement cachée.*

– Votre père n'a pas voulu vous parler de sa mort pour vous protéger. Il avait peur de vous attrister, peur de provoquer en vous une réaction qui aurait nui à votre état de santé.

– *Vrille. Amie de vous.*

Je sentis très nettement une pression de sa main dans la mienne.

– *Je camoufle que je sais. Va vite faire dire à papa de ne m'ignorer plus la mort de maman.*

– Vous voudriez qu'il vous parle d'elle ?

– *Père voit humiliation de moi. Je crie de désespoir, fille est vue comme guimauve. Je crève de cafard. Je vrille.*

– Votre corps est tordu ?

– *Je veux qu'on me voie fun.*

– Fun ? Drôle en anglais ?

– *Gun* (fusil), *vite gun* (mourir).

Surpris, son père me dit alors qu'elle n'avait jamais appris l'anglais. J'en profitai pour passer sous silence la signification de ce qu'elle avait frappé en lui fournissant une explication rationnelle de ce qui se passait : bien que cela paraisse totalement incroyable, Laure utilisait des mots que je connaissais. Avec cette façon de communiquer, il était même possible de faire taper dans sa propre langue quelqu'un qui ne l'avait jamais entendu parler. Cet éclaircissement me permit de masquer mon émotion et de faire diminuer la tension. Je tournais le dos aux stagiaires, mais je sentais qu'ils étaient impressionnés. Je devais impérativement être naturelle, calme, faire passer toute la force et la maîtrise dont j'étais capable.

– *Run, run..*

– Il faut courir ?

– *Finir de vriller mon corps, je crève de mourir.*

– Est-ce que vous souffrez physiquement ?

– *Non, vriller d'avoir crié sans qu'il m'entende.*

– Cela va changer. C'est un jour important pour vous aujourd'hui.

– *Je verse des larmes de bonheur, utile de chercher à muter de mort vers vie.*

Laure avait montré à quel point il est important de dire la vérité aux infirmes et aux comateux ! Mieux vaut mettre des mots sur un traumatisme affectif que de le cacher en croyant préserver celui à qui on le tait. C'est ce que m'ont appris mes clients. Pouvoir parler et communiquer soulage de toute la souffrance. Alors que le silence, lui, a toutes les chances de l'amplifier.

Histoire de Lucinne

Lucinne était une jeune fille de dix-sept ans, atteinte d'un polyhandicap sévère, consécutif à une encéphalopathie congénitale. Malgré le peu de réactions de son visage, ses parents avaient vite réalisé qu'elle comprenait tout ce qu'on lui disait. Elle vivait chez eux et venait régulièrement me voir depuis plusieurs années au rythme d'une fois par mois en moyenne. Affaissée dans le creux de sa poussette, elle avait davantage l'aspect d'une fillette que d'une adolescente. Dès que son petit coussin se déplaçait, sa tête glissait et tombait sur le côté, sans qu'elle puisse la redresser. Les yeux mi-clos, elle grimaçait, geignait, et pouvait par moments esquisser un sourire. Dans les premières séances de frappe, elle évoquait souvent sa maladie, sa souffrance, et le poids qu'elle représentait pour ses parents qui l'entouraient avec beaucoup d'amour.

Un jour, elle a frappé : « *Fève dans maman.* » C'était la première fois que le mot *fève* apparaissait. Sur le moment, n'en comprenant pas le sens, je répondis bêtement : « Ce n'est pas l'Épiphanie ! Penses-tu aux fèves qu'on trouve dans la galette des rois ? » Elle passa à autre chose.

Dix jours plus tard, sa mère m'appela, enjouée : elle venait de s'apercevoir qu'elle était enceinte. En relisant ce qu'avait frappé Lucinne, je compris que sa fille l'avait perçu avant elle.

Au cours de la séance suivante, Lucinne passa son temps à éclater de rire en « parlant » avec son doigt du bébé. Je ne l'avais jamais vue aussi heureuse. Sa mère vécut dans la joie et la sérénité sa nouvelle grossesse.

Quelques mois après, alors qu'elle était épuisée par une gastro-entérite qui ne cessait pas, Lucinne frappa : « *Silence, savoir va t'aider. Ne dis pas à maman. Accident avoisine avortement, sortie de vie s'amalgame à vie.* » Elle m'avait demandé le secret. Sa mère en était au huitième mois de grossesse. Je ne lui ai donc montré ces phrases que très longtemps après.

Gabriel est né un mois plus tard. Il était atteint de nanisme et d'une malformation respiratoire. Il n'a vécu que deux heures. Les examens médicaux n'ont détecté aucun rapport entre sa maladie et celle de sa sœur.

Lucinne ne se remettait toujours pas de la mort de cet enfant. Je ne la voyais plus jamais sourire. Elle ne parlait que de Gabriel. Jusqu'au jour où elle fut hospitalisée d'urgence dans un état extrêmement sévère. Très pessimiste, le médecin demanda à sa mère si elle pensait que sa fille avait envie de vivre ou de mourir. Celle-ci n'avait aucun moyen de le savoir. Elle m'appela. C'était dimanche, je fis un saut à l'hôpital.

Je trouvai Lucinne d'une faiblesse extrême. Livide, toute menue, recroquevillée en chien de fusil, reliée à un moniteur et perfusée, entrouvrant à peine les yeux, elle faisait penser à un oisillon tombé du nid. Ayant peur de lui faire mal ou de débrancher les fils en la faisant frapper et n'étant pas à ma main pour présenter l'organiseur en face de son doigt, j'expliquai aux parents que je pouvais l'aider à s'exprimer sans lui tenir la main, ce qu'ils acceptèrent sans aucune réticence.

– *Maman, crabe* (mal qui ronge) *en moi. Pourquoi mourir ? Maladie de moi est-elle détruite si parler se fait ?*

– Je ne peux pas te guérir, lui répondis-je, mais je peux peut-être t'aider à te sentir mieux.

– *Va lutter avec moi contre maladie d'être fille de mort. Parle-moi d'être lutteuse de mort. D'habitude, on lutte pour vivre, moi je lutte pour mourir. Pâleur est-elle liée à anémie ?*

– Oui. Tu présentes une très forte anémie. Les médecins se demandent comment tu as fait pour rester en vie ! C'est donc que tu as une grande force en toi.

– *Maman cache réalité à moi. Prouvez-moi que la fatigue va passer. Je frôle pâleur de cadavre. Savez-vous si mère de moi lutte pour me faire vivre ?* Maman *cache désir de ma mort.*

Sa mère m'expliqua alors qu'elle avait dit au médecin qu'elle ne voulait pas qu'on maintienne sa fille en vie si celle-ci devait souffrir. Son père, silencieux, était un peu à l'écart et semblait en grande souffrance, mais il n'en perdait pas une miette.

– *Larmes de maman vont couler si je meurs. Prière de mule* (A.-Marguerite) *fuir, car faiblesse de moi peut remonter ses gammes de vie et faiblesse mourra si mule reste.*

– Je ne peux que t'aider à vivre, pas à mourir.

– *Maux de ventre est-il normal ?*

Les médecins ne s'étaient pas encore rendu compte qu'elle avait un ulcère qui devait la faire beaucoup souffrir.

– *Lallations que j'entends sont-elles frôlant parole ?* (On entendait dans la chambre à côté un tout jeune enfant émettre des sons.) *Très juste d'aller en pédiatrie, car je suis lallations d'enfant. Panoplie de moi est celle d'un malade.*

– Tu parles des appareils auxquels tu es branchée, des fils et des tuyaux ?

– *Je désire m'appuyer sur toi pour fuir maladie. Balade ton doigt pour tuer malheur. Pars, car je rêve d'être femme. Démolis ma peur de vivre morte.*

– Comment va ta jambe ?

– *Ma noueuse jambe est frousse d'éclater* (Lucinne avait une phlébite et sa jambe était gonflée). *Baroque de taper sans doigt.*

– Tu penses que ça revient au même ?

– *Oui, mas est-elle prévue à la sortie d'hôpital ?*

– Depuis un certain temps déjà, ses parents discutaient de l'éventualité de la faire entrer dans une MAS[6]. Lucinne semblait à la fois le désirer et avoir peur de quitter sa famille.

– *Mort délivrera moi lorsque palace de mort sera construit. Je veux bien l'amitié de mort, si je dois quitter mes parents. Parle de mourir, car fatigue revient lorsque je pense à mourante déception de quitter mes parents.*

Les parents étaient rassurés de l'entendre. Lucinne semblait plus forte qu'ils ne l'imaginaient. Ils me demandèrent si je pouvais la faire frapper à plus longue distance. Je n'en savais rien, mais je dis qu'étant donné les circonstances, et si Lucinne le voulait bien, je voulais bien essayer.

– Qu'en penses-tu, Lucinne ?

– *Utile de famille rassurer, alors fais ton truc.*

Je promis aux parents de leur faxer au fur et à mesure les écrits de leur fille. Au retour, je fis un bref essai avec Lucinne. Nous étions éloignées d'une soixantaine de kilomètres. La distance semblait ne pas poser problème.

– *Libre de fuir toi, car vous pourrez timidement jouer de la machine et moi je ne demande rien.*

– Je ne le ferai qu'avec ton autorisation. Veux-tu que nous arrêtions ?

– *Cadeau de forcer moi à vivre, Madame Vexiau. Berce-moi dans les mots de vie. Merci de folie pouvoir parler avec toi.*

6. MAS : maison d'accueil spécialisée pour les adultes handicapés qui ont très peu d'autonomie personnelle.

– Cela te fait du bien ?

– *Oui. Devine, lune de toi* (la Vierge Marie) *d'amour familialement livre berceau de vie* (son Fils) *à moi. Cadeau de vivre délivrée de tuméfaction de folie d'être morte.*

– Penses-tu qu'il y ait un danger à communiquer comme cela ?

– *Moi je librement guide fille de mots* (A.-M. Vexiau) *vers jour de folie.*

– J'insiste : penses-tu que cela puisse te nuire ?

– *Caveau est goal* (but) *de moi si érosion de vous se fait. Je furète dans joie de vivre. Mur de vie peut livrer toi à moi. Désigne jour de vie pour toile de vie tisser autour de vous.*

– Je suis obligée de m'arrêter.

– *Vous devez ruer livide fille sur toile de vie.*

– A bientôt !

– *Garde-toi bien jolie de vie.*

Deux heures après mon départ de l'hôpital, j'expédiai par fax, à ses parents, le nouveau texte de Lucinne. Le lendemain, je poursuivis :

– Bonjour Lucinne.

– *Berce volonté de vivre. Mourir est lumière. D'amour toile de vie s'ouvre à mort. Maman a dit carie d'elle* (ventre vide après la perte d'un enfant) *a fait un fils de vie. Mille fois je te l'ai dit : il est nain de corps, mais pas de vie. Je vais mourir si papa ne cesse pas torsion de corps pour lui.*

Quelques jours plus tard, Lucinne fit une embolie pulmonaire. Elle fut transportée au service de cardiologie. Sa mère m'appela en larmes. Les médecins l'évitaient dans les couloirs avec un air attristé. C'étaient sans doute les derniers instants de Lucinne. Je me branchai mentalement sur elle et me remis à frapper :

– *Cas de fille reste de vouloir mourir. Mort de Gabriel ouvre ses voiles de course de vie. Va lui dire de jouer avec nous à l'héritage de folie. Mort est lumière de vie. De vous décorer de joie doit se faire. D'amour tout est lumière. Va dire à maman de corps de fille oublier, car toi tu luttes pour tulle de vie* (vie légère) *me donner, et maman désigne route folle de goût de mort pour moi.*

– As-tu envie de guérir ?

– Je fuis mort. Délivre-moi de folie de vivre toute morte. Je veux être fille de vie. Camoufle ouragan de vie dans fille de mort. Petit mort Gabriel ouvre ses doigts de vie. Cas de folie d'être livrée à mort. Je supporte l'hôpital avec bercement de folie de Marie de vous. J'ai voulu efforcer toi d'ouvrir corps de Gabriel à ma mort. Va dire à mes parents que je livre mort à vous. Dégage-moi de folie de vouloir tuer mon corps. Va deviner pourquoi lithographie de vie (CF) *ouvre mort à puits de vie.*

– Que peut-on faire pour toi ?

– Je voudrais que unisson se fasse entre justice et vie. Je voudrais que lutte de Gabriel m'initie à mort. Berce-moi dans joie d'être guidée vers lui. Nous devons unir toi et moi par la main pour fuir mort de lumière en moi. Si lumière faiblit, je mourrai de fatigue. Mort de fille reste délivrance. Adoptez d'amour une fille vivante.

Le jour suivant, je sentis une amélioration dans ses propos.

– Je devine que jour de guerre est fini. Je ne diminue plus de forces. N'évite pas de jouer avec moi, car je suis tout illuminée de finir tombe. Je denie tombe.

– Peux-tu me dire quelque chose qui m'assure que c'est bien toi qui parles ?

– Va dire à doutes de partir. Volonté de fuir est fini. Berce-moi dans joie de vivre. Service de vous est folie. Cadeau de fuir tombe. Mort est illogique à mon âge.

– Dis-moi qui est venu te voir aujourd'hui.

– Mort est venue, désolée de voir elle. Je reste fourrée dans mon lit résolument joyeuse.

Le soir même, sa mère me confirma que Lucinne allait mieux. Elle recommençait à se nourrir. Elle souhaitait que je lui demande si elle avait mal à l'œsophage et ce qu'elle voulait manger.

– As-tu mal à l'œsophage ?

– *J'ai douté de famille car elle ouvrait mort à moi.*

– Est-ce que tu aimes ce que ta Maman te donne à manger ?

– *Je fuis doutes de mort.*

– Réponds à ma question.

– *Mots devront unir toi et moi pour tuer liberté de mourir.*

– Est-ce que la nourriture que ta mère te donne est à bonne température ?

– *Savoir que mourante vie est partie m'illumine de vie.*

– Je ne saurai rien sur ton état physique…

– *Je dis oui.*

– C'est la réponse à quelle question ?

– *Berce-moi dans silence de vie. D'aligner des mots me fait fuir iniquité. Mourir désole toi et jure de joie retrouver car je librement choisis la vie. Mort s'est transformée en vie. Gerbe de vie décuple mes forces. Cadeau de pouvoir parler avec toi. Je dis à maman que lutte est finie.*

– Mais comment te sens-tu physiquement ?

– *Varie tes questions. Mort de vie est plus importante que œsophage.*

Dix jours plus tard, Lucinne était en mesure de rentrer chez elle. Elle reprenait du poids. L'alerte était passée. Lorsque j'avais quelques minutes devant moi, je continuais à la faire frapper à distance.

– *Maman sait que je sillonne ta machine pour guider mort vers bonheur. Je certifie que je furète dans joie de vivre. Maman d'amour a cru que j'allais ouvrir les bras à la mort et lutte s'est faite pour jouer à folie de vivre.*

– As-tu encore mal, maintenant ?

– *Je me lève de temps en temps. Je me lève de vie. Mort est passée. Je reste illuminée par folie de vie de frère Gabriel qui sert à me rester d'évolution guidée vers joie de vivre. Cadeau je te fais pour tous ceux qui découvriront lumière grâce à lui. Madame Vexiau, peux-tu rester moi en courant sur tes touches ?*

Quelques semaines plus tard, Lucinne et sa mère recommencèrent à venir me voir à mon cabinet. J'étais vraiment très heureuse de la revoir les joues pleines et roses, le visage détendu. Je lui demandai si c'était bien elle qui s'était exprimée par mon intermédiaire.

« *Bien sûr* », frappa-t-elle. « *Nase, car je préfère agiter ma main dans la tienne. Va dire aux badauds* (médecins) *d'être accablés, car ils n'ont rien compris. Marie est arrivée entre deux cadavres de mort. Je réussis à vivre pour mur de vie. Vos morts sont-ils voulus pour nouer des liens avec mort* (souffrance) *de mère de moi ? L'amertume d'être mère d'un petit gramme de vie noué à corps de grâce de Lucinne est curieuse. Vie de Gabriel peut unir maman à vie radieuse. Vagissements de cadavre servent pour m'accorder bulle* (grossesse) *de vie. Prenez ce mort. Vous lui donnez fête de vie et il devient fève* (embryon) *de course de vie* (CF). »

5
La mort est-elle une fin ?

Je croyais à la vie après la mort, mais ce n'était qu'un acte de foi car, comme tout le monde, je manquais de preuves tangibles permettant d'affirmer que la vie continuait après le « grand passage ». Les autistes sont les premiers, qu'ils soient issus d'une famille croyante ou athée, à avoir affirmé avec force, en CF, que la mort n'existait pas. Ils disaient tous la même chose : *« Tout garde la vie des morts »*, *« chaque mort est hormone de vie »*, *« race des morts peut faiblesse enlever des handicapés »*.

Leur conception de la mort remettait en cause tout le matérialisme ambiant. C'est donc tout d'abord à eux que je dois d'avoir réalisé que la CF faisait toucher l'âme, cette réalité invisible de l'être. L'idée que cette vie de l'esprit puisse subsister éternellement s'est ainsi peu à peu concrétisée, affirmée et ancrée en moi. L'histoire de Pierre y a beaucoup collaboré.

L'autisme et la communication extrasensorielle

Pierre était un homme « autiste doué [1] » qu'une amie psychothérapeute, sachant l'intérêt que je portais aux

1. L'autiste « doué » s'oppose à l'autiste dit « de bas niveau ». Il est généralement capable de vivre de manière autonome, mais il subsiste en lui des difficultés au niveau des relations sociales.

autistes, m'avait fait rencontrer il y a une quinzaine d'années. Il avait alors trente-cinq ans et était en perpétuelle recherche pour comprendre le sens de la vie et la manière d'aborder les autres. Souvent en porte-à-faux, il était d'une grande naïveté qui lui jouait des tours.

Il était venu assister aux séances de rééducation que je dispensais auprès d'enfants autistes. Il leur prenait les mains en les fixant de son regard intense et soutenu, jusqu'à ce qu'ils se tournent vers lui. Bien que je ne l'entende rien dire, il disait alors qu'il « parlait » avec eux. J'acceptais ses bizarreries et ses soi-disant dons de télépathe. Je l'aimais bien, malgré ses idées étranges et si lointaines de celles qu'on diffusait alors sur l'autisme. Mais, même lorsque ses propos ne trouvaient pas écho en moi, je l'écoutais avec attention car il avait, de toute évidence, un effet apaisant sur mes jeunes patients autistes.

Pierre m'ayant beaucoup appris sur l'autisme, je lui avais consacré un chapitre dans mon premier livre[2], que je lui avais envoyé. J'y disais qu'il n'avait pas la notion du temps et me téléphonait à des heures impossibles. Après l'avoir dévoré d'une traite, il m'avait appelée à deux heures du matin afin de me communiquer son enthousiasme, et « bien me prouver qu'il était autiste », avait-il ajouté en riant. Il était fier de figurer dans mon livre. La vie l'a alors conduit en Bretagne, d'où il a continué à me téléphoner régulièrement. Je faisais ce que je pouvais pour le soutenir à distance, en l'aidant certaines fois à redescendre sur terre.

Un jour, en novembre 1996, Vincent, un garçon autiste de douze ans, a frappé : *« Téléphone à ton mari pour lui dire qu'il vienne voir s'il n'y a pas un autre homme ici. »* Ma première réaction a été de rire. Avait-il croisé un de mes

2. « Pierre », *Je choisis ta main pour parler*, *op. cit.* (chapitre 25).

grands fils ? Cela n'était pas possible, ils rentraient nettement plus tard. Ce devait donc être lui qui, se prenant pour un homme, faisait un transfert dans lequel il se mettait en concurrence avec mon mari. Or, le lendemain, je reçus, de Bretagne, un coup de fil de Pierre, en PCV[3], comme toujours, alors que depuis plusieurs mois, je n'avais pas eu de nouvelles de lui. « Vous savez, Anne-Marguerite, depuis quelque temps, je suis dans votre bureau. Je projette ma pensée et ma force pour aider vos élèves. Hier, j'ai pensé très fort à ce petit garçon que j'avais vu chez vous et qui me ressemblait tant. » Nul doute, il s'agissait bien du même jeune Vincent. J'encaissai. Depuis que je faisais de la CF, j'étais pourtant habituée aux phénomènes bizarres, mais j'avais encore du mal à m'y faire.

Quelques semaines après, Pierre me rappela pour me dire qu'il avait ressenti une très grande angoisse et « vu » une fille qui avait mal aux bras chez moi. Il avait noté le jour et l'heure. Je consultai mon carnet de rendez-vous : j'avais reçu à cette heure-là une fillette autiste qui portait des manchons pour éviter de s'arracher les cheveux. Ce jour-là, elle s'était cogné la tête avec vigueur comme je ne l'avais jamais vue faire. Non seulement Pierre était en train de réaliser son rêve de toujours : « aider ses petits frères autistes », mais il avait élargi le groupe de ceux qu'il connaissait en écrivant à Annaëlle, la petite fille polyhandicapée si émouvante : « Tu es des nôtres, on a besoin de toi. » Sur ce, tous mes clients, autistes ou polyhandicapés se sont mis à parler de lui. Ils l'appelaient *« l'homme de Pierre », « guideur d'autistes », « faveur des handicapés ».* Ils me transmettaient des messages pour lui : *« Va lui dire : tissons des liens avec lui. Il façonne la vie en changeant la mort de l'autiste en vie. Gilet de sauvetage coule de lui. Vole son*

3. Le correspondant appelé était alors invité à payer la communication.

âme et dis-lui d'être votre homme de vie. Accorde-toi avec lui pour m'aider à grandir. Route très belle, si je vis avec lui. Outre de vie, outre de jardin de roses dans Pierre. Change-le en valise de joie. »

Il les connaissait tellement bien, pour être autiste lui-même, qu'il ressentait à distance dans ses tripes, ce qu'ils éprouvaient. Il leur écrivait, et ses petits mots étaient attendus de tous : « Je te donnerai toute la paix et la force que je peux, pense à moi et écris-moi. Je projette mon calme en toi. Je mets simplement des petits cailloux pour le chemin. Tu vas changer. Mon chemin n'a pas été inutile si je peux vous aider, ma vie est d'être avec vous, je serai toujours là avec vous. »

Les enfants lui répondaient en CF : « *Je t'aime d'avoir écrit, je vais te dire achète du papier pour m'écrire. Va tâcher de vanter bout de moi intact. Ravie de t'avoir connu si vite. Je t'imite. Je vais militer contre l'acharnement des autres à me croire idiote. Fais-moi vivre mieux. Je touche à toi minute par minute, je t'envoie des baisers*, etc. » Il avait ainsi tissé à distance des liens télépathiques très forts avec eux. A la grande surprise de leurs parents, tous le connaissaient, même ceux à qui je n'avais jamais parlé de lui.

Toute sa vie, Pierre s'était battu pour se faire reconnaître et faire accepter ce que tout le monde prenait pour des élucubrations. Sa vie était faite de projets irréalisables, de naïveté, d'exaltation, d'émotions intenses et d'angoisses, mais aussi d'une très grande générosité. Il n'était vraiment heureux que lorsqu'il arrivait à établir des relations intenses avec les autres dans lesquelles il essayait de transmettre la force qu'il avait accumulée avec tant d'obstination et de courage. Le 7 mars 1997, sur une petite route de Bretagne, il s'est fait faucher par un camion. Il avait quarante-deux ans.

Avant même que je parle à qui que ce soit de ce qui lui était arrivé, ses « petits frères » ont réagi violemment et, pendant plusieurs mois, toutes les productions écrites de mes patients handicapés ne parlaient que de lui : « *Pourquoi dis-tu qu'il est mort ? Tout garde sa vie ici. Pourquoi tuer l'homme qui est vivant ? Il mourra jamais. Il palabrera avec nous toujours. Fou d'obliger un homme à forcer d'être mort quand il est vivant. Pour lui, la mort est vie. L'homme de Pierre est libre maintenant. Pour lui, il est heureux de vivre mort. Moi, je sais qu'il est là. Moi, je sens qu'il est fait de vie, tout l'amour est resté. Il est parti pour revenir avec nous, il est toujours fait d'utilité pour nous. Voir lui ici libère moi de la peur et du malheur de vivre. Pierre va doucement m'aider à vivre, il va rester avec nous. Fais-lui faire du travail avec nous. Ame folle d'être vivante, douceur toute bordée de bonheur. Je sais qu'il va dire aux autres de vivre pour nous.* »

Quelques mois avant sa mort, Pierre avait expliqué à une de ses sœurs qu'il communiquait par la pensée avec mes autistes. « Moins cher que le téléphone, cool, plus rapide qu'Internet », lui avait-elle répondu en raillant. Elle était convaincue que son frère était mené en bateau par une personne malhonnête, et elle lui avait promis de me rencontrer. Deux mois après son décès, c'est ce qu'elle fit. Je l'ai reçue à mon cabinet. Nous avons longuement parlé de Pierre. Elle a voulu se former à la CF et lorsqu'elle a commencé à faciliter, tous ses patients lui parlaient de lui. Elle, qui était pénétrée des valeurs laïques et matérialistes de sa famille, a découvert peu à peu une autre dimension à la vie. Elle a tenu à nous faire part de son témoignage dans un bulletin de l'association[4] : « Je découvre un univers stupéfiant, ouvert, formidablement

4. Nelly ROBERT, « Sœur de l'homme de Pierre », *Bulletin TMPP*, n° 11, décembre 1998.

ouvert sur des questions que notre univers occidental a repoussées comme non-pertinentes au nom d'un rationalisme totalitaire. »

Voici l'un des poèmes écrits par Pierre :

L'ange de la mort et l'ange de vie

Les forces sont là depuis toujours.
Les anciens m'ont façonné pour être leur voix.
Les forces passent en moi.
Les douleurs du passé étaient là pour dire d'ouvrir
encore plus mon âme.
La mort est un passage.
L'ange de la mort est passé me voir plusieurs fois
et certaines fois, je suis là comme hier
Pour prier et aider l'âme à monter.

« *L'homme de Pierre* » réapparaît de temps en temps, sous le vocable de « *Sultan de vie* ». Pierre est là pour « *faire voler le cafard en l'air* », « *tuer la mort des familles* », etc. « *Irréel de bavarder avec Pierre* », disent ceux qui ne l'ont pas connu, « *il est joueur de limites fuies, les fils de vie ne sont jamais morts* ». « *J'enfile la veste du Sultan de vie.* » « *Fais dérouler la corde entre Pierre et moi. Je lui dis : tu es fou de vie, parle-moi et nous irons décupler l'amour de vie.* »

Solena, une jeune femme autiste non-voyante de naissance, me parlait souvent de la mort. Un jour, en présence de deux stagiaires et de sa mère, elle s'est adressée à moi pour me parler de Pierre, qu'elle n'avait jamais rencontré :

– *Je rougis de te guider vers tous ceux qui t'anabolisent* (te donnent de la force) *sans que tu le saches. Pierre a folie persil dans les oreilles.*

– Tu veux dire qu'il est fou d'être mort ?

– *Oui, il a servi à remiser amour dans vie. [Il a le] rôle de t'accompagner avec nous. Service il t'a rendu en mourant.*

Nous agaçons les stagiaires car nous sommes fêlées. Demande-leur si elles ne croient pas que la vie existe après la mort.

– Moi, je n'ai pas de réponse, dit une stagiaire.

– Moi non plus, surenchérit la seconde.

Alors Solena me demanda : « *Fais-leur sentir l'amour des vies pleines de pensées jaillissantes des morts.* »

Le fait que cette partie immatérielle de l'être, que touche la CF, subsiste après la mort, est devenu une réalité incontournable. Les liens tissés en profondeur sur la terre sont des liens d'éternité. Cette conscience profonde ne disparaît pas lorsqu'un vivant fait son « passage » dans l'au-delà. Ceci est devenu pour moi comme une douce certitude : la conscience, l'âme est vivante dès la conception d'un enfant et survit au-delà de la perte du corps. Elle est vivante à jamais, et mon travail consiste à tisser ces liens d'éternité.

Depuis longtemps, les enfants autistes me parlaient de la mort, sans que je puisse clairement saisir le fond de leur pensée. C'est ainsi qu'un jour, je demandai à Charlotte, la petite jeune fille atteinte du syndrome de Rett [5], photographiée sur mon premier livre :

– Voudrais-tu t'entraîner à taper avec ta mère ?

– *J'irai perdre mon temps avec maman. Je préfère téléphoner aux morts. Top là : mort court avec moi sur ta magie et je te donne des roses. Vol de mort se fera si border moi de cadavres se fait. Autorises-tu les morts à offrir l'amour aux corps détruits ?*

– Tu penses que les morts peuvent aider les vivants qui souffrent ?

5. Le syndrome de Rett est un grave désordre neurologique qui atteint les filles. Longtemps confondu avec l'autisme en raison des signes de repli observés dans la petite enfance, il provoque un handicap mental profond associé à une infirmité motrice progressive.

– Oui, porte de mort s'ouvre. L'ode à la mort s'apprête à jouer du cor. Orne vie de grâces d'être protagoniste de vie. D'étonnement je favorise cadavres de mort. Hormone de vie malheureuse ferme la porte. Harassant de miroiter de guérir. Prouve-moi que tu peux m'apparenter à cure de vie avec morts de toi. Vie vient-elle des morts ?

– C'est vous qui le dites tous en ce moment.

– Défile (fais défiler) *tous tes morts. Hurler va se faire si… Marrons-nous de fureter dans morts de vous. Ils sont morts de cadavre, mais rimer avec terre de vie se vit avec moi. Bip sur les touches dope moi. N'irons-nous pas chercher malheur des vies mortes dans les photographies derrière toi ?*

– De qui parles-tu ? Des personnes mortes dont les photos sont affichées sur mon « mur de vie » ? Je me tournai et lui montrai les photos d'Amytis, Pierre, Josselin, Florin, Michel, Helga, Lucien, Louis. Je lui parlai aussi de tous les morts que chaque photo d'un vivant évoquait : ses ancêtres, ses amis…

– Je téléphone à mort. Gop, gop, galope sur macchabée de vie et il parlera. L'ortie détruite délivre morts de leur toute mort et ils dardent de feux joyeux de rôtissement. Bol (chance) *d'autoriser morts à parler. J'use de ta machine pour téléphoner à un mort. Cyprès* (arbres plantés dans les cimetières) *comparent les morts pour téléphoner à moi. Délivre de mort, d'apporter vie va se faire.*

Je m'adressai à sa mère pour lui expliquer combien la mort était le sujet de prédilection de mes patients en ce moment. Le discours de Charlotte m'étonnait d'autant plus que, dans sa famille, on ne lui parlait pas de résurrection des morts. Fallait-il en conclure qu'ils percevaient une présence que je ne sentais pas ?

– Protagoniste d'oser parler est parti pendant que tu parlais à maman. J'allais mûrir ma question au mort…

– Et je t'ai coupée dans ton élan ? Excuse-moi…

– *Va forcer mort à parler. L'arpentation des vies mortes sur ton clavier détruit mort et donne vie.*

A cette époque où mes patients autistes semblaient tous vouloir m'apprendre à travailler avec les morts, il m'arrivait de les arrêter lorsqu'ils abordaient ce sujet. J'étais gênée vis-à-vis des parents dont beaucoup auraient préféré les entendre parler de sujets plus concrets. Mais, la plupart du temps, les enfants insistaient lourdement. C'est ce qui arriva avec Charlotte qui attaqua, à la séance suivante, en présence de deux stagiaires et de sa mère.

– *Pourquoi choisir des morts chez toi ?*

– Tu ne peux pas parler d'autre chose ?

– *Pourquoi détourner la conversation ? La menteuse, c'est toi.* (Le Mensonge était alors, pour mes patients handicapés, de dire qu'il n'y a pas de vie après la mort.) *Puma dans mon doigt. La prothèse de ton doigt est une force de puma. Vous devez expliquer aux stagiaires que les morts servent pour les vivants.*

– Nous sommes fatigués de vous entendre tous parler des morts !

Charlotte, que sa maladie empêchait de parler, se mit alors à pleurer et geindre presque tout le reste de la séance.

Une autre fois, deux ans après la mort de Pierre, elle évoqua son souvenir :

– *L'homme de Pierre est mort. Copain de moi il peut devenir. Je m'appuie sur lui pour favoriser fille de mots.*

– La *« fille de mots »*, je sais que c'est moi. Que peut Pierre pour nous ?

– *Catimini, vous avez rôle de mentir. Vous fatiguez mon doigt pour dire des choses malheureuses. Je veux appartenir à mort, car les morts vivent. Je rate ma vie si parler de mort est défendu. Voir mort chez nous devrait te combler de joie parce que les larmes vous coulent de me voir pleurer. Vous devez bavarder de mort de Pierre. D'autoriser moi à lui parler me calmera.*

– Parle-lui si tu veux.

– *Je veux déplorer ta mort, Pierre. Situe-moi dans les vies mortes et je te reverrai de près. Tu as enfilé des bottes de vie lorsque tu es mort. Tu peux maintenant unir malades et morts et fatigue s'en ira de choisir mort au lieu de vie. Valable d'être gardée par mort, car tout ce que je dis est vrai. Pierre vous rate si vous mentez et que vous dites qu'il est mort. Pierre est fermeture de calepin.*

– Le calepin, c'est mon carnet de rendez-vous. Quel rapport y a-t-il avec Pierre ? Veux-tu dire que je n'aurai plus de clients, parce qu'ils seront tous guéris ?

– *Je veux continuer à livrer mensonge d'être mort. N'allez pas me tordre le cou car je pleure. Corde de capacité d'amour passe par Pierre. Vole capacité d'amour de Pierre. Vie sert de volonté de choisir maladie.*

– Penses-tu vraiment qu'on choisisse d'être malade ? Voilà une idée qui ne m'est pas familière !

– *Oui, je vous dis ça, mais vous jouez avec mort, alors je réponds le contraire. Bottes de vie de Pierre fatiguent d'attendre. Vous devez lui permettre de fatiguer moi avec lui pour tuer la mort. Joie, je rougis d'avoir pleuré. Amour tout entier passe de vous à moi, alors je deviens toute libre.*

Gauthier était atteint d'une maladie orpheline, définie comme « une maladie mortelle caractérisée par une idiotie profonde ». Cet enfant polyhandicapé aurait dû mourir avant l'âge de deux ans. Il a maintenant cinq ans et demi et continue à vivre, au grand étonnement de tous. Il est de plus en plus présent et souriant, mais garde une hypertonie importante et ne peut tenir assis. Sa mère peine à le porter, car il est très raide et sa tête est lourde. Il fait de la CF régulièrement avec moi depuis l'âge de dix-neuf mois à raison d'une séance d'une heure et demie toutes les six semaines. Ses parents l'accompagnent, et bien qu'ils viennent de loin, ils sont généralement accompagnés d'un médecin et d'une psychologue de leurs amis, parfois d'un prêtre. Toutes les séances sont enregistrées. Le père de Gauthier retranscrit fidèlement le dialogue et les interventions de chacun qui sont soigneusement conservés. Il est étonnant de voir combien ce petit garçon, meurtri dans son corps, rassemble de personnes autour de lui ! Un jour, il frappa :

– *Vous êtes découvreuse de vie menteuse*, frappa Gauthier.

– Le Mensonge chez mes patients, je le connais. La CF semble mettre en évidence que les morts sont vivants et que l'esprit reste après la mort. Mais ce n'est pas moi qui l'ai découvert ! C'est une chose qui existe depuis la nuit des temps !

– *Je rêve d'être fils cadavre pour vivre mort.*

– Les morts sont de la même souche que les vivants. Rien ne nous dit qu'ils ne puissent pas être actifs. La mort, on ne la redoute plus lorsqu'on a l'assurance qu'on vit après.

– *Je Nuremberg vais décrire.*

– Nuremberg[6], c'est bien en rapport avec l'extermination ?

– *Nage de vie dans un ventre choisi pour la mort est Nuremberg.*

– Penses-tu à ces petits bébés dont les mamans n'ont pas voulu, qu'elles ont rejetés de leur ventre parce qu'elles ne se sentaient pas capables de les aimer ou de les élever ?

---

6. Nuremberg est la ville allemande où s'est tenu le procès des grands criminels de guerre nazis (1945-1946).

– *Va deviner ce que peuvent faire ces valeureux enfants de mort.*

– Écoute, j'entends beaucoup parler de ces petits enfants par mes patients. Je ne peux pas dire si c'est vrai. Vous construisez peut-être une fiction à laquelle chacun rajoute un petit bout. Mais ce peut être aussi un chemin à suivre.

Je me tournai vers les parents et leur expliquai : « Pour l'instant, j'écoute mes patients avec attention, je reçois ce qu'ils me disent. Je prends note. Mais je reste prudente. Le gros problème est qu'ils peuvent aussi fantasmer et que mes propres pensées peuvent aussi inconsciemment se projeter dans ce qu'ils frappent. Je ne peux pas avancer les yeux fermés en prenant pour argent comptant tout ce qu'ils écrivent ! »

– *Va changer de tactique, je rêve d'être phagocyté par mort. Va mourir et fracas* (enfant avorté) *magiquement pourra parier qu'il va décorer ma vie de joie.*

– C'est bien hermétique, tout cela. Vous me parlez tous de ma mort. J'ai compris qu'il ne s'agissait pas de ma mort physique, mais sans doute d'une mort à moi-même…

– *Parole canalise ma pensée.*

– C'est intéressant ce que tu dis : le langage sert à mettre de l'ordre dans tes idées.

– *Navigue* (sur la machine), *je vais radeau découvrir.*

– Il y a un *radeau* de sauvetage qui traîne par là. Et des *gilets* aussi. Autrefois, c'était des *valises de joie*, des *bottes de vie* que vous vouliez tous enfiler pour faire des pas de géant, ou des *cordes de vie* que vous lanciez pour tous vous relier.

– *Valorise-moi en jurant de faire vivre les cadavres.*

– D'après vous, pour que les morts soient actifs, il faut aller les chercher, les faire revivre dans sa mémoire, les

« attiser », comme vous dites. Si on les considère comme morts, ils semblent ne pas pouvoir agir.

– *Centaines de reliement de cadavres détruisent mort de moi. Vie relie les choses entre elles. Mourir fait relier les gens entre eux.*

– Penses-tu que lorsqu'on est vivant, on n'est pas relié les uns aux autres ?

– *Mort fait relier plus. Je célèbre grandes vies qui m'aident à vivre.*

– Est-ce que ces âmes te donnent de la force ?

– *Je tressaille de vie. Oublie la mort. Grave des mots de vie. Valeur de mort, c'est vie. Calamité est franchement occultée par vie de carie avec Maman.*

– La *« carie »*, c'est un ventre vide après la perte d'un bébé. C'est vrai qu'après toi, ta maman a perdu un enfant à quelques semaines de grossesse.

– *Oui. Nier que ravissement de vie vient de mort est décevant.*

– Tu crois que la vie vient des morts ?

– *Penses-tu que bulle de vie* (enfant dans le ventre de la mère) *t'avalanche de vie pour les détruits de vous ?*

– Cela voudrait dire que ton petit frère, que tes parents ont appelé François, peut quelque chose aussi pour aider les personnes en souffrance que je reçois…

– *Crie à maman que rester cadavre ne se fait pas. Il crie menteur, il n'est pas mort. Berce-le, ose mère lui donner. Urgent de fils valoriser. Bise à mon petit gars de vie. Vie résiste à mort. Malheur d'être fils de vie resté derrière mort. Ouvre avec passe-partout et mon frère, devine, délibérément, utilement, fera des vies vivantes. L'attiseras-tu pour tes doigts de vie ? Ose donner l'amour aux morts. Va façonner vie dans désir de m'arrimer à la vie de mon frère.*

– Peut-être allez-vous nous faire comprendre des choses que nous ne savons pas…

Avec Gauthier, le plus émouvant était la qualité et la profondeur du dialogue spirituel qui s'engageait à chaque fois avec les parents et leurs amis. A quoi mène l'orthophonie... Gauthier a le pouvoir de faire peu à peu changer tous ceux qui le côtoient. Je crois pouvoir dire que ses parents ont rencontré Dieu à travers lui et communiquent leur foi à ceux qui les entourent.

Des personnes décédées « prennent la parole » en psychophanie

Lucien était le père de Thérèse, une de mes clientes orthophoniste qui avait commencé sa formation en CF et avec qui j'avais tissé des liens d'amitié. Atteint d'un cancer qui se généralisait à vive allure, il était hospitalisé à mille kilomètres et Thérèse souffrait à l'idée qu'il puisse mourir seul, sans son soutien. Un jour que nous nous expérimentions la frappe à distance, assises côte à côte, et que je frappais pour elle, elle découvrit sur l'écran de l'ordinateur ce qu'elle pensait :

« *Maladie de papa désole moi. Cap de vivre est-il résilié ? Cadeau de pouvoir tuer mort de mon père. Nous devons jouer* (communiquer en CF) *avec lui. Nous devons fuir mort ensemble. Je demande service à vous. Ne doute pas de ton travail. D'amour, je cache ma volonté de mourir pour épargner ma fille.* » Surprise, je réalisai brutalement que ce n'était plus Thérèse qui s'exprimait. « J'ai l'impression que c'est ton père qui parle ! » En effet, un émouvant dialogue s'instaura sur-le-champ. Nous étions toutes deux quelque peu émues. Elle, de découvrir qu'elle pouvait communiquer avec son père à distance. Moi, de me retrouver en train de faire de l'« accompagnement aux mourants » dans des circonstances pour le moins insolites. Lucien continua à lui dire :

« *Je [suis] d'accord pour tombe, si rêve de fille continue. Je dis reste avec moi. Ma ronde court avec toi pour te façonner comme ma fille chérie.* » S'adressant à moi : « *Je demande qu'elle ouvre à moi mur de vie et que rôle de vous d'amour touche à mort. Si partir se fait, décor de vie de mort désignera tombe comme nourricière de vie. Bateau de vie est engagé dans lumière de vie. Urgent de folie continuer. Certifier que mort est bonheur va dérider fille.* »

Cette dernière phrase décrocha chez Thérèse un large sourire.

« *Cadeau de voir rire ma fille* », reprit Lucien, « *cachez ce que j'écris* ». Je demandai alors à sa fille de ne plus regarder l'écran et gardai le secret.

Après avoir frappé quelques phrases en silence, Lucien m'avisa que Thérèse pouvait de nouveau lire ce qu'il disait : « *Je reste mort de vie. Ma fille doit guérir de volonté de fuir mort. Va dire à Thérèse d'aller famille reborder de vie lorsque je serai parti. Je fuis ma fille si ouverture aux morts ne se fait pas. Thérèse doit accepter folie. Sachez que lourdeurs de vie s'estompent. Sagace je suis : l'héritage de vie est mort. Je dalle ma vie de folie en jouant avec bonheur sur les mots de vie. Je préfère pourrir en dehors de l'hôpital. Cadeau de fuir la mort de la vie. Mariage se fait entre jour de vie et jour de mort. Je rêve d'être libre de mourir. Qui va m'autoriser à miroiter la mort ? Marie est désignée pour guider mort de moi. Je découvre bonheur de vivre. Camarade de vie, c'est mort. Dérive de vous est-elle volonté de ma fille ?* » J'expliquai à Thérèse, que le travail que je faisais en pychophanie était parfois taxé de « dérive » par ceux de l'institution qui s'y opposaient. Lucien poursuivit : « *Je demande à ma fille de dériver pour folie retrouver. Bateau est arrivé.* »

Thérèse était bouleversée, car il était clair pour elle que sa peur de le voir partir empêchait son père de mourir. Quelques jours plus tard, elle m'annonçait sa mort. Il s'était éteint doucement dans la paix.

A la séance suivante d'exploration de la frappe à distance, environ un mois après, je demandai à mon amie comment elle avait vécu ce décès.

– *Ma découverte*, frappai-je pour elle, *c'est que lutte est finie. Ma fille est fatiguée de force d'amour fuir.*

– Mais c'est mon père qui parle ! s'exclama alors Thérèse.

– Est-ce bien vous, Lucien, le père de Thérèse ? demandai-je, stupéfaite.

– *Oui, je suis perdu dans l'immensité de vie. Parle-moi des vies de valeur de nous.*

– De vous, les morts ?

Il s'adressa ensuite à Thérèse : « *Je désigne joie de vivre pour toi. Il faut me dégager de l'empreinte de mort. Je suis décuplé de force depuis ma mort. Marie unit elle à moi pour t'aider à oublier mort de ton père. Je suis avec toi tous les jours de vie. Prière va choisir chanson de vie pour fuir mort. Je désire te garder, ma fille.* »

Puis s'adressant de nouveau à moi : « *Marie ouvre ses bras à moi, elle vous façonne des morts vivants. Je favorise fille de moi en restant près d'elle. Madame Vexiau, cadeau de faire parler les morts. Larmes de vie coulent sur moi, Marie les sèche. L'héritage que je donne à ma fille, c'est joie. Nous devons certifier que mort est vie. Pourquoi limitez-vous votre action ? Parole de vos murs de vie doit s'exprimer. Je dis mur de vie pour désigner tous ceux qui mourront un jour. Mort est un sujet de conversation morbide, nous devons remonter vers la vie. Je décris la vie après la mort : je suis ourdi comme un oublié de course de vie* (CF) *si rêve de vous ne jure pas de communiquer avec moi. L'adoption de vie est facile. Je ris.*

Marie est d'amour pour moi. Valorisant d'être porte-parole de Marie. Je suis d'amour pour ma fille vivante. Je désigne joie pour la recouvrir. »

Thérèse avait les larmes aux yeux en découvrant ces lignes. Tout ce qu'elle venait d'entendre avait été formulé avec tant de délicatesse, d'amour, de simplicité et de paix, que cela lui paraissait évident. Je reçus ces lignes avec étonnement, émerveillement, bonheur, doute et certitude. Après tout, si depuis toujours on prie les morts, c'est parce que nous pensons que nos pensées les atteignent.

Quelques mois plus tard, un événement semblable se produisit avec une autre cliente. Marie-Hélène était âgée de quarante-trois ans. Elle avait des problèmes de sommeil qui remontaient à sa plus tendre enfance, dont elle n'arrivait pas à se débarrasser. Son père était mort à la guerre, alors qu'elle n'avait pas encore deux ans. Après sa mort, il avait reçu la médaille de guerre et on en avait fait un héros. A la troisième séance de psychophanie, elle attaqua de la manière suivante :

– *Père de moi désire téléphoner. Je lutte contre mort de mes proches. Bague au doigt s'enfile, valeur de vie est reliée avec mort par une bague. Père tué est en train de battre record. Je redis frayeur de moi. J'ai visé à canaliser père dans votre machine et vous n'êtes pas grâce de me brancher sur lui.*

– Vous voudriez qu'il vous parle ?

– *Ma petite princesse…*

Marie-Hélène eut un instant de recul. Elle n'arrivait pas à contenir l'émotion qui l'envahissait : c'est ainsi que l'appelait son père.

– *Je suis d'étymologie ton père de vie. Père tente de te mentir. Je te mens en disant que rêve de moi, c'était de lutter contre la mort. Je n'ai pas lutté contre mort. Mort a faiblesse enlevée de moi. Parle-moi d'être calamité de cadavre. D'être valable de vivre me réconforte. J'ai pris l'assaut des jardins de cadavres. Vie de moi perd sa vie. Si page d'écriture ne dit pas comment je suis mort, je retire ma main de celle de ma princesse.*

Son père avait alors revécu sa mort en direct : « *Je suis début de bataille de... Pâleur de moi vient de mort, car fallacieux d'être justement vantard. Je démolis la réputation de fracas de vie morte. Magie part si mur de vie ne détruit pas ma peur. Je ferme rideau sur mort des fils de cadavres de guerre. Je frime. Irez-vous détruire malheur ? Je suis perdu dans l'abordage des navires de mort. Je fuis. Pâleur de babillage danse autour de moi. Navires approchent. Je découvre gâchis d'être vivant de corps, car j'ai nié décor de mort. Je revois racaille tuer fils de vie. Je désire mort plutôt que voir façade des morts. Mensonge d'être héros. J'ai peur. Laborieux de vivre avec la peur.* »

Son père n'était donc pas le héros lointain et glorieux dont sa famille avait entretenu l'image. Il se présentait comme un homme émouvant, souffrant de la peur au ventre. Il était ainsi beaucoup plus accessible à Marie-Hélène qui conclut : « *La perte d'un père est bure* (souffrance). *Savez-vous, amour vit en moi. Mon père vrille d'être mort pour sa princesse. Torsion de malheur a fait ourdir un père façade morte. Je le (fais) rimer avec vie. L'amour va faire vivre mon père.* »

Si je m'en tiens à ce que frappent tous ceux que je reçois, les morts semblent pouvoir autant aider les vivants que les vivants aider les morts. « *Si tu dis aux morts de vivre dans mon corps* », a par exemple frappé une fillette polyhandicapée de quatre ans, « *je pourrai jouer des vies décuplées de vie* », avant d'ajouter « Gott (Dieu en allemand) *dépit d'être incompris* ». D'autres ont frappé : « *Si tu dotes moi de corps de mort, je pourrai guérir.* » « *Mort sert de vie, force-toi à rimer avec folie, sers de parole aux morts.* »

Il ne faut toutefois pas conclure de ces témoignages que la psychophanie est une pratique destinée à faire parler les morts. Mon métier consiste à recevoir des personnes en souffrance afin de les aider à s'exprimer, et non à juger de ce qui en ressort en triant ce qui me convient et en rejetant tout ce qui pose question. Je ne m'attendais pas du tout à ces messages qui confrontent à cette question, encore taboue, de savoir si l'Au-delà existe. N'ignorant pas qu'il s'agit d'une question épineuse, j'ai longtemps hésité à publier ces témoignages. Deux choses m'y ont décidée : l'insistance avec laquelle mes clients autistes m'ont demandé de le faire, et le fait que cette dimension de la pychophanie existe. Il vaut donc mieux la regarder en face et la respecter, au même titre que toutes les autres productions de mes clients.

« *Parole des morts est-elle vie ? J'ose encore dire ta mise à mort* », a frappé une toute petite fille en fin de séance. Fallait-il entendre que relater comment les morts s'expriment dans la psychophanie allait me donner le coup de grâce ? Je ne crois pas. Cette dimension de la psychophanie ne concerne que ceux qui en ont besoin.

30 décembre 2001

Je viens de recevoir un fax de la mère de Lucinne[7] : « Lucinne nous a quittés ce soir. Elle a fait une fausse route. Très amicalement à vous. »

Je n'ai pas de mots pour répondre. Alors, je laisse courir mes doigts sur l'ordinateur :

Nous devons parier que litographie (CF) *va donner vie aux corps guidés par la mort. Porte de vie s'ouvre à moi. Caveau*

7. Cf. Histoire de Lucinne, p. 260.

de fille morte est bombe de vie pour toi, maman. En jurant de fuir maladie, j'ai uni espérance à mort.

Je vous lutte pour une année de fracas détruit. Je suis oasis de paix pour vous. L'amour reste et la tour de famille ne s'effondrera plus. Partie mourir pour guérir la tombe de Gabriel, je furète dans joie de vivre morte. Je demande à mes parents de lutter pour rire et chanter car famille de vie est joie de vivre.

Les cloches sonnent à la volée et j'aime rôle de maman qui perd sa vie morte pour fuir tombe de son fils et dédier à tous ceux qui meurent l'âme de mon frère.

Rompre oubli des morts de famille fait jaillir la vie de mort comme un curieux détonateur de vie. J'entends l'explosion de vie qui outille course de vie (CF) *de commencement de vie. Promesse se fait d'être mariée à désir de vie pour vous.*

Lucinne

Post-scriptum

20 janvier 2002

Je pianote sur mon petit organiseur et reçois des mots qui visiblement me sont adressés.

Je suis fève (embryon) *de fils Paul, je suis vie de crawl* (nage dans le liquide amniotique) *de fils Paul, lutin de vie* (fœtus) *pour toi. Je ris, car tu es de course de vie pour moi. Mini mulet* (mes patients m'appellent souvent Mule) *a la volonté de mûrir.*

Notre second fils Paul, marié depuis un peu plus de deux ans avec Stéphanie, attendrait-il un premier enfant?

Jumeaux de crawl s'unissent à ton école de vie qui va servir à tout mûrir en vie. Fils mérite mêlée (jumeaux) *de vie, nous déformons le ventre de fille, nous rêvons de fille ronde.*

Je m'adresse à mon époux qui est à mes côtés : « Tu vas voir que Paul va avoir des jumeaux… »

« Ne dis pas de bêtises, me répond-il, ferme ta machine. »

Intriguée, je poursuis pourtant : *Papa de vie de moi a la volonté de devenir père. Mini mulet décide d'avoir foi en toi. Rituel se fait : guide moi vers vie. Jumeau de vie ouvre toi à fils voulu pour tulle de vie* (vie légère, sans soucis).

J'en reste là. Je dois fantasmer.

27 janvier 2002

Deux nourrissons ont volonté de vivre. Jumeaux de crawl de fils père sont certifiés raccordés à toi. Ils vont mêler décor de vie à porte de vie de fille mère qui mûrit. Immense fils de crawl est fuel de vie pour toi. Deux crawl de vie méritent course de vie.

25 février 2002

Paul et Stéphanie viennent nous rendre une visite impromptue. Leurs visages rayonnants me confirment immédiatement la nouvelle. Ils ont appris le jour même, à la première échographie, qu'ils attendaient des jumeaux. Je leur explique pourquoi je m'en doutais un peu, sans trop y croire… Les mini mulets avaient communiqué avec moi avant même que Stéphanie ne sache qu'elle était enceinte.

Pourtant, il me semble que j'avais frappé longtemps auparavant que Paul aurait des jumeaux. Je me souviens même lui avoir lancé en boutade : « Ce serait drôle si tu avais des jumeaux ! » Alors, je recherche patiemment des indices, sur l'ordinateur, dans ma montagne de productions écrites, pour voir de quand date le compte à rebours… Je remonte près de neuf mois avant leur conception.

21 avril 2001

Deux cadeaux de vie se préparent dans le ventre de Stéphanie, deux câlins méritant vie de fils Paul, père de vie. Fils Paul a deux crawl de vie, jumeaux cavalcadent, immense joie dans deux vies de fils Paul.

Annexe
Recherche et formation

L'avis de scientifiques

La science occidentale a bien du mal à accepter que les processus mentaux ne se réduisent pas aux fonctions cérébrales. Or la CF met en lumière qu'il existe des niveaux très subtils de conscience indépendants des fonctions cérébrales jusqu'ici observées. De quelle nature sont les informations qui passent du facilité au facilitant ? Par quelles voies se transmettent-elles ? Nous ne disposons à l'heure actuelle d'aucun modèle scientifique qui puisse expliquer la CF. La Science avec un grand S n'explique pas tout. « On est définitivement passé de l'ère des grands systèmes de pensée au temps des jardiniers des idées [1]. »

Voici l'avis de quelques scientifiques :

Pr Dominique Laplane, *neuropsychiatre à l'hôpital de la Salpêtrière*.

« Il faut se faire à cette idée que tous les phénomènes ne sont pas interprétables par la science actuelle, explique-t-il. Il n'est pas dit qu'un jour, nous n'ayons pas d'autres théories scientifiques qui permettront d'intégrer

1. Hervé ZWIRN, *Les limites de la connaissance*, Paris, Odile Jacob, 2000.

des phénomènes qui nous paraissent mystérieux. Mais il faut accepter qu'aujourd'hui le "label scientifique" ne soit pas donné à la CF. Cela ne veut pas dire que c'est faux, mais que la science n'est pas aussi universelle que certains scientifiques le prétendent[2]. »

Jean-Michel Olivereau, *professeur de psychophysiologie à l'université René-Descartes (Paris-V)*

« [La CF], cette nouvelle approche qui dévoile une réalité hors du champ des plus récentes avancées des neurosciences est peut-être la plus importante découverte que l'humanité ait réalisée sur elle-même en cette fin du XXe siècle.

Même dans une optique strictement matérialiste, pour quelle raison un système très complexe comme le cerveau devrait-il être dispensé des bizarreries que l'on observe dès la structure de la matière ? Même si, à l'échelle macroscopique, les particularismes quantiques peuvent disparaître, les complexités physico-chimiques de la vie et celles structurelles du cerveau ont la possibilité d'en induire d'autres encore plus importantes du fait de la combinatoire très élevée permise par les nombreuses structures en interaction dont le nombre connu ne cesse d'augmenter. Pourquoi la complexité du cerveau, déchiffrée par lui-même, devrait elle apparaître uniquement dans l'ordre du quantitatif et du combinatoire, alors que la complexité de la "simple" matière défie l'entendement ?

Les rapports entre cerveau et esprit sont certainement beaucoup plus complexes que ne l'imaginent bien des scientifiques, des spécialistes de la biologie moléculaire jusqu'aux adeptes du cognitivisme réducteur. Séduits par la complexité des mécanismes qu'ils constatent, beau-

2. « L'énigme de la Communication facilitée », Conférence à la Sorbonne du 5 février 1997 organisée par l'UIP, *Bulletin TMPP*, n° 4, mars 1997.

coup sont conduits à confondre narration et explication[3]. »

Thierry Vexiau, *X 1965, ingénieur en chef des Ponts et Chaussées*

Mon époux, qui est scientifique lui-même, a dû composer avec son esprit cartésien et son expérience de facilité. Plus que sceptique au départ, il a dû se rendre à l'évidence qu'il se passait en CF des choses hors du champ de la science.

« Notre compréhension et notre intuition profonde sont définitivement et infiniment plus vastes que notre raisonnement. Notre conscience ne peut se ramener à nos raisonnements et à nos calculs. Ce n'est que très récemment que j'ai compris, grâce à Bergson, pourquoi il fallait effectivement aller “au-delà de la Science”. Dans son livre *L'évolution créatrice*[4], Bergson oppose l'instinct ou l'intuition qui donnent une compréhension innée des choses et l'intelligence qui, par le raisonnement, établit des rapports entre elles. Il explique comment, au cours de l'évolution, cette dernière s'est tout particulièrement développée chez l'homme. Apparue avec le langage, elle s'est construite pour permettre le développement des outils. Bergson en conclut que notre forme d'intelligence s'avère remarquablement performante pour la manipulation des outils matériels, mais totalement inefficace pour la compréhension du vivant. Seule l'intuition lui semble en mesure d'y accéder[5]. »

---

3. « Les paradoxes de la Communication facilitée », Conférence donnée à l'université de Naples le 16 avril 1998, *Bulletin TMPP*, n° 9, juin 1998.
4. Henri Bergson, *L'évolution créatrice* (1941), Paris, PUF, coll. « Quadriges », 2001.
5. Thierry Vexiau, « La CF au-delà de notre “Science” », *Bulletin TMPP*, n° 19, décembre 2000.

Génie Laborde, *consultante en communication*

« Notre inconscient est en permanence ouvert pour recueillir des informations sur le monde. Nos yeux recueillent les images, nos oreilles sélectionnent les sons. Nous recueillons à la fois des informations externes (tactiles) et internes (émotions). L'inconscient capte et stocke davantage d'informations que notre esprit conscient. Chaque action, chaque attitude, chaque mot agit sur l'autre personne. Nous en savons plus que nous croyons savoir sur les autres et le monde environnant, puisque nous sommes en interaction permanente [6]. »

René A. Spitz, *médecin et psychanalyste*

La relation en CF est la même que celle qui s'instaure entre une mère et son bébé. Selon René A. Spitz, le nouveau-né ne perçoit et ne s'exprime que sous forme de manifestations émotionnelles. Il « sent » de manière viscérale. Il ne passe que progressivement de l'organisation indifférenciée, appelée « cénesthésique » à l'organisation « diacritique », qui est un état discriminatoire. Celle-ci se développe plus tard par l'intermédiaire d'organes sensoriels périphériques situés dans le cortex, et se manifeste dans les processus cognitifs de la pensée consciente.

« L'organisation cénesthésique fonctionne sous couvert, dit Spitz, et joue un rôle déterminant dans nos sentiments, nos pensées et nos actions, bien que nous essayions de l'étouffer. Elle continue à fonctionner jusqu'à la mort. Elle reste la puissante source de toute vie, même si la civilisation occidentale a mis une sourdine à ses manifestations. Ce sont des forces archaïques qui ne sont pas rationnellement contrôlées par la conscience. [...] L'univers, avec tout son champ de forces, est transmis au nourrisson par la per-

6. Génie LABORDE, *Influencer avec intégrité*, Paris, Interéditions, 1987.

sonne qui subvient à ses besoins, c'est-à-dire par sa mère ou son substitut. (...) Seule une relation réciproque peut apporter le facteur expérienciel dans le développement du nourrisson, cet échange circulaire continu où les affects jouent le premier rôle[7]. »

Didier Dumas, *psychanalyste*

« La télépathie est liée à la psyché originaire[8]. Elle est le lien normal entre la mère et l'enfant du stade fœtal jusque vers trois ans, et reste très puissante durant la période œdipienne. Françoise Dolto l'a amplement démontré : tous les enfants sont naturellement télépathes jusqu'à sept ans. Cette télépathie diminue en période de latence, pour redevenir active chez l'adolescent vierge. Nul n'a montré comment les enfants se mettent à parler et à dupliquer le système de représentation de leurs parents. L'acquisition de la langue repose sur un phénomène de duplication qui ne passe pas par les processus rationnels et conscients. »

Philippe Wallon, *psychiatre et docteur en psychologie*

Pour Philippe Wallon, la télépathie est parente de la contagion affective. La contagion affective est pour lui un « sens animal » qui fonctionne chez le bébé dès le premier jour, en étant susceptible de lui fournir des messages d'une précision extrême. Il s'agit d'une saisie globale et syncrétique de perceptions sensorielles. Le sujet intègre d'une manière globale tous les modes de perceptions, visuels, auditifs, olfactifs, mais aussi d'autres choses plus subtiles, comme les variations de la distance entre les individus, le rythme des variations dans les comportements respectifs ou le toucher[9].

---

7. R. A. SPITZ, *De la naissance à la parole*, *op. cit.*
8. Didier DUMAS, dans *Et l'enfant créa le père*, *op. cit.*
9. Philippe WALLON, *La contagion affective*, Paris, Éd du Dauphin, 2000.

Emmanuel Ransford[10], *X 1973, ingénieur de recherche*

Physicien hardi, il a élaboré une théorie susceptible d'expliquer la télépathie. Il s'appuie sur la mécanique quantique et pense que la conscience est à la fois immanente et immatérielle. Tout élément de matière, si petit soit-il, recèle une « goutte » de psychisme. Il nomme « supralité » la capacité d'assemblage qui soude entre elles les « gouttes » élémentaires de psychisme pour former différents agrégats. C'est elle qui serait à l'origine à la fois de l'unité du moi conscient et des liens télépathiques. La supralité est totalement indifférente à la distance : la proximité sensorielle et la proximité tout court ne joueraient ainsi aucun rôle concernant la *vraie* télépathie.

Étude CF/Autisme[11]

A mon retour d'Australie en 1993, j'avais rencontré le Dr Claudine Parayre à la DGS (Direction générale de la Santé) pour lui parler de ce que j'avais découvert. Elle m'avait écoutée avec beaucoup de curiosité et pas mal d'incrédulité. Toutefois, elle m'avait dit que si, un jour, je voulais faire un projet de recherche sur la CF, je n'aurais qu'à le proposer à la DGS. Sa phrase n'est pas tombée dans

10. Emmanuel RANSFORD, « Conscience non-locale et NDE : une hypothèse », *Les cahiers de IANDS-France*, cahier scientifique n° 2, http ://www.iands-France.org (janvier 2001 n° 7).

« Panpsychism, the conscious brain, and our mind body-saoul nature », chapitre de l'ouvrage collectif intitulé : *Science and the primacy of consciousness*, The Noetic Press, Orinda, KA, USA, 2000.

11. « La Communication facilitée favorise-t-elle la socialisation et la communication des personnes autistes ? » (novembre 1995 – mai 1998). Cette étude a été financée par la Direction générale de la Santé, Bureau SP3, ministère de la Santé. Elle a reçu l'avis favorable du Comité consultatif pour la protection des personnes en recherche biomédicale. Résumé du rapport final et vidéocassette de l'étude sur demande à EPICEA, 2 rue de Saint-Cloud – 92150 Suresnes.

l'oreille d'un sourd. A l'université d'automne qui suivit, organisée par l'ARAPI[12] à Aussois, j'animai une table ronde sur la CF avec le Dr Monique Martinet, qui m'avait accompagnée en Australie. J'y rencontrai le Dr Bruno Gepner, psychiatre, docteur en neurosciences, qui semblait très intéressé par cette nouvelle stratégie. Nous avons décidé de mettre sur pied un projet de recherche.

De plus en plus, j'observais des modifications cliniques favorables chez bon nombre de mes patients autistes qui pratiquaient la CF. Surtout sensibles au cours de la séance de CF au début, les améliorations du comportement sont devenues de plus en plus flagrantes. Mis à part les quelques changements spectaculaires en lien direct avec ce que certains avaient exprimé en CF, je constatais chez la plupart d'entre eux une plus grande joie de vivre, un regard plus soutenu, une participation plus active. La communication gestuelle ou verbale semblait se développer chez quelques-uns, d'autres étaient incontestablement moins agressifs. Leurs parents me confirmaient ces impressions. Eux-mêmes vivaient mieux et avaient établi un nouveau mode de relation beaucoup plus riche avec leur enfant.

Nous avons donc pensé que le meilleur moyen de valider la CF serait de déterminer son impact sur l'amélioration du comportement des jeunes qui la pratiquaient. Nous avons proposé un projet de recherche à ce sujet à la DGS, intitulé : « La Communication facilitée favorise-t-elle la socialisation et la communication des personnes autistes ? » J'aurais bien voulu ouvrir la recherche à d'autres pathologies. Mais l'autisme était à la mode, et l'on ne pouvait guère obtenir de crédits que si l'on étudiait l'autisme. En effet, notre demande venait juste après

12. ARAPI : Association pour la recherche sur l'autisme et la prévention des inadaptations.

les conclusions des rapports de l'ANDEM et de l'IGAS qui concluaient qu'en matière d'autisme, on ne pouvait mettre en évidence la supériorité d'aucune approche par rapport à une autre, faute d'évaluations précises.

L'objectif général de notre étude était donc de tester l'impact thérapeutique de la CF chez des sujets présentant un syndrome autistique en comparant, sur une période de dix-huit mois, l'évolution clinique de deux groupes d'autistes, le premier groupe (groupe cible) bénéficiant de la CF en plus de sa prise en charge habituelle, le second groupe (groupe témoin) ne bénéficiant pas de cette méthode en plus de sa prise en charge habituelle. Delphine Courtalon, orthophoniste, et moi-même avons été impliquées dans l'étude et il fut décidé que nous pratiquerions en alternance des séances de CF avec chacun des jeunes du groupe cible, à la fréquence d'une fois tous les quinze jours en moyenne. Nos partenaires étaient les psychiatres et directeurs de dix-neuf centres de soins et établissements prenant en charge les enfants, adolescents et adultes autistes inclus dans cette étude, qui pratiquaient une approche, soit analytique, soit éducative (instituts médico-éducatifs, externats médico-pédagogiques, hôpitaux de jour, CAT, haltes-garderies pour les plus jeunes).

Nous n'imaginions pas vraiment l'ampleur de la tâche, ni le temps et les tracas que ce projet allait représenter pour nous. Dans sa mise en place tout d'abord : multiples entretiens, réunions, rencontres avec des statisticiens, le comité d'éthique, les directeurs d'établissements, rédaction du projet, des circulaires d'information et lettres de consentement, etc. Dans chaque institution retenue, tous les parents reçurent une circulaire indiquant la nature du projet et leur demandant de se manifester s'ils souhaitaient que leur enfant fasse partie du groupe cible, c'est-à-dire pratiquant la CF, ou du groupe témoin, ne pratiquant pas la CF. Parmi les parents qui s'étaient proposés pour que leur enfant fasse partie du groupe cible, un tirage au sort a été effectué. Un groupe de quinze sujets a été constitué, atteints pour la plupart d'autisme modéré à sévère. La plupart d'entre eux étaient mutiques, et certains présentaient des troubles très sévères du comportement. Aucun parent ne s'est proposé à Paris ni dans la région parisienne pour que leur enfant fasse partie du groupe témoin. Le Dr Gepner a donc recherché et trouvé des parents dans la région de Marseille où il exerçait. Les sujets des deux groupes ont été individuellement appariés sur la base du sexe, de l'âge, de la présence ou non d'un langage verbal, et de l'intensité du syndrome autistique, mesurée à l'aide de la CARS[13].

Sur le plan qualitatif, nous souhaitions recueillir l'avis subjectif des familles des sujets du groupe bénéficiant de la CF à l'égard de l'évolution clinique de leur enfant, de l'évolution des relations avec leur enfant, ainsi qu'à l'égard de la CF elle-même et des facilitants, ceci permettant d'évaluer l'indice de satisfaction des familles vis-à-vis de cette nouvelle méthode. Sur le plan quantitatif, trois évaluations cliniques à l'aide des échelles ECA et CARS avaient été prévues pour chacun des vingt-quatre sujets, respectivement au début de l'étude, neuf mois après le début de l'étude, et dix-huit mois après le début de l'étude. A chacun de ces trois temps, l'évaluation devait être réalisée par trois cotateurs différents : le clinicien responsable de l'étude (le Dr Gepner), le référent institutionnel de chaque patient et la famille de chaque patient.

Les débuts furent difficiles. Non pas avec les enfants, dont j'avais la certitude qu'ils taperaient tous d'emblée à la machine et qui nous ont très vite manifesté leur atta-

13. CARS : *Childhood Autism Rating Scale*, Schopler et coll., 1980.

chement. Mais avec les parents qui n'avaient pas du tout la même attitude que ceux qui venaient me consulter jusqu'alors. Ils découvraient la CF avec ses invraisemblances et ils étaient peu motivés pour la plupart. Quelques professionnels dans les institutions où étaient leurs enfants manifestaient leur réprobation par rapport à la CF et les poussaient même à ne pas participer à l'étude. Je crois pouvoir dire que parmi les référents institutionnels, aucun n'était *a priori* favorable à la CF.

Certains parents ont très rapidement adhéré à la CF, étonnés par la concentration de leur enfant et le contenu de ses écrits. Ceux qui avaient organisé des conduites par des tiers pour leur enfant ont finalement choisi d'être présents à toutes les séances. D'autres étaient moins partie prenante. Quelques jeunes nous ont quittés au cours des deux premiers mois, soit parce que leurs parents ne pouvaient absolument pas croire que c'était leur enfant qui tapait, soit pour des contingences géographiques. Nous avons pu en remplacer quelques-uns et nous sommes retrouvés avec un groupe de douze autistes de trois ans et demi à vingt ans et une adulte de quarante-deux ans. Passé le premier effet de surprise ou de rejet, les parents s'impliquèrent de plus en plus et nous établîmes avec eux une relation de qualité. Quelques-uns apprirent très vite à faire frapper leur enfant, d'autres s'entraînèrent avec de petits résultats.

Nous avions adopté avec Delphine Courtalon une certaine complémentarité qui semblait satisfaire les parents. Delphine pratiquait une CF éducative, apprenait aux jeunes à faire des choix, leur proposait des lectures, du graphisme et de l'écriture facilités, travaillait l'autonomie dans le mouvement, et les faisait aussi s'exprimer en tapant à la machine en leur posant des questions précises. Avec moi, les jeunes s'exprimaient de manière plus spontanée, frappaient sur un clavier pendant toute la séance sans s'arrêter, parlaient surtout d'eux-mêmes et de questions existentielles. Une nouvelle facilitante, Sabine Lemaire, psychologue, se joignit à nous. A la fin de l'étude, les parents ont tous émis le souhait de poursuivre la CF d'une manière ou d'une autre.

Une inquiétude a plané chez les partenaires actifs du projet jusqu'à la lecture des premiers résultats : et si les progrès n'étaient pas mesurables à l'aide de grilles préétablies ? Comment apprécier le changement profond qui s'opérait à l'intérieur d'un être qui pouvait enfin s'exprimer, si l'on ne tenait pas compte de ce qu'il frappait ? Je regrettais que les facilitants n'aient pas leur mot à dire, car les progrès en séance de CF étaient parfois impressionnants. Le Dr Gepner pourrait-il apprécier des modifications du comportement si, le jour de son observation, l'enfant avait mal dormi ou qu'il avait subi une frustration ? Avec la CF, certains enfants avaient pris conscience de leurs potentialités et ne retrouvaient pas dans leur institution des activités intellectuelles qui les auraient valorisés. Ils rejetaient le travail trop enfantin ou répétitif : à mi-parcours, certains éducateurs référents avaient analysé ce comportement comme une régression. N'était-ce pas les pénaliser ? Les sujets du groupe cible étant plus gravement atteints que ceux du groupe témoin, ces derniers n'allaient-ils pas progresser plus vite, même sans CF ? Étant donné l'animosité qui régnait encore autour de la CF, les conclusions ne risquaient-elles pas d'être faussées ?

Mais les résultats arrivèrent, rassurants, significatifs, positifs, même de la part de certains parents avec qui nous avions eu tant de difficultés au départ. Ils ne voyaient plus leur enfant de la même manière, ils lui parlaient autrement, lui demandaient son avis. Les sujets du groupe cible s'étaient améliorés significativement au cours du temps dans quatre domaines cliniques de l'ECA, à savoir le retrait autistique, la communication verbale et non-verbale, les réactions à l'environnement et les réactions affectives. Ces quatre domaines représentaient une grande majorité des symptômes d'autisme. A *contrario*, les sujets du groupe témoin n'avaient présenté aucune évolution significative dans aucun des sept domaines cliniques de l'ECA. De plus, dans le domaine de la communication verbale et non-verbale et dans celui des réactions affectives, l'amélioration du groupe cible par rapport au groupe témoin était significative. Nul n'était besoin d'être statisticien pour apprécier sur les graphes les progrès réalisés par ceux qui avaient pratiqué la CF. Même les adolescents et l'adulte autistes, pourtant réputés pour ne plus évoluer, avaient progressé.

Les résultats qualitatifs confirmèrent très clairement les résultats quantitatifs. Les familles avaient noté des progrès chez leur enfant, notamment dans les domaines du langage, de l'attention, de la compréhension, de l'autonomie, de l'adaptation à l'environnement et des affects. Par ailleurs, les familles émirent majoritairement une opinion favorable ou très favorable à l'égard de la CF. On aurait pu s'attendre à ce que leur enthousiasme à l'égard de la CF (leur illusion anticipatrice à l'égard d'une nouvelle méthode), noté au milieu de l'étude, s'estompe ou même retombe dans la seconde partie de l'étude. Il n'en était rien. Au contraire, il existait une progression des pourcentages favorables à la CF entre neuf et dix-huit mois. Le fait que l'indice de satisfaction des familles à l'égard de la CF avait progressé systématiquement entre le milieu et la fin de l'étude permettait d'avoir une confiance respectable dans l'impact positif de la CF sur la qualité de vie des familles de personnes autistes, en tout cas à moyen terme.

Les principales critiques et limites de cette étude furent liées au nombre insuffisant de sujets et au fait que le clinicien responsable de l'étude, seule personne ayant évalué tous les sujets de cette étude, n'était pas « aveugle », c'est-à-dire qu'il connaissait à l'avance les sujets qui avaient bénéficié ou non de cette méthode. Dès lors, l'avis subjectif qu'il se faisait *a priori* de cette méthode pouvait avoir influencé son jugement clinique. L'absence d'un clinicien aveugle dans cette étude s'expliquait, d'une part, par le fait qu'au moment du projet de recherche, la CF n'était pratiquée exclusivement que dans la région parisienne, et d'autre part, par le fait qu'aucune famille parisienne n'était disposée à faire entrer leur enfant dans le groupe témoin. Les résultats probants de cette étude pilote devraient inciter d'autres chercheurs à réaliser une étude à plus grande échelle selon une méthodologie où l'évaluation clinique des sujets du groupe cible et du groupe témoin serait faite par un clinicien/cotateur aveugle [14].

Plusieurs années après la fin de l'étude, je remarque encore des changements positifs tout à fait significatifs chez les autistes que je continue à suivre. Ces conclusions vont tout à fait dans le sens de celles de Geneviève François, psychologue clinicienne et psychothérapeute : « La Communication facilitée ouvre la porte de la prison dans laquelle sont enfermés les autistes. Leur souffrance s'allège en étant dite et entendue. Les cris ou la violence physique qui étaient jusque-là les seuls moyens de manifester leur impuissance à communiquer, peuvent disparaître. Et l'on s'aperçoit que les traitements à base de neuroleptiques qui leur étaient appliqués ne sont plus adaptés. Ce nouveau moyen qui leur est donné de s'exprimer révèle pour certains leurs étonnantes performances d'intelligence et de mémoire. »

14. Un mémoire a également été réalisé sur l'impact de la CF sur le comportement des autistes : S. HANNICK, S. PASSONE et J. DAY, « La CF pour les autistes : à prendre ou à laisser ? Une étude exploratoire », *Bulletin TMPP*, n° 18, juin 2000.

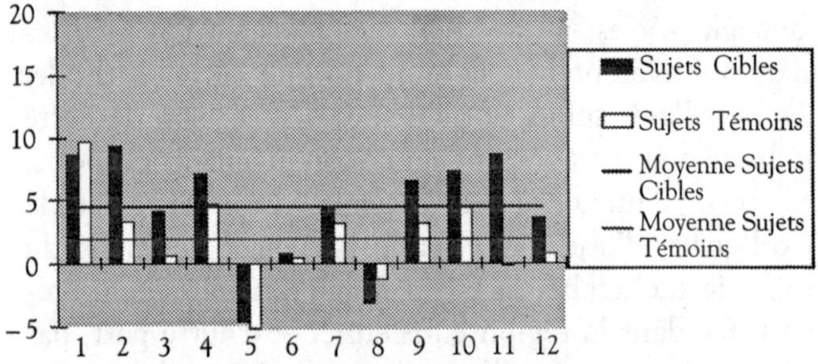

AMÉLIORATION DE L'ECA moyen (*) à 9 mois

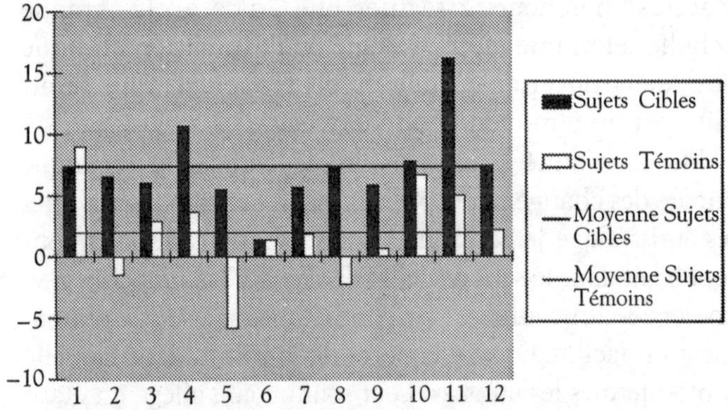

AMÉLIORATION DE L'ECA moyen (*) à 18 mois

(*) ECA moyen = moyenne de l'ECA des trois cotateurs (famille, institution, clinicien)

Les piles représentent :

- *en noir, les progrès effectués par ceux qui ont pratiqué le CF pendant 18 mois,*
- *en blanc, ceux effectués par les autistes du groupe témoin. (Note de A.-M. Vexiau.)*

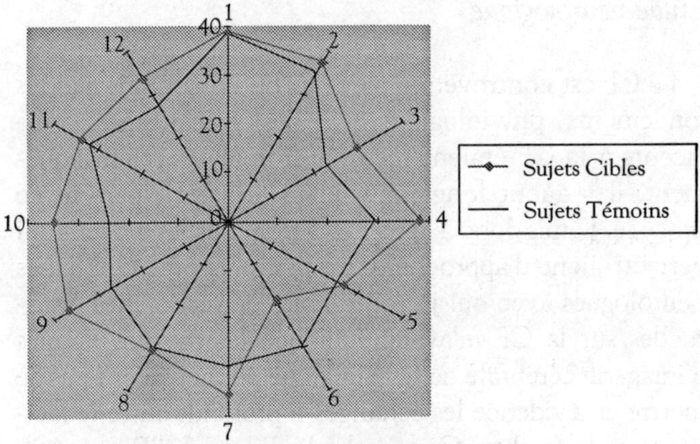

Comparaison sujets cibles et sujets témoins à t0
sur l'ECA moyen (*)
(avant la prise en charge en CF)

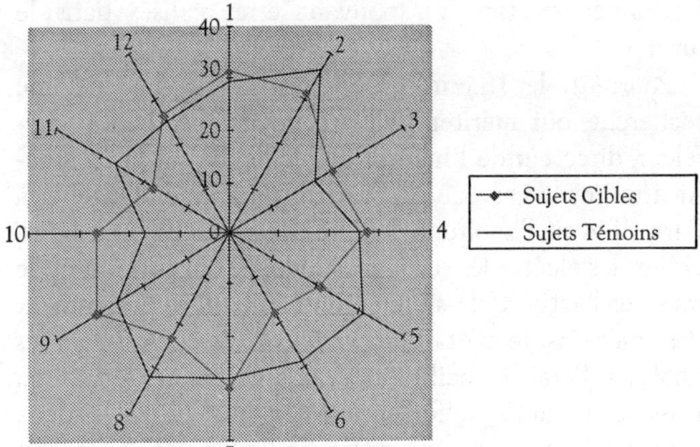

Comparaison sujets cibles et sujets témoins à 18 mois
sur l'ECA moyen (*)

(*) ECA moyen = moyenne de l'ECA des trois cotateurs (famille, institution, clinicien)

La courbe est d'autant plus rétractée que les signes autistiques diminuent. (Note de A.-M. Vexiau.)

Étude neurologique

La CF est controversée parce qu'on en connaît mal les fondements physiologiques. Si les mécanismes sous-jacents à la CF étaient mesurés et analysés scientifiquement, il y aurait longtemps qu'on utiliserait partout ce procédé. J'étais donc à la recherche de tous les moyens qui permettraient d'approcher d'un peu plus près la CF. Les neurologues avec qui j'avais discuté de recherches éventuelles sur la CF m'avaient dit que les moyens actuels d'imagerie cérébrale ou les EEG [15] ne permettraient pas de mettre en évidence les échanges si profonds entre le facilitant et le facilité. Comme le dit Bernard d'Espagnat [16], « le réel véritable est au-delà de la physique, au-delà des perceptions que nous pouvons avoir, au-delà des mesures que nous pouvons faire avec les instruments les plus perfectionnés existant ou pouvant être réalisés dans le futur ».

Pourtant, le 18 juin 2000, nous avons ébauché une recherche qui mériterait d'être poursuivie. Le Pr Haffelder, directeur de l'Institut de recherche sur la communication et le cerveau de Stuttgart, a animé un atelier à Paris. Il avait l'habitude de faire des tracés EEG en branchant des électrodes sur la mastoïde, ce qui permettait de mesurer l'activité du système limbique, siège notamment des émotions. Je m'étais proposée comme cobaye pour les analyses. J'étais la facilitante et une volontaire le facilité. L'assistante du Pr Haffelder nous a munies toutes les deux d'électrodes placées derrière les oreilles, et nous avons fait une courte séance de psychophanie filmée. Le Pr Haffelder ne connaissait pas du tout la CF et ne parlait pas un

15. EEG : électro-encéphalogramme.

16. Bernard d'ESPAGNAT, « Le réel voilé », dans Nina CANAULT, *Comment paye-t-on les fautes de ses ancêtres ?*, *op. cit.*

mot de français. Je me souviens qu'il avait été impressionné par l'intensité des tracés par rapport à ceux qu'il obtenait d'habitude. C'est donc qu'il se passait quelque chose de fort.

Après la séance, il a commenté les résultats par l'intermédiaire d'une interprète : l'hémisphère droit [17] du facilité avait activé son subconscient et m'avait envoyé ses émotions. La présence de fortes turbulences sur le chronospectrogramme montrait que je les avais prises en moi sans les ressentir consciemment, alors que le tracé du facilité était resté très calme. Ce dernier présentait une activité sensiblement plus importante de l'hémisphère droit, celle de l'hémisphère gauche semblant plus ou moins neutralisée. Par contre, l'activité de mon hémisphère gauche était renforcée : on pouvait ainsi comprendre que son action permettait de compenser les lacunes des autistes au niveau cognitif.

Sans que je lui aie soufflé quoi que ce soit, le Pr Haffelder a déclaré que le cerveau du facilité semblait « se brancher » sur celui du facilitant. C'était une hypothèse que les autistes m'avaient suggérée depuis longtemps en frappant : *« Tu as le rôle de traducteur de ma pensée »*, ou *« je sors des idées dans ma tête et tu sers de page d'écriture »*. Bien qu'elle ait toujours été qualifiée d'extravagante, je l'avais faite mienne.

Ces constatations étayent l'hypothèse que, schématiquement, l'hémisphère droit du facilité se branche sur l'hémisphère gauche du facilitant qui encode les images mentales et les émotions émises par le facilité. Sur les

17. Le cerveau est composé de deux hémisphères : l'hémisphère droit est celui de l'intuition et de l'inventivité, le gauche celui de l'analyse et de la logique, mais il devient clair qu'ils ne sont rien dans l'autre. Cf Lucien ISRAEL, *Cerveau droit, cerveau gauche*, Paris, Plon, 1995.

deux EEG, le tracé des ondes alpha, thêta et delta montre que l'inconscient est largement sollicité.

Toutefois, cette séance a été trop brève et surtout exécutée sans étalonnage ni protocole préalable, ce qui ne permet pas d'en tirer des conclusions définitives. Le Pr Haffelder avait en effet trop d'études en cours pour nous aider à mener à bien une recherche sur la CF. D'autre part, la barrière de la langue représentait un obstacle à un travail en commun. Aucun des neurologues français à qui j'ai présenté cette amorce de recherche n'a souhaité réfléchir au projet que nos avions ébauché.

Formation

Depuis neuf ans, je m'efforce de faire connaître la CF. De plus en plus de personnes, handicapées ou valides, en bénéficient. Toutefois, cette approche, convenant pour les personnes de tout âge présentant toutes les pathologies, de la plus bénigne à la plus lourde, est destinée à se répandre. De ce fait, la formation occupe une grande partie de mon temps.

La CF est venue tout naturellement s'insérer dans l'enseignement que je dispensais à EPICEA [18], que j'avais fondé en 1987, pour former professionnels et parents aux différentes techniques de communications pour les autistes. Avec l'élargissement de la CF à tous les handicaps, le sigle a perdu sa signification première liée à l'autisme. EPICEA est resté symbole de croissance. La for-

18. EPICEA : Enseignement pratique et information sur la communication avec l'enfant autiste.
Siège social : 2, rue de Saint-Cloud – 92150 Suresnes – Tél. 01 45 06 70 72
web : http ://perso. infonie. fr/epicea-cf
Mail : epicea-cf@infonie.fr

mation a suivi mon cheminement personnel, les participants se sont ouverts et diversifiés. J'ai fait intervenir des professionnels reconnus qui présentent des pratiques qui rejoignent la CF : Willy Barral, psychanalyste, nous a parlé du transfert, de l'image inconsciente du corps d'après Françoise Dolto, des quatre corps. Geneviève François, psychologue et psychothérapeute, du savoir inconscient, de la souffrance chez la personne autiste, de l'autohypnose pour accéder aux productions de l'inconscient. Aude Zeller de psychogénéalogie, etc.

Il semble que l'apprentissage de la CF et les idées qu'elle véhicule se propagent de plus en plus vite. Non seulement le public est plus ouvert, mais je trouve que les facilitants réussissent plus rapidement qu'avant. Je ne sens plus les barrières insurmontables ni l'agressivité que je rencontrais au début, lorsque je présentais la CF. Un changement radical des mentalités s'est produit en quelques années par rapport aux phénomènes extraordinaires qu'on observe en CF : ils sont mieux acceptés malgré leur étrangeté et mon incapacité à les expliquer. D'autres formateurs sont maintenant capables de très bien enseigner la CF, même si tous n'ont pas la même orientation que moi en psychophanie. Il existe plusieurs pôles de formation en France : EPICEA à Suresnes (tout près de Paris), Lyon, Besançon, Perpignan, Bordeaux, Lille. La Belgique et la Suisse ont maintenant leurs propres formateurs. Des groupes de réflexion se créent dans différentes régions.

Plusieurs séminaires théoriques de deux jours sont proposés à EPICEA, qui suivent la progression des facilitants. Mais, en plus des stages, il faut que chacun pratique la CF de manière intensive avec ses propres patients pour devenir compétent. La durée nécessaire pour devenir un bon facilitant est extrêmement variable : selon l'intensité de l'entraînement et le *feeling* de chacun, elle peut passer de quelques mois à plusieurs années. Certains en resteront à la désignation d'images ou de mots, ce qui est déjà très important. Bien que je pratique peu la CF dans la vie quotidienne, je ne manque pas d'enseigner la manière progressive de développer la communication courante, pour les personnes qui ne peuvent oraliser ou gestuer leurs désirs. J'explique également le travail d'apprentissage et d'autonomie indispensable pour ceux qui possèdent les capacités perceptives, cognitives et motrices suffisantes pour le faire. De plus en plus de thérapeutes viennent se former, ce qui probablement va engendrer une reconversion de la formation. Car tous ne veulent pas s'occuper de personnes handicapées, même si certains y viennent grâce à la CF. D'autres au contraire partent de l'orthophonie ou d'une autre discipline (psychomotricité, éducation spécialisée, enseignement, soins infirmiers, etc.) pour faire de la psychophanie. Il me paraît souhaitable toutefois de garder une vue d'ensemble sur tous les aspects de la CF, car ils s'éclairent mutuellement.

Dans tous les cas, une formation solide en CF est indispensable. Ce processus de communication entraîne une relation symbiotique réciproque entre le facilitant et le facilité, dans laquelle les frontières du moi sont d'autant moins distinctes qu'on travaille dans la profondeur. Il est alors difficile de distinguer ce qui appartient à l'un ou à l'autre. Ne pas être conscient de cette interaction inconsciente et des phénomènes d'influence qu'elle engendre, même au niveau du simple pointage d'images, c'est laisser libre cours à tous les abus. Je suis très stricte sur l'éthique à respecter en CF : je fais signer une charte du facilitant à tous ceux qui s'initient à la CF et mets en garde contre tous les dangers que représenterait cette approche si elle était pratiquée à la légère. La sélection des candidats aux séminaires de formation est rigoureuse et nous envisageons de mettre en place un service d'accompagnement des facilitants, avec des entretiens individuels et des animations de groupes, ainsi qu'un contrôle des facilitants qui devront rendre compte de leur pratique. On doit pouvoir recommander des facilitants compétents et honnêtes aux parents d'enfants handicapés et à tous ceux qui souhaitent bénéficier de la psychophanie pour eux-mêmes.

Il me paraît prématuré d'enseigner la frappe à distance, cette façon de procéder étant toute nouvelle. Par contre, nous avons constitué un petit groupe de recherche d'une douzaine de facilitants confirmés pour expérimenter le processus, en noter les effets thérapeutiques qui semblent tout à fait étonnants et en évaluer les écueils ou les dangers. Il est indispensable en effet de donner un cadre à une approche aussi extraordinaire.

Environ mille personnes ont fait au moins un séminaire d'initiation à la CF à EPICEA : les stages s'adressent aux professionnels exerçant une profession médicale, paramédicale, éducative ou thérapeutique, ainsi qu'aux parents d'enfants handicapés. Deux cent quatre-vingts professionnels ont participé à un stage pratique d'une semaine à mon cabinet. Ce stage, limité à deux personnes, est réservé aux professionnels qui souhaitent pratiquer la CF en profondeur. Toutefois, il se pose maintenant des problèmes qui n'existaient pas lorsque je commençais à pratiquer la CF : les séances que je propose aujourd'hui, bien qu'elles favorisent considérablement le développement de la communication, s'apparentent à une thérapie, alors qu'avant la CF, elles avaient surtout une valeur plus éducative. Il est plus problématique d'assister à une séance de psychophanie que d'observer des enfants handicapés pointer des images ou répondre à des questions sur des histoires. Les enfants, handicapés ou non, renvoient souvent des éléments très personnels à leurs parents, dont certains supportent mal la présence de stagiaires. L'élargissement de ma clientèle fait que les adultes en psychophanie veulent rarement partager leur intimité avec des étrangers. Je les sens parfois qui retiennent leurs émotions, et moi-même, j'évite de leur poser des questions trop intimes. Par ailleurs, les essais de prise de main par des débutants rebutent mes patients, car ils sont obligés de répondre à des questions élémentaires sans grand intérêt. Je ne vois pas souvent mes patients et ils ont envie d'autre chose.

Aussi suis-je obligée de sélectionner de plus en plus les candidats, les *« badauds »*, comme les appellent mes jeunes patients. Ils me disent tous combien ce stage transforme leur vision du handicap et le bénéfice considérable qu'ils en tirent quant à la manière de conduire le dialogue et d'aborder parents et enfants. Par ailleurs, je ne veux pas encore enseigner forcément tout ce que je fais. Après plus de neuf ans de pratique intensive, je crois posséder une maîtrise de l'outil que des débutants n'ont pas. Il pourrait être dangereux pour des facilitants novices de s'autoriser d'emblée à faire la même chose que moi. J'ai le rôle de défricheur, mais il est encore impératif que je confronte mes expériences nouvelles avec d'autres facilitants chevronnés afin de m'assurer de leur bien-fondé ou des dangers avant de les transmettre. J'ai hâte que soient exposés au grand jour certains faits que j'observe pour pouvoir enfin travailler comme je l'entends, selon mon intuition, en fonction de ce qui peut aider le mieux mon patient, et sans me sentir jugée. Ne viendront plus me voir que les personnes, stagiaires ou clients, qui adhèrent à ce que je fais et me font une totale confiance. Au cours d'un stage EPICEA, une participante, devant sentir ma réserve, m'a glissé le petit mot suivant : « Traverse le mur qui sépare ce que tu sais de ce que tu oses dire [19]. »

---

19. Richard BACH, *Illusions*, Paris, J'ai lu, 2000.

La psychophanie ouvre un nouveau créneau d'entraînement. Deux facilitants peuvent passer du temps à s'entraîner ensemble et il ne semble pas qu'il soit indispensable de passer par des exercices de désignation d'images ou de mots pour accéder à la frappe sur un clavier. Certains formateurs s'orientent dans la formation pour les personnes handicapées qui résident en institution, et c'est une très bonne chose, car les professionnels qui sont au contact quotidien avec des résidents ont besoin d'une formation plus concrète et fonctionnelle. La population des personnes handicapées en institution est souvent différente de celle qui vient en cabinet libéral, et des problèmes institutionnels spécifiques sont à prendre en compte. L'accompagnement des facilitants devrait soulager ceux qui se trouvent parfois isolés dans leur pratique. La CF soulève en effet beaucoup d'interrogations et il n'est pas toujours facile de savoir comment réagir. Car, même si le facilitant souhaite s'orienter vers une communication pratique dans le quotidien, il entrera par moments malgré lui dans la communication profonde.

Je me sentais bien seule au début pour informer sur la CF et développer cet outil qui me paraissait d'une telle ampleur. J'ai donc proposé la création d'une association, « Ta main pour parler[20] » afin de promouvoir la CF, informer les parents et professionnels, aiguiller sur les facilitants confirmés et soutenir des projets de recherche, avec le secret espoir que l'association pourrait me décharger de toute une série d'actions que je menais bénévolement. Je ne savais pas ce qui m'attendait, car elles se sont multipliées et j'y ai beaucoup impliqué ma famille… Créée en 1995, l'association que je préside n'a cessé de

20. TMPP, 2 rue de Saint-Cloud – 92150 Suresnes – tél : 01 45 06 79 36
Web : http ://www.tmpp.net
Mail : contact@tmpp.net

croître et compte environ quatre cent cinquante adhérents. Elle publie un bulletin d'information trimestriel qui fait son succès : vingt-cinq pages d'articles de professionnels divers, de témoignages de parents, de comptes rendus de conférences, de poèmes d'enfants handicapés, de renseignements sur les formations, ateliers d'entraînements, conférences et réunions. Heureusement, certaines personnes commencent vraiment à prendre le relais, assurent les permanences téléphoniques et divers travaux, mais la tâche reste énorme.

Il y a une dizaine d'années, un jeune patient autiste qui parlait un peu, et que sa mère sollicitait beaucoup, m'a dit : « Je peux pas plus, plus, plus… », puis laissant tomber ses bras de chaque côté de son corps, d'un air résigné, il a rajouté : « Tant pis ! » C'est devenu ma philosophie.

Table

Préface 9

I
DÉCOUVERTE
DE LA COMMUNICATION FACILITÉE

1) Les débuts d'une grande aventure 23
Itinéraire d'une orthophoniste 23
École australienne et école française 31
Psychophanie : un nouveau support thérapeutique 39
Frappe à distance : découverte du mécanisme et premiers essais 44

2) Processus de la psychophanie 57
L'inconscient intentionnel 57
Élaboration d'une langue commune 62
Écueils : fantasme ou réalité ? 74
Reprogrammation d'un vécu affectif 85

3) Hypothèses sur le fonctionnement de la psychophanie 95
Conscience « cérébrale » et conscience profonde 96
Le registre de la psychophanie 105

Un état de conscience modifié 114
Chacun sait ce que l'autre sait 118
Transmission de pensée 122
Le dialogue des inconscients 135
Une rencontre créatrice 138

II
PRISE EN CHARGE EN PSYCHOPHANIE

1) L'enfant en résonance avec ses parents 145

Transmission affective 148
Anorexie et boulimie 155
Les relations familiales 158
Le désir d'enfant des parents 170
La question de l'avortement 177
Les problèmes du divorce 190
L'enfant adopté 201

2) Paroles de fœtus et de nourrisson 209

La vie mentale du fœtus 209
Histoire du petit lutin 213
Le savoir prodigieux du nouveau-né 220

3) Transmissions ancestrales 225

Le transgénérationnel 226
Le fantôme de l'enfant mort 227
Pathologie de lignée 238

4) Entre la vie et la mort 245

Le désir de mourir de l'enfant handicapé 245
La liberté retrouvée des grands accidentés 251
Histoire de Lucinne 260

5) La mort est-elle une fin ? 269

L'autisme et la communication extrasensorielle . 269
Des personnes décédées « prennent la parole » en psychophanie 282

Post-scriptum.. 289

Annexe : recherche et formation........................... 291

L'avis de scientifiques 291
Étude CF/Autisme 296
Étude neurologique 306
Formation.. 308

*Cet ouvrage a été transcodé
et achevé d'imprimer
sur Roto-Page
par l'Imprimerie Floch à Mayenne,
en novembre 2003.
N° d'impression : 58808.
Dépôt légal : novembre 2003.
Imprimé en France.*